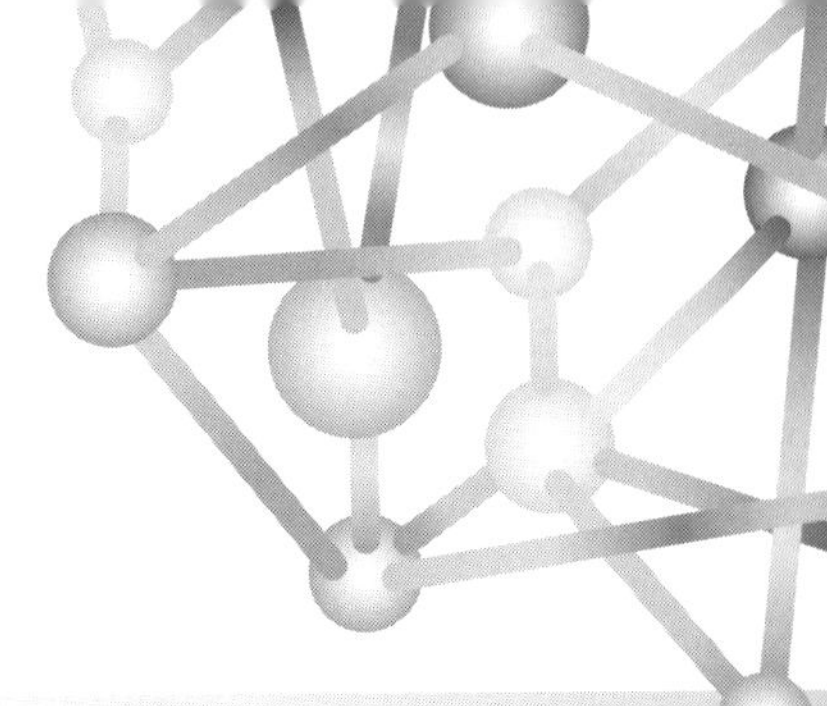

Network Organizations : New Vision from Social Network Perspective

ネットワーク組織

社会ネットワーク論からの新たな組織像

若林直樹 著

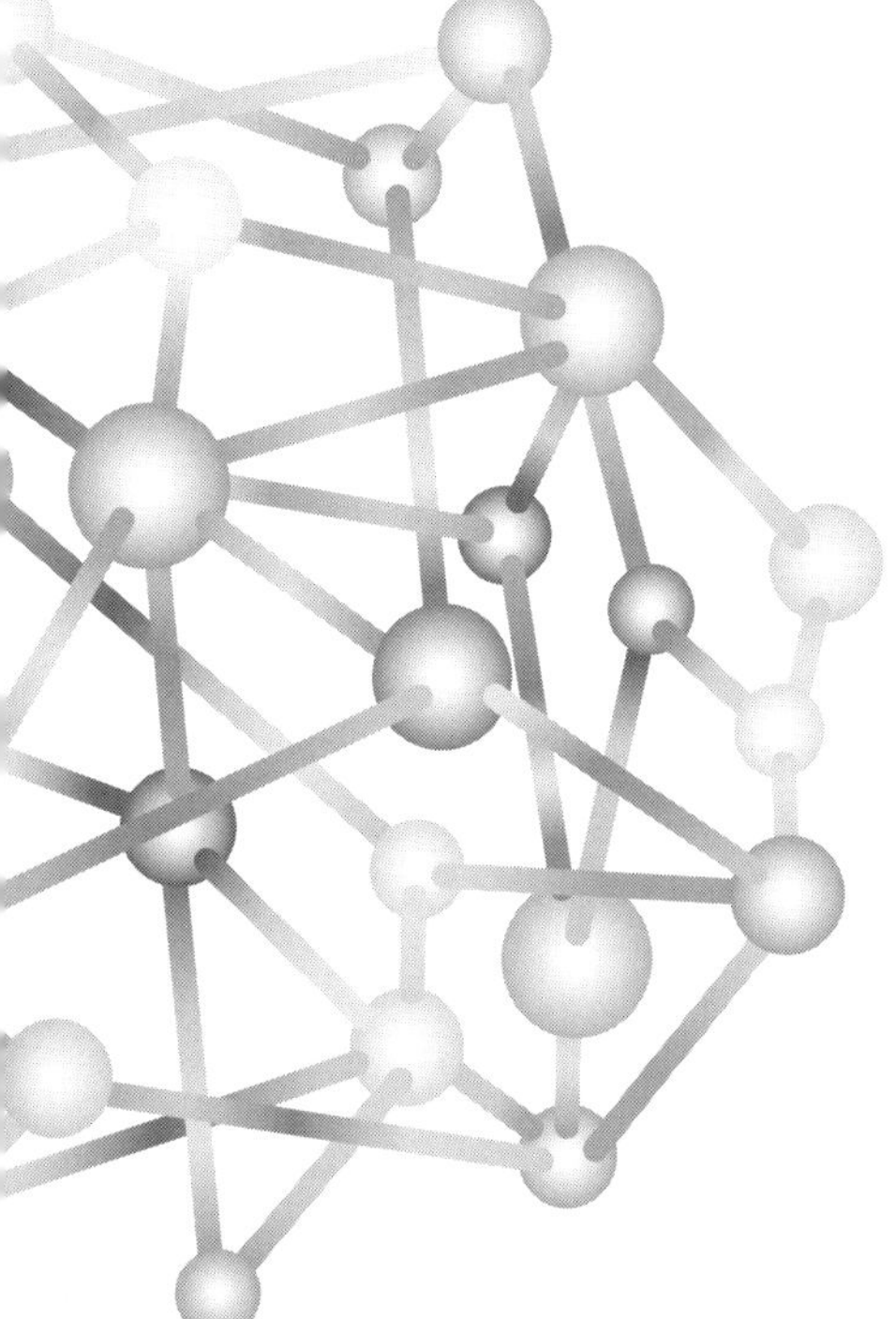

有斐閣

はしがき

ネットワーク組織は、今日のダイナミックに変化する組織の現実の特質を表している。ネットワーク組織は、独特の仕組みを持つ。それは、人々や集団が、組織内部における縦割りの壁や組織と外とを隔てる壁によって分断されていながらも共通の目標達成を目指している場合に、そうした壁を越える社会ネットワークを展開させることで、水平性、柔軟性、多元性という特徴を持つ結合関係を媒介にして協働を可能にする活動システムである。ネットワーク組織は、組織の理想でもあり現実でもある。つまり、「ネットワーク」という視点を用いて現代の企業、政府・自治体、NPOや諸団体が変革されていくべき理想の組織像を描いていると同時に、すでにダイナミックな変化を体現している組織の実態をも表している。議論はさらに、パートナーシップ、ネットワーク・ガバナンス、知識ネットワークなどといった新たな組織のあり方にも展開する。この本の課題は、社会ネットワークの視角から、「ネットワーク組織」という組織のあり方を検討し、ダイナミックに変化する現代の組織の原理と実態を明らかにしていくことである。

ネットワーク組織は、一九七〇年代以降、理想の組織像として議論されてきた。組織は、急速に変化する経営環境に対応して、柔軟性と革新性を持ち、自律的な協働と社会との連携を進め、複雑な社会環境に対応できる多元性と多様性を持つよう、「ネットワーク的に」変革されるべきであると考えられてきた。これは、大企業病に陥って硬直化した官僚制組織から変革するにあたっての理念を表現してきたものであった。

しかし近年では、ネットワーク組織が、「現実」の姿になってきた。例えば、企業組織では一九九〇年代以降、ダウンサイジング、リストラクチャリング、アウトソーシング、パートナーシップといった動きが顕著になり、そのことが企業における個人、集団、部門、組織相互のつながりを流動的で弱い結合関係に変えてきた。かつての大企業に見られたような画一的な文化、確固としたヒエラルキー、整備された規則体系を媒介に、強固で単一の大企業に垂直統合された組織活動のあり方は、一般的なモデルではなくなってきている。事業を展開する組織活動の形態も複数企業の連携という形が増えてきた。具体的には、単一大企業から企業グループへの再編、外部企業への業務アウトソーシングの展開、国際化の進展による海外パートナーとの連携の広がり、固定的系列取引から短期的な提携関係の増加などである。政府機関においても外郭団体を作り、連携して業務が行われている。

一方、現代の企業組織の内部では、むしろ人的ネットワークを再構築することが組織経営の重要な課題になりつつある。組織内部では、品質事故のケースに典型的に見られるように、同僚間の協力関係が希薄となり、先輩から後輩への技能伝承の関係が弱まり、上下の指示・命令関係すらきちんと機能していない場合も見受けられる。これには、非正規従業員の増加が進み、異なる雇用形態や企業所属の人々が同じ職場に混在して協働しているために、かつての正社員だけの世界に見られた強固な結合関係が失われてきたこともあるだろう。事業の見直しも短期で行われるので、業務上の関係も短期に変化する。実際の企業における組織活動での人的ネットワークは、流動的であり、短期に変化することから、自主的な判断で動くべき範囲は広がり、内外との連携を随時構築する重要性も増している。その意味で、現代のネットワーク化しつつある組織には、皮肉にも人的ネットワークの再構築が求められている。

こうしたネットワーク組織が現実に発達した背景には、組織の流動化や提携関係の広がりだけではなく、社会や産業構造、経営環境の大きな変化もある。第一に、インターネットなどの情報通信インフラが発達し、私たちはいつでも世界のどことでも協働できるようになり、組織活動のネットワークが時間的にも空間的にも拡大した。第二に、コンテンツ・ビジネスやソフトウェア産業のように、ネットワーク組織が有効な産業領域が増えてきた。第三に、ものづくりにおいても顧客や取引先との連携が強まり、彼らとのネットワーク作りが製品の開発・生産に大きな意味を持つようになってきた。第四に、コンサルティング・ビジネスや企業間の提携プロジェクトの拡大は、毎日顧客の元や提携先で働く従業員を増やしてきている。例えば、コンサルタントの典型的な働き方は、所属する会社のオフィスに毎日通勤して働くのではなく、顧客のオフィスに三、四カ月常駐して顧客との共同プロジェクトを行い、担当が変わると新たな顧客のオフィスに移り別のプロジェクトにかかわるというものである。もちろん、これはまだ多数派ではないにしても、現代のビジネスにおいては、同僚だけでなく、取引先、提携先、顧客と日常的に密接に協力しながら事業活動を行うケースが増えてきている。その場合には、属する組織においてよりも、普段のビジネスで協力する同僚、取引先、顧客とのネットワークがうまく日常的に機能していることが重要となる。

　このようなネットワーク組織の現実は、組織における社会ネットワークの働きを明らかにする理論と分析手法の発達によって、より理解できるようになった。今日においては、組織が「ネットワーク的」であるかどうかだけではなく、実際どの程度にどのような形態で「ネットワーク的」であるかを分析・評価することが、より重要な課題となってきている。そうした背景には、社会ネットワークの持つ資源の働きについて理論的に明らかにするソーシャル・キャピタル理論と、その働きを実際に測る社会ネットワーク分析の手法の発達が大きい。

　この本の狙いは、社会ネットワークに関する新たな理論的・分析的な知見を用いて、ネットワーク組織の原理と実態を理解することにある。そのためにこの本は三つの大きなテーマを掲げている。まず第Ⅰ部で、ネットワーク組織の実態について理解するため、現実に見られるネットワーク組織の特徴、形態、そしてそこでの人々の働き方を示す。現実のネットワーク組織を見る眼を養い、それを経営する仕組みや手法が従来の組織経営と異なることを理解したい。次に第Ⅱ部で、ネットワーク組織の組織原理と構造特性を、経済学、経営学、社会学における既存の理論を振り返りながら明らかにする。そのネットワーク的な特徴である、組織としての柔軟性、創造性、自律性、連携性、自己革新性に関する代表的な理論的説明を概観する。それにより、ネットワークは、組織活動にとってヒト、モノ、カネ、情報と並ぶ重要な経営資源であるソーシャル・キャピタルと捉えられていることを理解したい。最後に第Ⅲ部で、ネットワークが組織にとって重要な資源であることをふまえて、そうした資源をスマートに使いこなすことは、組織にとっての重要な活動能力となることを考える。品質作りへの社内での総合的な取組み、提携プロジェクトの推進、起業などの場面において、それぞれに適した社会ネットワークは重要な経営資源であり、それを使いこなすことが組織能力となることを理解したい。以上三つのテーマを理解することで、私たちはネットワーク組織が重要な位置を占めつつある現代社会に生きていること、ネットワーク資源を活用する能力が私たちのビジネス、キャリア、生活において重要な意味を持ってきていることがわかってくると思う。そうした点を理解いただくために、できるだけ多くのケースの紹介とわかりやすい記述を心がけたつもりである。

最終的に、この本を通じて得られるネットワーク論的視角によって読者に考えてもらいたいのは、国際的に見て日本のビジネスパースンは、今もネットワーク構築で強みを持っているかということである。確かに日本企業は集団主義的であると考えられてきた。けれども、私は合わせて三年間という短い海外生活における観察を通じて、日本人はネットワーク能力に長けているのかについて疑問を持つようになった。日本のビジネスパースンは、強いネットワークを持っていることはあるものの、中国や韓国など他のアジア系民族に比べると、さほど集団的でもなく、ネットワーク作りにも熱心でない面があると感じた。個人主義的な欧州、北米でもネットワーク作りの重要性が理解されつつある現在、日本のビジネスパースンは本当にネットワーク作りが国際的に見てスマートなのかということを反省させられたのである。むしろ彼らは、「しがらみ」や「義理人情」という古い日本的なネットワークのあり方に辟易しており、自己のネットワークを革新する能力の発達を停滞させているのではないかとも感じた。社会ネットワークの理論と分析方法を用いれば、ある程度はこうした違いが明らかになり、日本のビジネスパースンが真に目指すべきネットワーキング能力を探ることが可能になるだろう。

本書を書くにあたって、京都大学の同僚、学会の研究仲間、大学院学生から多くの助言や支援を受けたことを、あらためて感謝したい。この本を書く機会を最初に与えてくださったのは、有斐閣の伊東晋氏（現・有斐閣アカデミア社長）であった。同社の秋山講二郎氏は、遅筆な私が執筆を続けるよう見守り熱心に励ましてくださった。同じく得地道代氏には、懇切丁寧な編集と助言をしていただいた。京都大学には研究休暇をいただき、ハワード・オルドリッチ教授のもとでアメリカのネットワーク組織論の動向に触れる機会を与えていただいた。大学院生の中本龍市氏、野口寛樹氏には原稿作成の支援をしていただいた。そして最後に、執筆を励ましてくれた家族、雅子と優太朗に感謝したい。

二〇〇九年八月、京都・五山の送り火を見ながら

若林　直樹

目　次

第Ⅰ部　特徴、形態、働き方

第2章　ネットワーク組織とは何か――29

第 I 部

特徴、形態、働き方

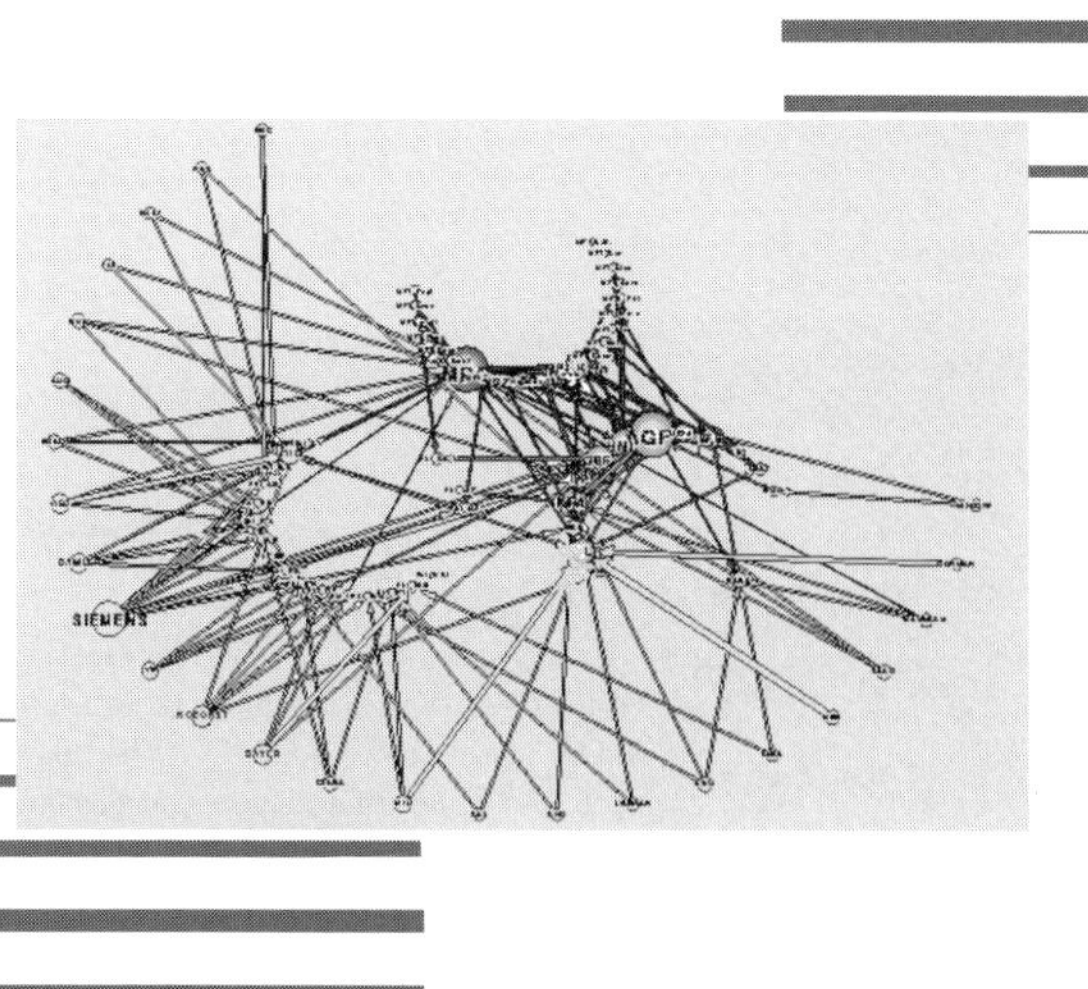

部扉図版：企業研究所と大学・研究機関の間の共同研究ネットワーク（ドイツ）

（出所） Krempel, L. ［1994］“Simple Representations of Complex Networks: Strategies for Visualizing Network Structure,” paper presented at the 3rd European Conference for Network Analysis, München, 1993, p. 13, fig. 6（An Organizational System and Its Interface to Industry）.

第1章

ネットワーク組織の意義

●1 ネットワーク化する組織

組織のネットワーク化

現代の企業、政府・自治体やそれだけではなく非営利組織などの組織は、激しい環境変化やグローバル化にさらされており、改革の圧力とイノベーションの競争のもとに置かれている。ネットワーク組織という形態や仕組みは、そうした状況に向くものとして、企業だけではなく、政府機関、福祉・医療の分野にも使われるようになってきている。これは、顧客からのニーズや環境からの圧力に柔軟に対応するために、組織のフラット化、ネットワーク化を図ったり、外部の組織との緊密な協力関係を築いたりしながら、組織の内外において、ヨコの連携を活かしつつ、人材、資源、情報、ノウハウを最適に結合するような組織活動の形態である。改革とイノベーションの市場競争が中心となった現代において、縦割りの体制による弊害に苦しみ硬直化している大企業は、環境変化への対応やイノベーションをうまくできないことがある。ネットワーク組織とは、これに対して、別々の部門にいる人同士が組織内部の縦割りを越えたり、異なる組織同士が組織の間の壁を越えたりしつつ、ある目的達成のために、水平的で柔軟な結合関係で動いているものである。そのために高い環境対応能力を持っているとされる。

そして、企業組織などが、ネットワーク組織という形態に変わっていくことは、そこでの人々の働き方やキャリアのあり方が変貌していることを意味している。つまり、ビジネスが、組織のタテの階層組織すなわち「ヒエラルキー的な序列」の中で展開するだけではなく、むしろヨコの流れ、すなわち「ネットワーク的なプロセス」で展開するために、人々の働き方やキャリアも影響を受ける。働き方やキャリアが、上下関係での出世レースを目指してだけ行われるのではなく、ヨコのネットワーク的な組織活動の展開に合わせたスタイルも生まれてくるのである。システム・エンジニア、医師、看護師、科学者という知的プロフェッショナルな職業だけではなく、マーケティングや生産管理のスペシャリストという職業でもまた、能力を活かせる仕事を求めて、組織を渡り歩きながら働き、ボーダーレスなキャリアを歩む傾向が出てきた。

ネットワーク組織のもとでの人生

今日私たちは現実に、多くのネットワーク組織のもとで生活している。私たちは数多くの複数の組織のコラボレーションであるネットワーク組織のもとで生き、働き、そこで生産し、消費し、そこで喜怒哀楽を感じているのである。例えば、私たちが生まれる病院や学ぶ学校には、そこの正規職員だけではなく、数多くの外部業者が入ってきて、その組織活動を成り立たせている。病院の食事、清掃、検査、薬の調合の多くは、外部の業者が行っている。また学校にも外部の業者が数多く入り込み、テストや教材などを作っている。私たちは、チェーン展開している塾に通い、コンビニエンス・ストア・チェーンでアルバイトをしたり、ハンバーガー・チェーンで食事をしたりする。会社に就職した後でも、さまざまな組織を経験する。数多くの会社が協力するプロジェクトに参加したり、関連会社に派遣されたりする。そして、一つの職場では、実に数多くの会社から派遣されてきた人たちと働く。そして、複数の業者がコラボレーションしている結婚式場で結婚し、建設会社が下請業者と協力して建てた家に住む。そして最期を迎える葬儀場でも、宗教関係者、葬儀屋、ケータリング・サービス業者、花屋、ギフト業者などのさまざまな業者が協力して、私たちの葬儀を執り行ってくれる。かつて、組織社会論の論者たちは、私たちは組織で産湯をつかい、学び、働き、そして死ぬと言った。だが、現在の私たちはネットワーク組織で、産湯をつかい、学び、働き、そして死ぬと言い直した方がよい。

本書ではまず、ネットワーク組織が私たちの経済社会の変化に伴い日常化してきたことを理解したい。そしてそれが、社会ネットワークによる結合という独特の関係性がもたらす、ダイナミックな組織能力を持つことを明らかにしたい。

●2 経済社会の変化と組織のネットワーク化

経済変化と大企業体制の限界

ネットワーク組織が組織経営において重視されるようになった背景には、近年の経済社会の変化が挙げられる。そうした変化として、デフレや経済不況の展開、グローバル競争とイノベーション競争、サービス化や情報化の進展を挙げることができるだろう。

まず、デフレ経済や経済不況の進展は、企業規模が拡大するだけではなく、むしろ縮小した方が経済効率の高い状況をもたらした。企業の多くが成長することよりも、リストラを展開することが増えてきた。デフレや繰り返す経済不況は、企業にも適正規模による経営という意識を持たせ、闇雲な成長がよいことではないことを実感させた。成長して人員、設備、土地を大量に抱え込むことは、実は、経済変動が起こったときに経営リスクに転ずることを、数多くの事例が示している。むしろ、需要の変化に柔軟に対応するために、固定資源を最小に押さえつつ、ある時点での必要な人員、設備、資源をネットワーク的に結合することの方が、よいように見えてきたのである。第二に、グローバル競争の激化がある。低価格な発展途上国の製品と競合するには、製品やサービスに対するイノベーションを行い、高い性能を備えるか、まったく斬新な内容を示すか、新たなやり方で低価格なものを作らねばならない。そのために、現代の日本企業や政府関係機関、NPOは、国際的な水準のイノベーションによる組織間競争に対応しなければならなくなった。その中で大規模化した政府機関や大企業は、しばしば硬直化しているために、イノベーションや開発の競争に関して、変化への柔軟な対応ができないことがある。

サービス化・情報化と大規模所有リスクの拡大

第三に、さらに、先進国においては、サービス化や情報化という経済や産業の大きな質的変化が見られて、リフキンがいうように、長期的に大規模に経営資源を所有することの経済的リスクを高めてきた（Rifkin［2000］）。そのために私たちの富のあり方も変わってきている。彼がいうようにサービス化や情報化の進展は、私たちの経済生活の主要部分をモノの消費から、体験の消費に変えてきた。つまり、モノを所有することよりも、付加価値やサービスを重視してお金を払う時代になってきているのである。例えば、現代において、毎食、とにかく安く牛肉ステーキを大量に食べられる生活を目指す夢は一般的でなくなっている。むしろ、食事において、美味しさ、楽しい雰囲気、美しさ、そして健康によいことを重視する者が増えてきている。そして、すばらしい体験をもたらすサービスを適切なタイミングで供給することの価値の方が、大量生産の工業製品のそれよりも高まってきている。単純な例を挙げると、東京ディズニーランドの入場料金は一九九〇年代にはデフレであったにもかかわらず四八〇〇円から五五〇〇円に値上げされているが、多くの人が値上がりを許容していた。だが、デジタル・ビデオ・カメラに関しては、アジアの生産拠点で生産されるようになってきているために、一九九五年には二五万円前後だったのが、ここ一〇年間で二万円台以下と、一〇分の一以下に下落している。リフキンは、これが工業生産中心の時代から、サービスや文化の生産と消費の時代に入ってきた象徴であるとしている。そしてこれは、所有に対する経済的リスクを変えている。工業生産中心の時代は、とにかくモノを大量に保有することが重要であった。けれども、サービスや文化の経済の時代になると、モノや土地もいたずらに大量に保有しても意味がなくなってきているとする。例えば、大量に生産工場やその土地を保有しても、現代においてはむしろ会社の経営リスクを高めるだけである。デフレで値段が下がったり、商品の売行きが悪くなったりして、工場や設備の価値が減少することがある。むしろ、ある製品やサービスを生産する際に、うまくその生産資源へのアクセスを確保すればよい時代になってきたとしている。さらにグローバル化は、極端に工業製品の価格低下を進めている。もはやウォークマン型のカセット・プレーヤーに対して、一〇年前に見られたように、二万円を出す人は少ないだろう。中国やインドの生産拠点が、一、二千円でよいものを提供しつつある。もうすぐ百円ショップに並ぶ商品になるかもしれない。そうした時代に、日本国内に携帯型カセット・プレーヤーを大量に生産できる設備を保有していることは非常に高い経営リスクを抱えていることを意味している。すなわち、短期間に価値を減らす人員、土地や設備を大量に保有することはかえってリスクになっている。これが大規模に成長しない積極的な理由にもなる。

企業が成長し、大規模化し、官僚制化することができた大工業生産の時代は、先進国では過去のものとなりつつある。資産を大量に蓄積し、その資産を他人の利用を排除して独占することは、経済的に必ずしも重要でなくなった。むしろダイナミックなネットワークを通じて、資源と知識を活用しながらより革新的な製品やサービスを作ったり、事業活動プロセスの革新を起こしたりすることで、資産のより効率な活用や飛躍的な拡大を行うことが株主価値の時代には重視されるようになってきた。それに対して、大企業官僚制は、大企業病を引き起こすことがあるために、イノベーション能力が規模の割には劣ることがよく起こる。そのために企業は、M&A、事業再構築、ダウンサイジングやベンチャー、提携を活用した組織の再編成を行ったりしている。

政府の失敗と民営化の広がり

また、ネットワーク組織は、企業部門だけではなく、政府部門や社会サービス部門においても展開しつつある。肥大化した官僚制的な組織の限界は、イノベーションへの対応能力の低さという面で、大企業だけではなく、政府や公共機関でも同じ問題を露呈している。民営化論議でよく指摘される政府の失敗や官僚の非効率性、時代に合わないサービス供給の病理はこの問題である。これは、「政府の失敗」、もしくは大きな政府の失敗という病理現象であるとされる。政府をいたずらに肥大化させると、官僚制の弊害を生む。官僚が内向きな発想になり、自分たちの利権を拡大するために社会が求めていない公共サービスを拡大したり、現在では求められていない古いスタイルで供給したりする。人口減少時代に地方においても高規格の高速道を闇雲に作り続ける発想は、官僚制の持つ弊害の典型である。しかし今日では、政府機関も財政難のために、公務員の数を単純に増やすことはできなくなった。現在、政府や公共機関の民営化、民間委託が広がりを見せており、建物の清掃や維持管理等のような補助的な業務から、サービス業務そのものを民間に委託したり、民間との提携で供給したりする形態が増えてきている。郵政民営化は、やり方に問題は多いものの、電子メールが増えて手紙を出す数が減る中では、郵便事業のあり方についての整理と再編は、必然であろう。

ネットワーク型企業の持つ国際的な競争優位

さらに、国際的な企業経営に対する理論的な理解の変化が見られる。かつての戦略競争の見方は、欧米的な個人主義的観点に立つもので、強力な組織同士による孤立した競争のイメージが有力であった。けれども、企業競争に対する議論においても、大企業よりも競争力を持つ次の三つのネットワーク組織形態が明らかになるにつれて、必ずしも個人主義的に単独の強力な組織が競争に優位なのではなくて、ネットワーク的なものも優位な面を持つことが認識されるようになってきた。第一に何といっても、アジア企業の構築するビジネス・ネットワークの持つ高い競争力である。日本の企業系列、韓国の財閥系企業、華僑や印僑の持つビジネス・ネットワークは高い競争能力を示している。第二に、『第二の産業分水嶺』でピオーリらが示したように、アパレルやファッションのブランド製品のヨーロッパ地域産業に見られる、地域的な中小企業のネットワークの高い付加価値形成能力である（Piore and Sabel［1984］）。ルイ・ヴィトンなどの有名ブランドはこうした中小企業ネットワークを通じて生産、販売されている。第三に、シリコンバレーのＩＴ技術やボストンのバイオテクノロジーに見られるように、ベンチャー企業ネットワークの高い研究開発や新事業創造のパフォーマンスである。ある種のネットワーク組織は、イノベーション競争や学習する組織能力の構築競争に向くという認識が広がっている。

ネットワーク経営手法の広がり

今日のネットワーク組織の展開は、それを可能とした情報通信基盤の発達と、それをもとにした経営技術の進化に支えられている。まず、確かに、マローンのいうように、ネットワーク組織の発達の背景として、情報化によるコミュニケーション・コストの劇的な低下と、組織活動のイノベーションを行う産業の発達がある（Malone［2004］）。そして、そうした技術を受けた組織経営のコンサルティング手法やソフトな技術の発達もある。

今日、コンサルティング・ビジネスが発達したこともあり、事業の再構築やダウンサイジング、アウトソーシングという組織経営手法は一般化している。それだけではなく、買収・合併・売却による組織の再編成が容易になってきた。研究開発や新規事業は、ベンチャー企業を積極的に活用して展開されてきている。政府や地方自治体では、一部サービスの民営化や民間委託が進んでいる。そして社会部門を担う非営利組織が数多く発達してきている。プロジェクト型組織編成では、組織内部を流動的に再編成できるようにネットワーク化が図られている。また戦略的提携に見られるように、一つの事業やサービスの活動を担うために、複数の組織がその活動をネットワーク的に編成するようになってきている。

こうした情報技術と経営手法の発達により、ベンチャー企業が、ネットワークを作れば、大企業と似たような、グローバルな開発能力を持ったり、グローバルな生産・販売システムを作ったりすることができるようになってきた。ベンチャー企業が、他の企業と連携して、製品開発を行ったり、それをインターネットを通じて、世界のパートナー企業に作ってもらったり、売ってもらったりすること、それを効率的に管理することもできる。さらに、現代の企業は、自分の事業に時間をかけて成長するだけではなく、むしろ、戦略的提携を積極的に活用したり、事業の買収・売却を行ったりすることを通じて機動的な事業編成を行っている。一万人の会社を二〇年近くかけて構築するよりも、一〇〇〇人の会社を一〇社買収することで、数年で「成長」する企業も出てきている。ソフトバンク・グループはその典型である。企業は、自社単独で大規模に成長し、その過程で大企業病に悩むよりも、いくつかの関連企業を合併・買収などを通じて企業グループ傘下に治める傾向が見られる。その上で本社はむしろ一〇〇〇人以下にスリム化している企業も見られる。今日の、製品、サービス、ビジネス・モデルのイノベーション競争の時代においては、企業は大規模化すると、イノベーション能力の低下や意思決定の遅さに悩むこととなる。そうした大企業病、つまり組織が大規模化すると起こる官僚制化の弊害を避けるために、ネットワーク組織の形態を選ぶことがある。

ネットワーク型キャリアの光と陰

組織の流動化やネットワーク組織の広がりは、私たちの職業生活も変えつつある。この変化は、生き方の多様化を伴っているのである。今日では、特定の組織で長期に働く人々が減り、複数の組織でキャリアを重ねながら働く人々が増えつつある。つまり組織境界を越えたキャリア（バウンダリーレス・キャリア）の拡大である。これには二つの要因がある。第一に、転職の増大がある。人々は以前よりも簡単に会社を辞めて、他の会社に転職するようになったし、それを支援する企業、機関も増えてきた。さらに知識経済の時代を反映して、先端技術や専門能力に基づく専門的労働市場の成長が見られる。例えば、ＩＴ技術の開発は、大量のプロフェッショナル技術者の労働市場を発達させている。

そこにおいては、一社でキャリアを終える人々は多数派ではなく、専門的な能力をもとに複数の企業やプロジェクトを渡り歩く独自の労働市場ができている。近年大きな成長を見せる経営コンサルティング産業もその一つである。むろん、これは人材のミスマッチ問題も引き起こす。

第二の要因として、会社や部門が売却やリストラされることで、組織にいる人々がまるごとキャリア変化を余儀なくされる状況も増えてきた。例えば、筆者が調査していたある横浜のシティホテルは、調査を始める年に外資系企業に経営提携をさせられて大幅なリストラをしたが、経営がよくならず、その二年後には大阪系ホテル会社に売却された。むろん売却・買収は、雇用整理を伴う場合もある。

第三の要因としては、これが最もネットワーク組織的であるけれども、プロジェクト的な性格の組織活動が増えてきたために、さまざまな時限的なプロジェクト組織や提携事業などに、出向や派遣、契約社員という形でかかわる場合が増えてきたことがある。これは、雇用の流動性を高め、不安定さを増している。さらには、派遣、契約社員という非正規雇用形態での就労が増えつつあり、正社員に比べると、賃金が低く、雇用保障も弱く、能力開発も進まず、現代の格差社会の問題拡大の一因となっている。

●3 イノベーションしやすい組織としての優位さ

イノベーション競争に強いネットワーク組織

組織経営において、組織の大規模化ではなくネットワーク化が好まれるのには、今日のグローバル化、情報化、サービス化に対応しながら、イノベーションや改革による競争をしやすい場合があるということである。むろん、大企業は、大規模な資産と人員、技術とノウハウの集積という強みを持っており、イノベーションや改革での競争においても強い場合はある。ただし、それは、現在ある製品やサービスについて、従来の方向性で展開していく面で強みを発揮することが多い。けれども、まったく新規の事業、製品、サービスのイノベーション競争では優位なわけではない。例えば、宅急便というサービスで急拡大したヤマト運輸は、個人向けの小包の宅配サービスについては、全国のネットワークを買収・提携も含めて育成したり、情報システムを導入したりした。そして、「全国翌日配達」とか、個人客の便利な場所（自宅やコンビニエンス・ストア）での集荷などのように、既存の大手運輸業者であった日本通運や郵便局にとっては盲点となる、まったく異なったサービス・モデルを提案できた。既存の大手を改革する際には、多くのしがらみや古い行動パターン、思考方法が残っており、その改革に費やすエネルギーが莫大になってしまう。そのことが、イノベーション競争において、ベンチャーや中小企業に付け入る隙を与える。そのために、プロジェクト型の事業展開をするネットワーク的な企業や、ベンチャーや中小企業を巻き込んだ企業間ネットワークの方が、イノベーション競争において優位となるということが出てきている。

さらに付け加えると、近年、先進国での国際組織統計が示すように、大企業の人的規模は先進国ではダウンサイジングやリストラのために縮小してきている（Knoke［2001］）。むろん、今でも大企業が有利な産業や事業活動の領域もあるけれども、イノベーションや利益率、流動性での競争では、ベンチャーや中堅企業が優位なところも出てきた。こうした経済や産業の変化が、ネットワーク組織という組織形態の重要性を高めつつあり、それがどのような仕組みであり、どのようにうまく経営するかについても関心が高まりつつある。このことを理解する上で、シリコンバレーとハリウッド映画という二つの代表的なネットワーク組織の集積地の例を見てみたい。これらは現代のイノベーション主導の地域経済システムである。

シリコンバレーに見るダイナミズム

情報技術産業（すなわちIT産業）において、シリコンバレーはイノベーションの中心地であり続けた。シリコンバレーは、米国カリフォルニア州サンフランシスコの南に広がる地域である。ここで、半導体産業やコンピュータ産業、ソフトウェア産業、通信ネットワーク機器産業などの、現代のIT産業のリーダー的な企業が生まれ、発達している。ヒューレット・パッカード、サン・マイクロシステムズ、オラクルなどがその代表である。ここでは、IT産業におけるさまざまなITベンチャー企業が生まれ、複数の企業の間での提携や連携を通じて技術革新を進めている。それだけではなく、スタンフォード大学やカリフォルニア大学などの数多くの大学との産学連携も新たな技術開発を後押ししている。さらに、サクセニアンが描いたように、非常に転職の多い地域で、技術者たちは、会社を越えて社会的にもネットワークを構築し、よい仕事とよい技術、よいビジネス機会を求めている

（Saxenian［1994］）。とくに、シリコンバレーの強みは、異なるジャンルの技術や経営的知識のコラボレーションによる技術革新をしやすいことである。こうした独特のダイナミックで異なる要素を結合した技術革新は、この地域独自の三つの流動性に支えられている。まず、ベンチャー企業が創業しやすいだけではなく、産学連携や大企業との提携などの企業間ネットワークが発達しやすい。次に、企業の買収や事業の分割・廃止による企業のダイナミックな流動性がある。そして、技術者間で人的ネットワークが発達し、それが独自のIT技術者の流動的な専門的労働市場を発達させている。ここでは、ベンチャーも含めて企業が単独でイノベーションするよりも、ネットワークを使ってそれを加速させている。

ハリウッド映画産業でのネットワーク化

第二に、ハリウッド映画産業では、文化コンテンツ産業に特有のネットワーク的な産業組織形態が発達してきた。リフキンによれば、文化コンテンツ産業では、重厚長大産業と比べると、消費行動の違いから大きな生産原理の違いが見られる（Rifkin［2000］）。産出するものが、モノではなくサービス、ことに映像「体験」であるために違ってきているのである。伝統的な工業生産では、消費も生産もモノを専有すること、つまり、財産を蓄積、所有し、他人の使用を排除することが重要であった。それに対し、文化コンテンツの消費は、消費者の独特の体験の消費であるので、生産原理が異なってくる。文化生産は、サービスすなわち体験を作り出す経営資源を共有し、いかにアクセスのネットワークを維持するかが重要なのである。リフキンは、文化コンテンツ産業は「体験の経済」の仕組みであるとして、その特徴を明らかにしている。まず、その生産に必要な経営資源は体験の瞬間しか使われないし、さらにその劣化が激しいのである。長期に有名な女優を独占契約していても、その人気は変化が大きくて、非常にリスクが高い。例えば、メグ・ライアンという女優は、一九九〇年代にはロマンティック・コメディ映画の女王といわれたが、五年も経ったら、人々のそうしたイメージは忘れられ、その人気はさほどではなくなってしまった。映画会社が彼女をブランド女優として長期独占契約することは、経済的にきわめて愚かな選択である。俳優は、とくに人気のはやりすたりが激しく、数カ月で大化けしたり、二、三年で業界から消えてしまったりする。監督にも、脚本家にも、似たような傾向がある。むしろ、旬の俳優を、旬のスタッフで、旬の企画とともに組織して映画作品を作ることが、はるかに重要である。そうした意味で、旬の人材、資源、情報に最適のタイミングでアクセスできることが、成功の秘訣となっている。

こうしたハリウッド映画産業では、ネットワーク組織の典型的な事例となる重要で歴史的な組織変化が起こっている。つまり一九六〇年代から大映画企業の解体が進み、中小企業やスター俳優が映画プロジェクトごとに連携しながらネットワーク組織を形成して映画製作をするようになってきたのである。かつて、ハリウッドでも大手の映画会社がいくつかあり、映画スタジオ、映画監督、映画製作スタッフそしてスター映画俳優を専属で抱え込んでいる時代があった。映画のフォード主義的な生産組織があった。映像媒体の多様化が進み、映画の没落が見られ、テレビの普及、ビデオの成長が進み、映像コンテンツの流通が多様化すると、そうした大企業は専属契約を廃して、専有していた経営資源を外部に流出させた。現代のハリウッド映画産業では、垂直分解が進み、各種の専門企業や独立した個人のネットワークを通じて映画が製作されている。

●4 ネットワーク理論による解明

ネットワーク理論によるネットワーク組織の分析

ネットワーク組織を分析するネットワーク科学も、大きく発達した。社会ネットワーク理論の進化とそれによる組織分析手法の発達は、ネットワーク組織のメカニズムについての解明を進めている。近年、企業組織に関する社会科学の研究分野でも、ネットワーク的な理論や分析手法の開発と利用が進み、組織のネットワーク化の現象がわかりやすくなってきた。技術的には、グラフ理論、コンピュータ・プログラムを駆使した数学的なネットワーク解析のシミュレーション・ツールが発達し、大規模な社会ネットワークの分析がしやすくなってきている。また、ネットワークの持つ質に対するエスノグラフィックな研究手法も発達している。そうした実証分析の手法の進化は、単に、大規模で流動的なネットワークの分析を可能にするだけではなく、企業のネットワークに対する捉え方を変えている。従来、企業内の人的関係や企業間の取引関係は、常に二者関係（ダイアッド）モデルでしか分析できなかった。けれども、現在では、三者以上を含むネットワーク全体の構造が持つ独自の特性の解析が進むとともに、それが組織に与える影響までわかるようになってきた。

こうした社会ネットワーク理論とその解析手法の相乗的な進化は、ネットワーク組織の分析に対してまったく新たな視点をもたらしつつある。つまり、ネットワーク組織には、多様な構造形態があることを区別できるだけではなく、さらにそれにはよいものと悪いものがあるということである。同じ組織内でも、知識や情報、そしてその実践の仕方は、グループのネットワークの強さや質に応じて共有される程度が異なっている。つまり、ネットワークの特徴に応じて作り出されるグループの個性が存在する。言い換えると「ネットワーク特殊性」という性格が見られるのである。さらに、単に広いネットワークや人脈を持てば、企業の成果が高まるわけではない。組織がどのような特定の成果を目指すか、すなわち、生産性の高さを目指すのか、革新性の高さを目指すのか、もしくは安全性の高さを目指すのかに応じて、効果のあるネットワーク構造の特性は異なってくることがわかってきた。例えば、まったく新規なものを開発する場合には、弱いつながりだが幅広いネットワークを持った方が、広く多様なアイディアや情報を集めるのには有利である（Granovetter［1985］)。それに対して、きめ細かい改善活動を行う上では、価値観や認識枠組みを強く共有するチームを形作るために、濃密に知識や情報を共有できる凝集的なネットワークが有効である。

ソーシャル・キャピタル理論の展開

こうした社会ネットワーク理論をふまえた新しい組織に対する見方は、よい成果を生み出すネットワークは、組織にとって、重要な経営資源であるという新たな見解を打ち出し、悪い成果を導くものは組織の病理であるとの見解も示してきている。近年、社会ネットワーク理論を受けて、社会活動や組織活動に影響を与えるネットワークの働きを明らかにしようとするソーシャル・キャピタル理論（社会関係資本論）という視点が発達してきている。この理論では、社会ネットワークにとっては、構造的な特性や関係性の質、そこに蓄積され動員可能な行動資源（情報、人材、資金）が、社会活動やビジネスにおける重要な資源となっていると考える。

もともとは、社会関係資本論は、パットナムの議論から注目されるようになった。彼は、市民社会やコミュニティにおける社会ネットワークの発達が、社会全体での民主政治や、治安、制度秩序、社会サービスの発達に対してよい影響を示すので、それが重要であるとの考え方を示した（Putnam［2000］）。近年は、さらに、ネットワークに対する分析手法の発達が、社会ネットワークの多様さとそこでの働き方への理解を深めている。そしてある種のネットワークは、個人の行動や企業の経営にとって資源として役立ち、別の種のものは逆に阻害する働きがあることも研究されている。一つの例としていうと、日本の企業系列のネットワークの生む効果は、現在よい面と悪い面の二つで議論されている。確かに、系列組織がかつて持っていた強い結束感は、系列全体の改善や経営水準の向上には貢献してきた。トヨタ自動車グループが、品質や生産の改善に高い成果を上げてきたのはそのプラスの効果である。けれども他方で、系列という固定的なネットワークは、経営環境の変化に対して急激に革新することには不向きであるとされる。つまり、系列内での過剰結合は、方向転換を抑制する構造疲労状態も生んでいたのである。二〇〇〇年代初めには、同じ自動車産業でも別の系列は、下請企業の有するイノベーション能力やコスト改善能力が低かったため、悪い系列の典型だとされた。つまり、組織のネットワークは、その構造特性や関係の質に応じて、個人や組織にとって行動の重要な資源にも、阻害要因にもなりうる。そこで、こうした行動資源としてのネットワーク特性を研究するためにも、社会関係資本論という理論領域が発達してきた。組織の経営や運営にとって社会ネットワーク理論の持つ重要なインプリケーションは、経営資源となるネットワークの特性は何であるかということに尽きる。そして、それを明らかにすれば、組織の成果を向上させるために、ネットワークを診断し、コンサルティング活動を通じて、一定の改善策を提示することも可能になる。つまり、ネットワークのあり方をコンサルティングしたり、マネジメントしたりすることも可能となってきている。

スマートにネットワークしよう

ネットワーク組織を動かしている社会ネットワークの働きの解明が進むと、それを経営資源や行動資源として捉えて、どのようにしてうまく活用できるかというやり方に、関心が集まってきた。ミシガン大学のベイカー教授が、一九九四年にいち早く提唱したのが、ネットワーク組織時代においては「スマートにネットワークする」ことが重要だという考え方である（Baker［1994］）。この議論の特徴は、よい成果を上げるネットワーク組織は効果的な社会ネットワークを柱として持つので、それがあるかをまず診断し、必要ならば開発しようとするという視点である。

ベイカー教授をはじめとして、ネットワーク理論を駆使するネットワーク組織の研究者たちは、企業活動や市場現象において、ある種の社会ネットワークが重要な資源となっていることに注目している。彼らは、特別なグループを形成しており、ビジネス・スクールをベースに活躍する「新しい経済社会学」という研究者グループがそれである。彼らは、現代資本主義経済の市場社会では、市場、企業活動、そして個人の経済活動という三つの次元において、社会ネットワークがその資源として重要な役割を果たしていることに注目している。具体的には、三つの働きが典型的である。第一に、ファッション製品や宝石などのように、多くの人が鑑定できなかったり、正しい評価をしづらかったりする製品・サービスの市場においては、その取引にかかわる者たちの社会ネットワークが、その値付けや評価に大きな役割を果たしている。宝石市場における宝石ディーラーの関係がその典型である。第二に、企業活動でよく用いられるプロジェクト・チームや企業提携という形態においては、担当者間の人的ネットワークのあり方とそこでの信頼関係が、事業活動の展開に大きな影響を与える。信頼しない担当者同士のコラボレーションはよい成果を引き出しづらい。第三に、個人の経済活動においても、ベンチャー事業や職探しなどの局面で個人の社会ネットワークが持つ経済価値が大きな意味を持つ。よい顧客につながることのできないベンチャーは生き残れない。

したがって、企業や個人にとって、経済活動を支える社会ネットワークは重要な社会関係の資源すなわちソーシャル・キャピタルであり、そうしたものであるかを診断し、有効な特性を持つものを開発するべきだと考えるのである。近年、こうしたソーシャル・キャピタル理論を基盤にした組織理論は、組織経営を研究する研究者の世界で用いられるだけではなく、ビジネス・コンサルティングにおいても利用されるようになってきている。そして、先のベイカー教授は、企業や個人の持つ経済的な社会ネットワークが「スマートさ」を追求することを提唱している。これは、プロジェクト・チームや企業提携などのネットワーク組織においては、成果を上げる組織開発を進めるにあたり、その根幹となっている社会ネットワークの構造や働きを診断して、問題点を克服し、持っている長所をビジネスにうまく活用しようという考え方を意味している。

●5 本書のあらまし

本書では、社会ネットワーク理論に基づいた新たな組織理論、組織社会学の観点を中心にしながら議論を進め、ネットワーク組織の本質について明らかにしたい。そのために、①ネットワーク組織の特質と形態、②組織原理について社会ネットワーク理論からの新たな原理の解明、そして③ネットワークがもたらす組織のソーシャル・キャピタルが持つ独自の組織能力とキャリア開発能力について論じていきたい。本書の具体的なあらましは、次の通りである。

第Ⅰ部――ネットワーク組織の特徴、形態、働き方

まず、本章を含む第Ⅰ部では、ネットワーク組織の背景とその組織形態の特徴について考えていく。

第2章では、「ネットワーク組織とは何か」というテーマで、ネットワーク組織が、組織の壁を越えて、複数の組織に所属する人間や集団を、社会ネットワークへ結合・媒介する独自の協働組織の仕組みであるという特徴を持つことを説明していきたい。そして、経営コンセプトとしてネットワーク組織的なものが発達し、それがイノベーションの領域で一定の優位を見せることで注目されていったことを述べる。第3章、第4章では、具体的なネットワーク組織の組織形態について触れていきたい。組織の内部や外部の間での形態についてと、それが従来の組織形態と比べてどのような特徴と有利さを持つかについて考えていく。そして第5章では、私たちが今や「ネットワーク組織」で働き、キャリアを積む時代になってきていることについて議論していきたい。労働市場の流動化が進み、雇用形態の多様化が進んでいることを背景に、ネットワーク組織へのさまざまなかかわり方が出てきた。そして、転職における人的ネットワークの作用に見られるように、個人の側でもネットワークを自分のキャリアに活用する動きが出てきている。いまやプロフェッショナルな仕事を中心に、一つの組織にとどまらず複数の組織を渡り歩きながらキャリアを発達させていく「組織境界の壁を越えるキャリア」（バウンダリーレス・キャリア）というモデルも示されている。

第Ⅱ部――ネットワーク組織の組織原理と構造特性

第Ⅱ部では、ネットワーク組織のメカニズムについてのこれまでの議論を整理し、新たな社会ネットワーク理論が解明してきた組織原理の特徴について明らかにしたい。まず第6章では、ネットワーク組織の持つ柔軟な組織原理に関する経営学、経済学の代表的な考え方について振り返ってみる。第7章では、社会ネットワーク理論による組織論の新たな観点から、ネットワーク組織の経済的活動においては、人材、情報、ノウハウ等のソフトな資源をうまく引き出したり活用したりする上で、社会ネットワークの働きが重要であることを明らかにしたい。第8章では、社会ネットワーク理論の基本的な考え方を整理し、それがどのようにネットワーク組織の実際の働きを捉えようとしているかについて議論する。とくに、「社会的埋め込み」という概念を用いながら、経済生活において、個人、組織、そして市場システムが社会ネットワークによって動かされている面があることを論じていきたい。第9章では、社会ネットワーク理論によるネットワーク組織の分析手法の基本的な考え方について、簡単に触れる。そして第10章では、組織経営における効果に限定するが、ネットワーク組織に関し特定の社会ネットワークが持つ構造効果について、明らかになったことを整理する。

第Ⅲ部――ネットワーク組織の持つ独自な資源と能力

そして最後に、ネットワーク組織が発揮する独自な能力について考えていきたい。そのために、第11章では、イノベーションや転職、職場での団結などにおいて、代表的な事例について触れながら、社会ネットワークの特定の構造が、組織の成果につながるパターンがあることを論じ、ネットワークの特別な質やあり方は、組織の持つ独自な能力になることを示したい。第12章においては、社会ネットワークが経営資源として重要な意義を持つことに立ち返り、それを資源として見直す「ソーシャル・キャピタル理論」（社会関係資本論）という議論をふまえて、こうした組織の持つネットワーク的な資源が組織の持つ独自な組織活動にかかわる能力（ケイパビリティ）の発達につながるという見方を示したい。この能力の発達は、組織の持つ社会ネットワークの特別な内容や質に左右されている。とくに、文化産業、サービス産業といった経済活動の発達は、価値観や文化を資源とするような事業活動においてその付加価値を高める社会ネットワークの役割を、ますます重要なものとしている。

ネットワーク組織時代に見合った組織の見方

現代の日本的経営の実際のあり方を捉える上でも、社会ネットワーク理論に基づくネットワーク組織の分析は、大変意義深いだろう。ネットワーク組織的な組織形態やそこでのキャリアは、一昔前にあったように、まだ来ぬ未来の理想なのではなく、現在の一つの現実なのである。私たちは、実際に「ネットワーク組織」が多数動いているものとして、現在の日本的経営を検討する必要があるだろう。そのためには、実際のネットワーク組織の動きを捉える必要がある。本書は、その考え方と分析手法について示すものである。

第2章

ネットワーク組織とは何か

●1 ネットワーク組織の特徴

社会ネットワークが動かす組織

ネットワーク組織は、特別な性質を有する社会ネットワークによる結合関係を通じて、独特な能力を持った組織である。ここでは、これまでの組織論の議論をたどりながら、ネットワーク組織というのはどのような性格を持つ組織であるかについて考えてみよう。まず、ネットワーク組織とは、「複数の個人、集団、組織が、特定の共通目的を果たすために、社会ネットワークを媒介にしながら、組織の内部もしくは外部にある境界を越えて水平的かつ柔軟に結合しており、分権的・自律的に意思決定できる組織形態」であると暫定的に定義したい。そうした構造のために、外部の市場や社会の常識をもとに判断しつつ、外部環境の変化に柔軟に対応して変化させやすいという特性を持つ。企業内部では、部門を越えたプロジェクト・チームであったり、企業間では、提携関係であったりする。ネットワーク組織という考え方は、現代の組織が置かれている環境とそれに対する適応への期待を表している。

経営環境の変化に強い組織

今日、企業だけではなく、政府機関やNPO・NGOなどのさなざまな組織も、その環境が急激にラジカルに変わる状況に置かれており、自らの生存や発展のためには、それに対応することが求められている。むしろ変化への対応能力が高いかということに関心が集まっている。ノーキは、次の四つの面で、ヨコ型のネットワーク組織が、タテ型の官僚制的な大企業組織に対し、変化への対応について高い組織能力を発揮できると考えている（Knoke［2001］ch.1）。第一に、ネットワーク組織は、トップと現場が近いフラットな形態であり、現場の判断を重視して決定・実行できるような分権的な仕組みを持っている。第二に、組織内部に、外部的な市場原理を積極的に取り込む仕組みを持っているので、企業内部の基準ではなく、市場的な外部評価基準で取引したり、活動したりする。いたずらに会社に閉じこもった内向きな発想をとろうとはしない。第三に、組織編成が、短期的なプロジェクトを展開することを志向したものとなっており、プロジェクトの展開に応じて、組織は結成、再編、解散させられる。したがって、単なる存続のために組織体制を作ることを目的としない。第四に、管理職、従業員だけではなく経営者も、流動的な組織ゆえに、雇用が長期的に保障されていると認識しておらず、期間限定であり、流動的であると考えて、組織に属している。そのために、キャリアとしてもむしろ市場でも高く評価される能力形成が重視され、「エンプロイアビリティ」志向であるとされる。そのために、常に会社内部ではなく、外部労働市場で評価される能力、資格、仕事経験が重視され、転職しやすい人材作りが重視されている。

異業種コラボレーション・プロジェクトWiLL

こうした、ネットワーク組織の代表的な事例として、商品開発の異業種コラボレーション・プロジェクト「WiLL」について見てみよう（『日経ビジネス』二〇〇〇年九月一八日号、六〇-六四頁、『日経ビズテック』第四号、一七〇-一七七頁）。この例は、ネットワーク組織の持ついくつかの特徴を示している。

近年、さまざまな企業が、異なる業種の企業と協力して商品開発を行う提携事例が増えてきている。そのうちの一つにWiLLプロジェクトがある。これは、トヨタ自動車、松下電器産業、近畿日本ツーリスト、アサヒビール、花王、コクヨ、江崎グリコなどの日本の大手メーカーが最大七社参加し、博報堂を事務局に一九九九年に開始されて二〇〇四年に終了した共同商品ブランド開発プロジェクトである。このプロジェクトは、異なる業種の企業で、団塊ジュニアの若者世代をターゲットにした共通ブランドWiLLを用いて、若者向けの新規商品を開発しようとするものであった。これは、「失われた一〇年」の間に、車離れが進んだ若者世代の動向に危機感を持ったトヨタ自動車が呼び掛け、共通に若者向け商品開発に関心を持つ異業種の大手企業が集まり、始まったものであった。参加企業は、大手であり、どちらかというと若者向けのとんがった商品開発にはそれまで積極的でなかった。そこで、共同で若者世代の生活感覚の情報を幅広く集めて、総合的にWiLLブランドとして提案しようとするものであった。

このプロジェクトは、「WiLL委員会」という組織を作り、基本的に一週間に一度、参加企業の担当者が集まり、議論をしながら、商品開発やブランド作りを手がけるものであった。参加各社の商品開発について、それぞれが提案し、全体をWiLLブランドとしてまとめるための討議を行った。全部で四〇種類以上の商品が開発された。具体的には、自動車、ビール、ファックス、事務機器、旅行パッケージ商品、菓子などの異分野の製品について共通の若者ブランドWiLLをかぶせて商品化した。中でも若者向けのデザインの新車、若者向けの海外旅行パッケージ商品は一定の成果を上げた。そしてそこに参加した社員たちは、他社の違う業種と交流できたよさを挙げると同時に、統一した商品開発の難しさも経験した。

ここで、まず興味深いのは、大手企業七社の商品開発担当者や広報担当者は、一週間に一度、異業種コラボレーションのプロジェクト委員会をベースにしながら、共同で商品とブランドの開発に取り組んだことである。参加企業七社は、団塊ジュニアという一九七〇年代前半生まれの若者世代の消費性向についての理解を深めるために、自社商品だけではなく、他社商品を含めて若者生活の多面的な理解を行うとした。当初から二〇〇二年までの三年間を目標にして、異業種プロジェクトを設定して、他社担当者とのプロジェクトを中心にビジネスを行い、キャリアを積んでいった。そこでは、他社関係者との水平的なコミュニケーションにより、相互に情報の交換と認識の共有を行い、開発の方向性を共同で検討した。これは、ネットワーク組織時代における一つのビジネスとキャリアのあり方を示している。

ネットワーク組織の持つ新しさ

異業種コラボレーションWiLLプロジェクトは、「ネットワーク組織」という言葉で思い浮かべられている新たな組織像の、三つの特徴を示している。それらは、①ネットワーク結合、②プロジェクト型、③ヨコのプロセス重視である。そこにおける組織とキャリアのあり方は次のような大きな特徴を持つ。

① ネットワーク結合　ネットワーク組織は、内部での人々や資源の結合関係が、フラットで水平的、柔軟、そして境界が曖昧であるという特徴を持ち、意思決定が分権的、自律的である。そうした組織形態は、硬直した大規模なタテ組織よりも、市場や顧客、環境への対応能力があり、創造性、革新性が高いと考えられている。そして、水平的で緩やかな結合を持つ組織や組織間関係のもとでは、人々の働き方やキャリアもそれに合わせて、一つの組織の内部でのタテの昇進や異動にこだわらず、ネットワーク的な組織で水平的なキャリアを重ねるものになると考えられている。ただ、それには光と陰の両面がある。

② プロジェクト型　今日の企業は、ある一定期間で特定の目的達成を目指す組織編成を行うため、その組織のあり方も時限的で、短期的に変動する傾向がある。そして、一定の目的達成後には、組織の統合、再編、解体等が行われることもしばしばである。目標や評価基準も、組織内部のものではなく、市場や社会の標準に合わせる。こうしたプロジェクト的な組織のもとでは、人々のキャリアも、複数のプロジェクトを渡り歩き、経験を積む形で展開していくことが多い。研究開発企業のように複数プロジェクトから編成される組織の場合には、これが多い。むろんこれは、人々の職も、プロジェクトの解散に伴って失われてしまう流動性を持っている。

③ プロセス重視　組織のタテの指揮命令系統だけではなく、むしろ、ヨコの実際の組織活動の

図 2-1　ヨコのバリュー・チェーンを重視するネットワーク組織

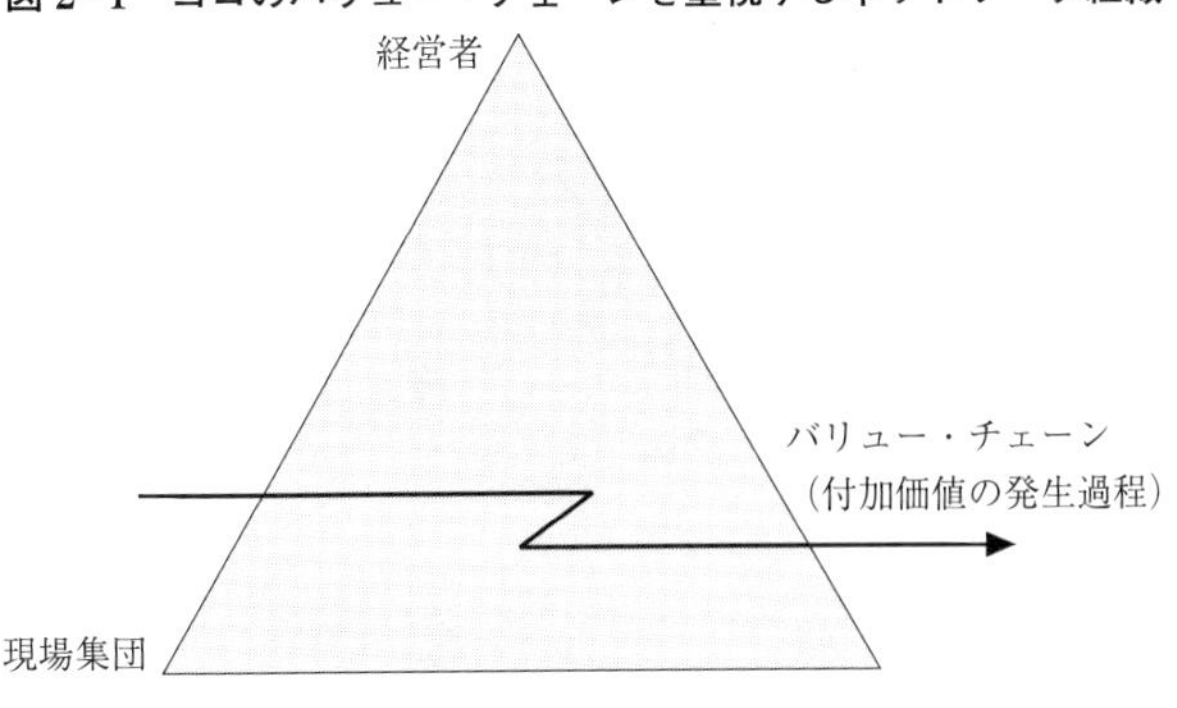

プロセスを重視した組織活動の見方である。市場や顧客に製品やサービスを開発・生産・流通させて実際の付加価値を生み出している、組織をヨコに走る活動の流れを、より効果的なものに改善しようとする考え方である。これは、戦略論の言うところの、組織を横切って展開して付加価値を生み出す業務の流れ、すなわちバリュー・チェーン（価値連鎖）に注目する視点である（図2-1参照）。そして、この改革により付加価値を高める仕組みを作っていこうとするものである。このような、ヨコのプロセス重視の組織では、働き方やキャリアのあり方もヨコのプロセスをよくするという視点に影響される。ある製品の日常の生産と流通をよくするには、製造部長の働きだけが重要なのではなく、ヨコのサプライ・チェーンのプロセス（過程）の動きを改善するサプライ・チェーン・マネジャーの働きもまた、重要なものとなってくる。

ネットワーク組織とは、このように、ネットワーク結合、プロジェクト型、プロセス重視を特徴として、柔軟さやフラットさを求めた組織のあり方である。ネットワーク組織は、具体的な形態としては、組織内部ではプロジェクト・チーム、マトリックス組織という形をとる。そして境界を越える特徴から、企業間でも展開し、合弁企業、企業間提携や系列組織、企業グループ、フランチャイズ・チェーンという形態をとる。ネットワーク組織とは、特定の目的について一定期間内での達成を目指すプロジェクトのために編成され、分権された自律的な個人や集団、組織が水平的なネットワークを通じて柔軟に結合し組み替えられ、そうしたヨコの連携のプロセスを最適にしようとしている構造と見ることができる。

ネットワーク組織の五つの特徴

ネットワーク組織は、これまでの大規模なタテ型の官僚制組織と異なり、柔軟で変革がしやすい組織形態であると思われて議論されてきた。官僚制とは、大規模組織における合理的な運営と統治の仕組みとして、一九世紀にドイツの社会学者マックス・ウェーバーが提唱したものである。官僚制とは、権力を持つトップにより管理され、タテの階層組織を持ち、タテの指揮命令系統でまとまった行動をとる組織である。官僚制は、次の五つの特徴からなる。それらは、①規則とルールによる支配と統治、②タテ関係の明確な区分と分業、③トップへの意思決定権限の集中、④専門的スタッフと教育訓練、⑤文書による伝達と記録である。

ネットワーク組織は、こうした組織構造に対立する組織概念である。つまり、企業や政府機関などの組織の大規模化が、大企業病などの環境適応障害を引き起こすようになってきたため、それに対応する処方箋となる情報化時代の次世代組織モデルとして議論されてきたのである。

ネットワーク組織が持つ特徴は、組織論の議論の中では、大きく五つが指摘されてきている。それは、①社会ネットワークを媒介にした低階層（フラット）で緩やかな水平的結合をしていること、②従来の部門や組織の壁を越えて、特定の目的を共有しつつ、共通の規範、分権的なガバナンスを共有し、自律的な協働を行うこと、③ネットワークを通じて組織の内部や外部の人材、経営資源、情報を動員して利用できること、④市場や外部の環境を基準にした意思決定、⑤自己組織的に柔軟な変化をすることである。こうした特徴についての議論を簡単に見てみよう。

① フラットで柔軟な結合　まず、ネットワーク組織は、社会ネットワークが結合するもので、階層が低く水平的で緩やかな結合形態である。そして、ベイカーが指摘するように、ネットワーク組織は、多元的な社会的ネットワークから編成される組織形態であり、「柔軟性」と「適応能力」がその特徴である（Baker［1992］）。ネットワーク組織は、公式・非公式、コミュニケーション、社会化、アドバイス、キャリアなどの多元的なネットワークから編成される。これはバーンズらが「有機的組織」で述べたように、組織がフラットで、分権的で水平的なコミュニケーションを取っている方が、イノベーション向きであるとの議論を発展させたものである（Burns and Stalker［1966］）。その組織原理は、緩やかな結合（ルース・カップリング）として、今では概念化されている（寺本［一九九〇］）。

② 組織の壁を越えた協働　ネットワーク組織は、特定の目的を果たすために、従来の部門や組織の壁を越えて結合し、協働する組織形態である。具体的には、社内ではプロジェクト組織の形態が増えたり、社外では戦略的提携やパートナーシップの形態が増えたりしたために、職制で割り当てられ

ている仕事、部門の役割分担、会社を越えて、一つの事業活動を行うことが増えてきたことがある。社内的には、日産自動車の改革プロジェクト「ルネサンス」の際の全社的改革プロジェクト・チーム、「クロス・ファンクショナル・チーム」がそうした例である。また、社外では、サプライ・チェーン・マネジメントでよくいわれるメーカー、物流、小売店の一体化した取組みによる効率化などもそうした例である。これらでは、ネットワーク組織に関与している個人、集団、組織が共通の経営者・管理職やトップに強く従属していないことが多いので、その関係が分権的で自律的であることが多い。ポドルニーらは、ネットワーク組織が、そこでの複数の主体間の社会ネットワークにおける水平的で継続的な交換に基づいた調整により動いている組織であるので、特定のトップや管理者に指図されない分権的な秩序を形作っていることが特徴であるとする（Podolny *et al.*［1998］）。

③　ネットワークを通じた資源や人材、情報の動員　ネットワーク組織は、社会ネットワークを通じて、必要な資源や人材、情報へアクセスできるし、動員を図ることもできる。そうしたことに有用な社会ネットワークは、それ自体が、組織にとってネットワーク的な資源、すなわちソーシャル・キャピタルである。一九九〇年代の代表的なネットワーク組織論者のマイルズやスノーは、この組織形態では、企業が、内部や外部において自分の持つネットワークを発達させると重要な経営資源を動員できるので、競争力を発揮できると考えた（Miles and Snow［1995］）。バートはまた、競争に優位な社会ネットワークを持つことは、社会行動の資源になったり、権力源になったりすることを指摘している（Burt［2004］）。そして効果的なネットワークを持っている個人や社会は、ビジネスにおいて有利

な情報、知識、価値観を保有できる。さらには、ある企業の埋め込まれているビジネス上のネットワークを駆けめぐる評判のメカニズムや、それに基づいた制裁メカニズムは、組織活動に大きな影響を与える。とくに、文化コンテンツ産業すなわち映画産業やミュージカル産業においては、俳優、クリエーターのネットワークへ入り込み、そこで高い評価を得ないと、よいチャンスをもらったり、よい作品づくりにかかわったりすることがなかなかできない。

④ 外部環境が判断基準

ネットワーク組織は、とくにノーキのいうように、外部環境、とりわけ市場を判断基準にした意思決定と行動を行う。市場や外部環境で求められているものを重視するのである。ネットワーク組織は、部門や組織の壁を越えてネットワークで結合しているので、外部の常識、評価、価値観、判断基準が入ってきやすくなる。そのために、外部環境で用いられている判断基準が使われる。このことで、内部で堅固に独特の規則、価値を共有したりすることにならず、内向きな発想にとらわれにくくなる。ネットワーク組織は、現代のネットワーク型の資本主義社会で発達した組織形態であり、分権化した仕組みであるだけではなく、外部の市場の論理が浸透しやすい仕組みであるといえる（今井・金子［一九八八］、Knoke［2001］）。

⑤ 自己組織的で柔軟な変化

寺本のいうように、ネットワーク組織は、緩やかに結合（ルース・カップリング）したものであるので、環境の変化に対して、自ら柔軟に構造変革を行う、すなわち「自己組織的」に変化しやすい（寺本［一九九〇］）。自己組織的な変化とは、自らの組織メカニズムに依拠しながら、自己の組織構造を自律的に変化させて、新たな秩序形成を行う変化のことをいう（今田［一九八六］）。またさらにリップナックらは、その議論をふまえて、社会ネットワークという形態を用いることによって、自己実現的なネットワーキングを行うこともできるとした（Lipnack and Stamps［1982］）。

●2　ネットワーク的な経営コンセプトの登場

ネットワーク組織が、現代の組織を捉える見方として一つの重要なコンセプトになったのは、現代の組織の特性をうまく表現することもあるが、それだけではなく、それを用いた新たな時代の組織経営のコンセプトが数多く生まれてきており、またそれを通じた組織改革が行われているからでもある。そうした組織経営のコンセプトとして、代表的なものには、「組織のフラット化」、「リエンジニアリング」、「オープン・ネットワーク経営」、「戦略的提携」、「ベンチャーとクラスター」、「合併後の組織統合」、「企業境界を越えるキャリア」（バウンダリーレス・キャリア、boundariless career）などがある。これらの経営コンセプトは、発達した情報通信インフラを基盤としつつ、企業内・企業間での柔軟な結合形態の優位を提唱するものであった。それらの議論が、どのようにネットワーク組織という形態を用いる優位性を主張してきたかについて見てみよう。

組織のフラット化

組織のフラット化とは、すなわち企業組織が低階層化、分権化し、現場とトップの間に直接的な結合と調整の関係を作り出すことが、顧客や市場のニーズへ直接対応し、環境変化への高い適応につながりやすいという議論である（横田［一九九八］）。フラット化するとは、企業内でタテの階層を徹底的に減らし、不必要な中間管理職を削減することで、できるだけトップと現場がダイレクトにつながるようにする組織改革のことを指す。フラット化した組織は、環境の変化の情報について、現場だけではなく、トップも素早く共有し、現場を中心に機動的な意思決定を行い、環境変化に機敏に対応できるとの見方を示したものである。花王の文鎮型組織改革がその典型であり、できるだけ中間管理職を限定し、情報ネットワークを使った情報共有や現場での意思決定を進めようとするものであった（図2-2）。フラット化は早い段階から提唱されたネットワーク型の組織改革の手法である。

図2-2　花王の文鎮型組織のイメージ

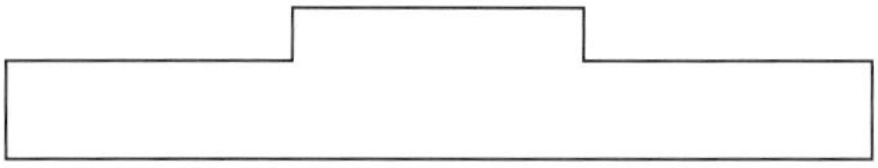

オープン・ネットワークと戦略的提携

さらに國領を中心に展開された「オープン・ネットワーク経営」の議論は、企業間での通信情報システムの国際標準化が進むにつれて、日本の産業、市場における企業間の取引関係で進めるべきネットワーク的変革の方向性について議論したものである（國領［一九九五］）。組織のフラット化は、組織内部での改革を中心にしたものだった。一方、オープン・ネットワーク経営は、企業間取引関係のネットワーク化の傾向と改革の方向

通信企業の国際戦略的提携

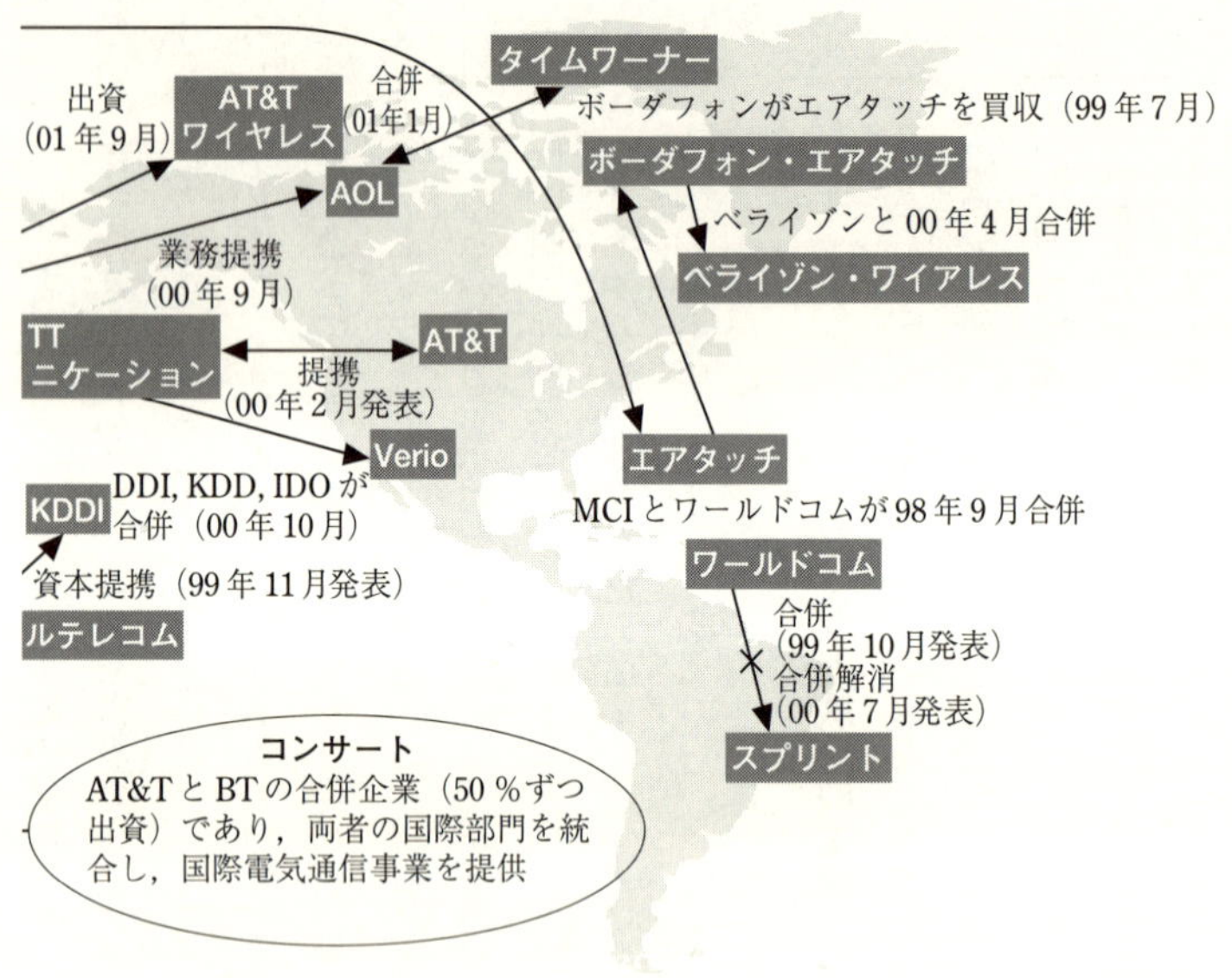

性について論じたものである。日本の企業間関係は、大手企業を中心に、中小企業が閉鎖的で固定的な取引関係を形成する系列取引が一つの代表的な関係である。だが、現在の企業間通信ネットワークやインターネットなどのような、よりオープンな情報基盤が発達するにつれて、従来の系列取引での標準化から変化して、国際的標準に見合ったオープンな企業間の取引ネットワークを実現した方が、革新的で効率的な企業活動が展開できると考える。これは、いわゆる日本の企業対企業（B to B）の電子取引システムにおいて、「電子商取引」や「電子市場」が発展してきており、これがオープンなシステムとして発展してきている。そのた

図 2-3　1990 年代後半の

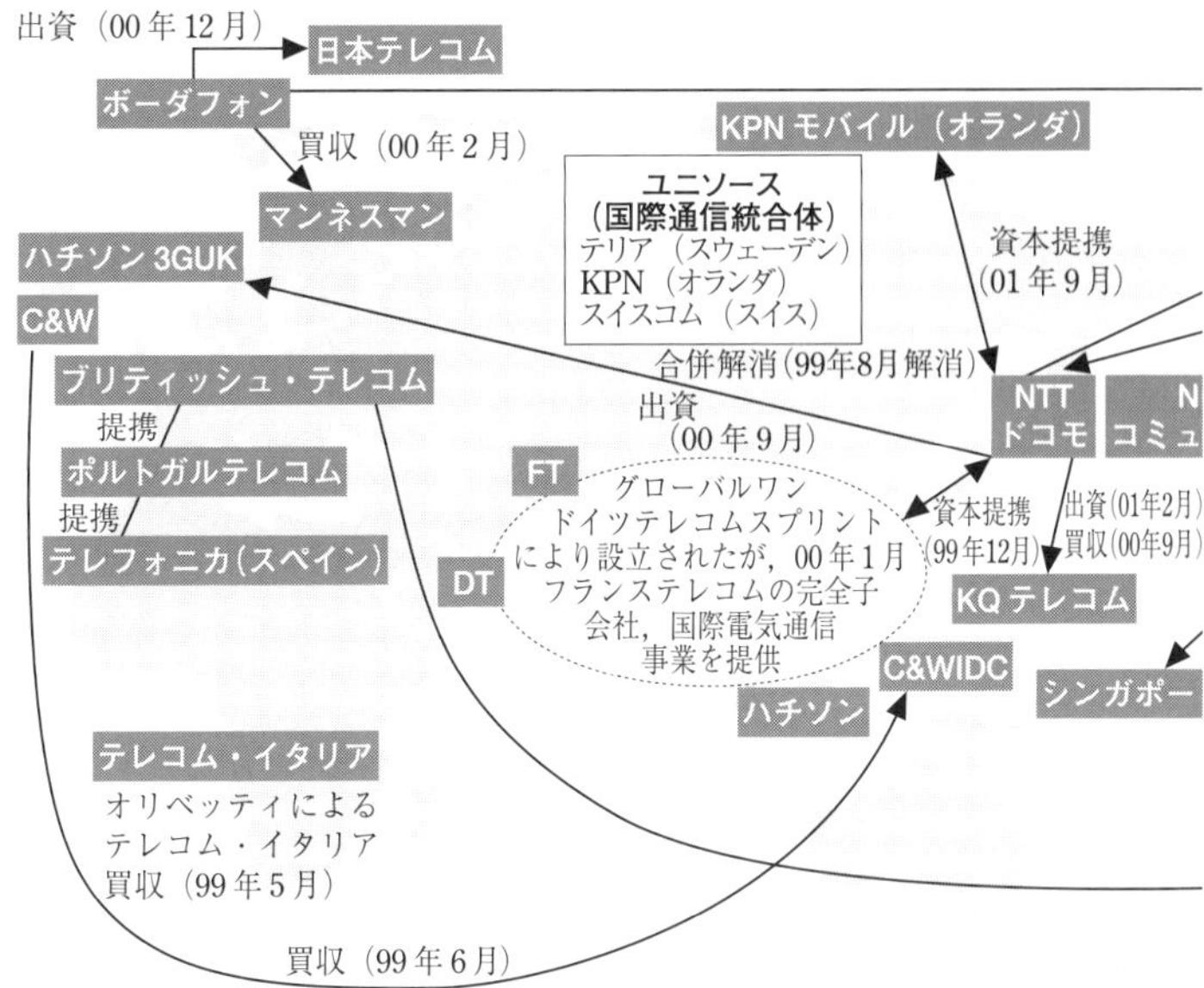

（出所）　総務省［2001］240 頁，図表②。

めに、日本の企業間関係もよりオープンなネットワーク組織の方向に変革するべきであるとの考え方を示している。

戦略的提携という考え方も、系列取引をよりオープンなネットワーク組織にする変化の必然性とそうした方向性の改革の意義を提唱するものであった。戦略的提携は、従来の提携関係と異なり、ライバル企業同士が積極的に協力して、共同で事業や開発を展開するものである。典型的には、パナソニックとソニーが協力して、次世代DVDの標準をブルーレイにした国際企業連合などがそうである。ライバル企業同士が協力することで、より速いスピードでリスクを減らしながら早期の市場の実現と初期利益の獲得を狙うといったことがよく行われる。戦略的提携の傾向としては、多くの提携が長期に成果を上げないものであるけれども、提携のネットワークに常に参加しないと業界や産業の動きに遅れてしまう点が挙げられる。戦略的提携のネットワークは、ライバルとのオープンな情報の交換、共同調整、次世代標準の共同形成を行いやすい。例えば、図2-3に示した一九九〇年代後半における国際通信企業の戦略的提携を見ると、非常に数多くの通信企業が合従連衡していることがよくわかる。とくにNTTドコモは十分な成功を収めなかったが、自社のFOMA通信形式を世界標準にしようとして、積極的に欧米携帯通信企業と資本提携を展開した。

ベンチャーと産業クラスター

ベンチャー企業は、小さいので一社単独では生き残りや成長が難しく、他の企業とのネットワークの形成の意義が高い領域である。「ベンチャーのネットワーク」は、考え方としても現象としても広まってきている。バイオテクノロジー分野などのまったく新しい事業や技術を開発しようとするベンチャー企業は、他の同様のベンチャー企業、大手企業、研究所、大学などとの連携を積極的に行いながら、事業活動をすることがよくある。そうしたベンチャーの連携には、あるベンチャー企業と他のベンチャー、大手企業、研究機関、大学の関係者を結ぶ社会ネットワークが、資源や情報、技術、人材、取引の獲得に重要な役割を果たしている。実際に米国のベンチャー企業のアイディア源として、個人的ネットワークが重要であるとしたものは七一％にのぼっている。孤独でスーパーマン的に行動するベンチャー起業家の一般的なイメージは、かなり偏ったものなのである。

そして、複数の大手、中小企業やベンチャー企業が地域に集積し、イノベーションを起こすシステムとして、地域的な産業クラスターがある。米国のIT企業の集積地域である、西海岸のシリコンバレーや、バイオテクノロジー系企業の集積地域である東海岸のボストン地域が著名である。こうした地域的な産業クラスターにおいては、企業は単に集積しているだけではなく、シリコンバレーでは、IT系企業にかかわる技術者、経営者、投資家や研究者の間に重層的で多元的な人的ネットワークの集積が見られる。この地域では、こうした人々の出会いや交流、会合と新たな組織化が、レストラン、クラブ、地域的な会合、大学、産業見本市等で行われている。こうしたネットワークを通じて、イノベーションを推進する情報、知識、技術、資源、人材が流動している。ベンチャーや中小企業もまた、他の企業とネットワークを形成した方が、新たなアイディアや技術を獲得できるだけではなく、具体的な製品作りも行いやすい。ベンチャー企業が新しい製品をデザインして、その生産を大手の製造委託企業が引き受けたり、大手企業が自社の大規模な製品やシステムにベンチャーの技術を組み込んだりすることがよくある。そして、クラスターにおいては、イノベーションのコアとなるような企業と人とのネットワークが創られると、それが、クラスターの地域的コア、いわゆる「ローカル・ミリュ」となり、クラスターの創造活動を活性化する。

合併後の企業統合

最近の企業の買収・合併の広がりは，内部成長中心の旧来の日本的経営を変えつつある。しかし，合併企業同士の企業価値が，合併の二，三年後に，合併前の企業同士を足し合わせたものを下回ることはよくある。これは，合併した企業の統合が遅れて，組織活動の業績が低下することもその大きな要因と考えられている。したがって，買収・合併した組織を早く統合して，高度化し，一体性のある組織活動を実現することが，企業価値増大にとって重要である。そうした問題は「合併後の組織統合」(post-merger integration) といわれる。例えば，質の悪いM&Aディーラーは，単に書類上の計算だけで，合併すると資産や企業価値が増えるという安直な提案を行う。けれども，企業が合併する場合，その統合にはきちんとした方針や努力が必要である。ある損害保険会社同士の合併の場合には，損害保険売買のやり方を全部統合するのに，二，三年かかるということがあった。ポストM&Aというのは，買収・合併にとって重要な問題なのである。そうしたM&A後に，一体化した組織活動を展開する場合に，人的ネットワークを再統合することも重要な取組みの一つである。人事制度の統一，組織文化の統合，人材の保持が重要な目標になる。日本の多くの企業では，経営統合はするものの，企業としての一体化は先送りになり，ますます業績を低下させて縮小再生産という負のスパイラルにはまる「合併悲劇」がよく見られる。

バウンダリーレス・キャリア

また、ネットワーク組織の広がりに伴い、一つの企業の内部だけで展開するキャリアだけではなく、複数の企業を移りながら展開する流動的なキャリアの広がりも見られるようになってきた。ことに、専門人材などのプロフェッショナルな労働者によく見られるキャリア現象である。これは、「企業境界を越えるキャリア」（バウンダリーレス・キャリア、boundariless career）といわれるキャリア現象である（Authur and Rosseau［1996］）。これは、情報技術者や研究開発者、文化コンテンツのクリエータ一等の知的プロフェッショナルによく見られる。彼らは、特定の企業には長期的に勤務せずに、プロジェクトに応じてさまざまな企業を渡り歩き、そこで最先端の技術や新しい事業を体験しながら、自分の技能やキャリアを発達させていく。これは、米国において、一九八〇年代にＩＢＭのような大企業での長期雇用が崩れた後に顕著になった。例えば、二〇〇〇年前後のシリコンバレー企業のような場合には、情報技術者の平均勤続期間は、わずか一八カ月であり、彼らには、複数の企業を渡り歩きながらステップアップする傾向が見られた。また、日本においても、一九九〇年代以降に起きた変化として、内部叩上げと言われていた経営者労働市場においても、経営再建をする場合の経営者人材の調達については大きな変化が見られる。不振企業が増大するにつれて、再建経営者へのニーズが増してきたが、再建支援者たちはえてして、再建経営者として内部人材ではなく外部人材を好む場合が多い。なぜなら、不振企業において、内部叩上げの人材は、会社の業績が悪くなった時代に出世したので、その会社の負けパターンを学習してきており、再建には向かないと外部の再建支援者たちから思われがちである。そのために、日本でも再建経営者を中心に外部経営者が流動する労働市場が成長しつつある。例えば，伊勢丹バイヤーから福助の再建経営者に迎えられた藤巻幸夫はその典型である。彼はその後に，イトーヨーカドーの改革のためにも経営者として迎えられている。

●3 イノベーションする市場社会メカニズムへの関心

イノベーションしやすいネットワーク組織

ネットワーク組織という組織形態は，イノベーション志向や情報，文化コンテンツ，知識生産という新たな産業やビジネスの特徴とその市場構造の特性からも求められている。例えば，次世代携帯電話システム開発の場合には，非常に短期間に，世界的に一定のミッションを共有して，同時開発させるスピードが求められる。それに加えて，高い技術水準の達成，顧客のサービス・ニーズの開拓などを迅速に行うには，特定の企業を越えて，複数のライバル企業や産業でのネットワークが重要になる。また，映像コンテンツ生産においては，価値観，テイスト，技術やミッションの共有と共同創造が重要である。このような分野では，部門や企業を横断するプロジェクト組織の多元的な社会ネットワークによる統合を通じて，情報，知識，価値，思考，ワーキング・スタイルなどを共有，共同創造することが重要な競争力の源泉となる。ネットワーク組織の形態の特徴として，ルース・カップリング，オープン性，分権性，自律性，柔軟性，そしてイノベーション志向を挙げたが，これは，現代における付加価値の高い産業やビジネス，そしてその市場の求めている特性でもあるだろう。

むしろ、革新的な知識、技術や価値観、感性が重要な意味を持つビジネスや産業の分野においては、社会ネットワークがそこでの新たな市場を結合、構築していると考えている。北米や欧州において、近年のネットワーク組織論を発達させてきた「新しい経済社会学」は、経済交換にかかわる社会ネットワークが市場を実際に機能させるメカニズムにおいて重要な役割を果たすと重視している。ラウチらの『ネットワークと市場』やハリソン・ホワイトの『ネットワークに基づく市場』は、そうした立場からの代表的な議論である（Rauch and Casella［2001］, White［2002］)。こうした議論では、市場の取引における実際の論理や、取引の具体的な構造は、財やサービスの生産・流通・消費にかかわる社会ネットワークが形作っていくとの見方を示している。

社会ネットワークが動かす市場社会

社会ネットワークが、ある種の商品、サービスの交換市場やその開発・生産・消費にかかわる経済活動にとって重要な役割を果たすことがあるのである。その役割として次の二つを挙げることができる。まず、商品やサービスの内容や効用について売り手と買い手で大きく情報のギャップがある場合、すなわち、いわゆる経済学で「レモン財」と言われる問題の場合に、社会ネットワークはその取引関係における情報交換を進める働きをする。レモンは、外見からは中味を一見して判断できない。購入する前に店頭で一つ一つ切って中を確かめることもできない。すなわち、売り手と買い手の間で、取引する商品やサービスについての知識や情報に大きなギャップがあったり、その価値がうまく理解できない場合には、彼らの間に社会ネットワークがあると、情報交換を進めて取引に信頼関係を生み出す。とくに、高級感を売り物にする宝石のような商品や、感性に訴えるようなエステ・サービスなどがそうである。その場合には、売り手と買い手との間に社会ネットワークがあると、その内容や満足について関係を通じて理解を進めたり、利用後にクレームをつけたりすることができ、取引の信頼性が高まる。次に、自動車のように、複雑な商品やサービスを複数の個人や企業が長期間に共同で開発・生産する場合には、社会ネットワークはそれらの調整をする重要な役割を果たす。社会ネットワークは、取引関係についての信頼性を高めたり、その高度な調整をしたり、新たな商品の共同開発を推進したりする。

関係的契約と社会ネットワーク

企業経済学では、こうした製品やサービスを専門用語で、情報が非対称な財やサービスであるといい、社会関係が売り手と買い手の信頼関係を作り出した方が、よい取引関係のパターンが生まれると考えている。こうした取引契約の関係においては、売り手と買い手の社会ネットワークは、取引関係を安定させたり、円滑に機能させたりする上で、重要な役割を果たす。近年、情報化、文化産業の発達、サービス経済の発達で、こうした特性を持つ商品やサービスの市場が発達してきている。具体的には、ブランド品、文化コンテンツ、エステ・サービス、コンサルティング業務などである。企業経済学者であるミルグラムとロバーツのいうように、経済学的に見るとこうした複雑な商品やサービスについての取引契約は、すべての情報が売り手と買い手の間で一回のやりとりで完全に共有される完備契約とはならず、「関係的契約」というパターンになる（Milgrom and Roberts［1992］）。関係的契約とは、一回の経済的取引について契約するのではなく、その取引をめぐる長期の調整関係の枠組みについて合意した契約関係である。つまり、関係的契約のもとでは、経済取引は一回きりで終わらず、そこから一定の成果が上がるように事前的・事後的に売り手と買い手との社会関係を通じて情報を交換して取引が正常に進むようにし、問題があった場合に共同解決を図るような状態にある。関係的契約の研究を専門とする契約法学者マクニールは、これを、取引に関して互いに何をすべきか、そして何を相手が期待しているかについて暗黙の理解をしている特性を持つ契約であるとしている（Macneil［1980］）。すなわち、関係的契約では、経済的な取引関係の展開において、長期的な社会関係、つまり社会ネットワークの働きが重要な役割を果たしている。つまり、市場における経済交換についての社会ネットワークが、売り手と買い手に対して、市場取引での規範、価値、知識、行動パターンの共有を進めて、彼らの協力と調整の関係の基盤を作り、逸脱行為に対する制裁のメカニズムを働かせている。さらに言い換えると、社会ネットワークが個人や企業の経済的取引関係に対して信頼関係を生み出し、その安定性と円滑さを高めるのである。これをグラノベッターは、社会ネットワークを通じて市場での経済交換が社会に「埋め込み」をされているためであると表現した（Granovetter［1985］）。これと関連してウッジは、ニューヨークの女性下着のファッション産業を研究し、アパレル・メーカーが長期的に信頼のある取引ネットワークを一定程度持っていると倒産しにくく、生き残りやすいことを挙げている（Uzzi［1996］）。

私たちの現代の経済では、サービス的な面が発達し、非常に複雑で、人によって判断の異なる商品やサービスが流通している。例えば、「癒し」についてのさまざまなサービスである。マッサージ、カウンセリング、セミナー商品などはすべて、一見してその効用は判断できない。多くの人は、その購入について悩む。その場合、その取引からの一定の結果について、よく知っている人との人脈からそのよさについて事前に確かめることができたり、事後的にクレームをつけたりできたりして、一定の質を保証する枠組みがあればより取引しやすくなるだろう。

現代のアクセスの経済とネットワーク組織

そして、リフキンのいうように、サービス経済では、占有ではなくタイミングのよいアクセスが重要になっている。つまり、旬なときに旬なものにアクセスし楽しめることに、人はよりお金を出すのである。クリスマスイブの東京ディズニーランドでパーティーを楽しむことや、花火大会の日に会場の海浜の一番よい席で楽しめることに、人は価値を見出しお金を出す。例えば、京都では、大文字焼きが見えるデパートのレストランは、平常は二〇〇〇円程度で食事できるのに、その日に限っては七〇〇〇円が最低の料金になることがある。タイミングが重要なのである。真冬二月の平日午前中の空いている東京ディズニーランドや空いている湘南海岸にいることは、多くの人にとってあまり価値が高くないだろう。現代のサービス経済では、タイミングのよいサービスへのアクセスが大きな付加価値になる。これは、消費だけではなく、生産でも同じである。とくに、情報サービスや文化コンテンツ生産ではそうである。旬な女優や脚本家をタイミングよく確保することがヒットの条件である。落ち目の俳優や高名だがマンネリ化した脚本家を確保することでは、よいコンテンツの生産は望みにくくなる。よりよいイノベーションのために、優れた共同パートナーにタイミングよくアクセスできることが重要なのである。ただし、長期的に専有するのは経済的なリスクとなる。旬な人気や才能は、低落する可能性を持ち、時代遅れの経営資源を抱え込むこととなりうる。そして、旬で優れた経営資源にタイミングよくアクセスできるのには、活性化した社会ネットワークが重要な役割を果たしている。なぜなら、社会ネットワークを通じて、コラボレーションについての見方や、価値観、考え方、行動について頻繁に共有し、共鳴し合える関係で協働できるからである。

産業のサービス化や情報化、そしてアクセスの経済の発達を通じて、ネットワーク的な市場領域が存在し、拡がってきている。そこでの感性に強く訴えかけるタイプの商品やサービスは、社会ネットワークを通じて生産、流通、消費される傾向が強い。そこで経済交換を行う個人、企業、そしてNPOも社会ネットワークのメカニズムに従い、それを利用して経済活動を行っている。新しい経済社会学の見方に従えば、現代の商品市場のいくつかは、商品の経済交換をめぐって発達し、それに影響する多階層型社会ネットワークで結合している。その社会ネットワークのいくつかを活用することで、ネットワーク組織は生まれるのである。つまり、ネットワーク組織は、現代の市場社会における多層的・多元的な社会ネットワーク構造に基盤を持ち、そこで発達し、変動している。ネットワーク組織は、まさしく現代のネットワーク的な経済と社会の構造に埋め込まれているのである。

第3章

ネットワーク組織の形態

●1 ネットワーク組織の形態

形態の多様性と共通性

ネットワーク組織には、さまざまなスタイルの組織形態がある。具体的には、プロジェクト・チーム・ベースの組織、企業グループ、戦略的提携、中小企業ネットワークなどである。ここでは、主に企業組織の事例をもとにしながら、ネットワーク組織が具体的にどのような形態であるかについて、議論してみたい。

前章で見たように、ネットワーク組織という組織形態であると捉えられている組織にはいくつかの共通点が見られる。その共通点は、組織のフラットさ、結合の柔軟さ、水平的な連携、ボーダーレスな結合、そして自己革新能力の高さである。まずは、フラットな組織であることが特徴である。大規模な官僚制組織のように、垂直的な階層組織が発達しておらず、トップとミドル、そして現場組織の距離が非常に近く、情報や知識の交換がスムーズに行える。花王のかつての文鎮型組織モデルがその典型である。次に、組織における人や資源の結合関係が環境の変化に合わせて変わりやすいことである。官僚制のように制度が堅固な組織ではないので、非常に変わりやすく、トップと現場の距離が近いので、状況に合わせて刻々と変えていくことができる。第三に、さまざまな部門や組織にいる実際の事業活動に携わる現場関係者が、上司を介したタテのコミュニケーションではなく、担当者同士で、ヨコのコミュニケーションを活発に行う。それにより、ある問題を解決しようとする場合に、一つの部門だけではなく、組織の中の多くの部門の情報や知識、能力をうまく動員して新しい解決の仕方が可能になる。第四に、そうした水平的な連携は、部門の壁を越えたり、組織の壁をも越えたりして展開する。インターネットの発達と相まって、そうした外部との連携がしばしばグローバルに行われる。第五に、最も重要であるが、ネットワーク組織はきわめて自己革新能力の高い組織だといわれる。これは、上で挙げたフラットさ、柔軟性、水平的な連携、ボーダーレスという組織的な特徴から生み出されることだが、非常に環境の変化に合わせて変わりやすく、新しい形の発想、知識、行動パターン、事業活動が生み出されやすいのである。

オルフェウス・オーケストラでの多元的リーダーシップ

こうしたネットワーク組織のユニークさを示す代表的な事例として、世界の大手企業で注目されているのが、指揮者のいないオーケストラ「オルフェウス・オーケストラ」である（Seifter and Economy [2001]）。オルフェウス・オーケストラは、指揮者のいないフラットなネットワーク組織のスタイルをとっている。従来オーケストラは、指揮者が絶対的な権力を持ち、その音楽解釈と指揮に、楽団員が従い合奏を行うスタイルをとる。しかし、オルフェウス・オーケストラには基本的に指揮者がおらず、常にプロフェッショナルな演奏家同士の水平的な協力関係と場面ごとに変わる多元的なリーダーシップのもと、オーケストラ全体の音楽解釈と演奏スタイルが共同で決められている。楽団員が指揮

図3-1　オルフェウス・オーケストラのDVD

（注）　中央は指揮者ではなく，バイオリニストである。
（発売元）　ジェネオン・ユニバーサル・エンターテイメント（商品番号GNBC-4124）。

者の一方的な指導に頼るのではなく、各メンバーが高い技術・能力をもって積極的に貢献・参加し、多元的リーダーシップにより運営される組織となっている。その独特の水平的なネットワークによる協働プロセスは「オルフェウス・プロセス」として、ネットワーク・スタイルの新たな組織マネジメントのあり方として注目されている。実際に、このオーケストラを後援している企業には、モルガン・スタンレー、アクセンチュア、J・P・モルガンなどの専門的なサービスを事業活動の中心にしている企業が多い。こうした企業にとってモデルとなるネットワーク的な組織のあり方の一つを示していると捉えられる（水越ほか［二〇〇二］）。

オルフェウス・オーケストラは、一九七二年にジュリアン・ファイファーによって創設され、米国ニューヨークのカーネギー・ホールに拠点を置く室内管弦楽団である。毎年、カーネギー・ホールでの定期演奏会を行うだけではなく、海外での演奏ツアーも実施している。ヨー・ヨー・マやジョシュア・ベル、アンネ・ゾフィー・フォン・オッターなどの著名なソリストとのコラボレーションも行っている。当初は指揮者を置いていたが、あるトラブルをきっかけに指揮者を置かなくなった。創設者ファイファーは、指揮者を置かない理由を次のように述べている。

「室内楽の透明な響きと柔軟な構成が好きだ。その仲間意識と強い連帯感をもっと大きな編成で試したいと思った。それに全員がより効果的にこころを通い合わせるようにするには指揮者無しでやる必要があると感じていた」（Seifter and Economy［2001］邦訳一六頁）

オルフェウスは、ユニークなリハーサルの仕方をとっている（大木［二〇〇四］第九章）。最初に、演奏委員会会議において、次回の公演の曲目とソリストを決定する。そして立候補によりコア・メンバーを選出する。そのコア・メンバーによるリハーサルを行い、次に合奏者を入れた全体リハーサルを実施する。そうして、聴衆を交えたコンサートを行う。その際には、メンバーに対して、徹底したエンパワーメントを行い、民主的な討議を通じた解釈の形成を実施する。

オルフェウスは、組織管理について独特の考え方を持っている（Seifter and Economy［2001］邦訳三二－三四頁）。それは、①実際に仕事をする現場の人間へ権限委譲を行い、②質の高い仕事を目指す自己責任を課し，③役割を正確にし，④リーダーシップの共有と循環を求め，⑤平等なチームワークを育て，⑥他人の話の聞き方と自分の意見の話し方を学び，⑦コンセンサスの形成を重視し，⑧最上を求めて自分の職務にひたむきに貢献することを求めることである。プロフェッショナルが水平的に協働する組織の管理のあり方を示すものとして，著名な企業，ビジネス・スクールのモデル・ケースになっている。

この室内管弦楽団は，多元的なリーダーシップ，ヨコのコミュニケーションによる相互調整，現場への権限委譲と自己責任，内外の専門的な人材とのコラボレーションといった，ネットワーク組織の主要な特徴を示している。

● 2　メリットとデメリット

メリット

ネットワーク組織は，組織の境界を越えた内外の知識，人材，経営資源を結合することを通じて実態的に展開している。具体的には，後述するように，組織内でのプロジェクト組織やマトリックス組織，組織間での企業グループ，系列，仮想企業体，戦略的提携，中小企業ネットワーク，官民協働パートナーシップなどの組織形態が見られる。

こうした，ネットワーク組織という組織形態を取ることには，これまで挙げたような柔軟性や革新性というメリットもあるが、他方で、不安定性というデメリットもある。これらについて少し考えてみたい。

ネットワーク組織のメリットについては、スタンフォード大学の戦略論の教授ポドルニーらが、次の五つを挙げている（Podolny and Page［1998］pp. 62-68）。

① **学習効果**　組織内でも組織間でも異質な主体同士で社会ネットワークを機動的に作ることができ、そこで新しい情報や異質な知識を交流させることができれば、双方とも短期的に学習の成果を上げられる。研究開発の分野では、非常に重視されている。いわゆる「弱い紐帯の強み」である。

② **社会での正統性の調達**　とくに新しいベンチャー企業のように、社会的な認知度の低い企業組織が、社会的に確立された評価を得ている企業と提携すると、その企業の評判が高まり生存率も上がる。

③ **不確実性の低減**　組織内や組織間での情報交換を通じた「不確実性の低減」が容易にできて、明確な状況認識と問題対応を行いやすい。

④ **取引費用削減効果**　企業間取引についての社会ネットワークは、経済取引にかかわる規範や評判を流通させているので、取引について情報収集・分析の負担を減らすだけではなく関係を安定化させて取引費用を削減する。

⑤ **経済活動での主体性**　大企業や系列取引では、個々人は組織の論理に従って経済活動を行ってきた。けれども、ネットワーク組織では、企業活動の柔軟化のためにも個人自らの評価獲得のため

にも、個々人による主体的なネットワーキングが期待されている。

デメリット

他方、ネットワーク組織による不安定性のデメリットも四つある。

① **活動の不安定性**　複数の主体の緩やかな結合なので、事業活動自体の不安定性、不確実性が高い。つまり、事業活動が状況に左右されたり解散する可能性が高くなったりする。ある研究では国際合弁企業の解散率は、七年間で六割以上ともいわれている。

② **学習成果の散逸**　学習成果が上がっても、事業を行っている組織に知識やノウハウが貯まる仕組みが弱いので、長期的に散逸しやすく、独自の競争能力を築くことができないという副作用がある。

③ **組織の不安定性**　組織自体が不安定なので長期的な発展が困難になることがある（寺本［一九九〇］一八－二〇頁）。

④ **従属や吸収の危険性**　他の組織に依存度を高めるとその組織に従属したり、吸収されてしまう危険性が出てくることがある。

● 3　組織内と組織間のネットワーク

組織のネットワークの三つの次元

ネットワーク組織は、個人、集団、組織という三つの異なる次元の単位がネットワークで結合する組織形態である。ただし、組織論は、組織にかかわるネットワークについて、大まかに企業組織の内部のネットワークと、企業組織間のネットワークとに分けて議論している。前者を①「組織内ネットワーク」といい、個人間や集団間のネットワークを含み、後者を②「組織間ネットワーク」という。ネットワーク組織とはこの二つのネットワークのタイプを含んでいるのである。ただ、組織のネットワークは、もう少し厳密にいうと、どのような組織単位でネットワークが張られているかで、大きく三つの次元があると考えられる。それらは、ネットワークの張られている水準に応じて、まず①組織内ネットワークがある。そして②組織間ネットワークがあり、そうした組織間ネットワークのネットワークである③組織間フィールドの次元がある（Aldrich［1999］邦訳第三章、山倉［一九九三］第一章）。それぞれについて違いを見ていこう。

① 組織内ネットワーク

組織内ネットワークは、組織内部での個人や集団の間の社会ネットワークを指す。つまり企業内部での①個人間のネットワークと②集団間のネットワークを含んでいる。個人間のネットワークはタテとヨコの関係がある。組織の内部でのタテの関係が、公式的なものであり、命令と権限の関係である。いわゆる上司と部下の関係であり、それが連なるとタテの階層関係になる。ヨコの関係は、非公式的であると考えられてきたが、近年、組織内での部門や個人の連携が重視されつつあるので、一部は公式的なものになっている。公式的な例としては、部門を越えた委員会や連絡会議そして組織横断的なプロジェクト・チームなどがある。一方、非公式的なヨコの関係は、同僚同士や部門を越えた交流であり、しばしばアドバイスや情報交換をする関係である。昔は同じ職場だったけれども違う部門に移った人に、仕事で抱える問題を相談することはよくある。ほかにも喫煙者のネットワークといった例を挙げることができる。近年、禁煙の範囲が広がってきて喫煙スペースでしかタバコが吸えなくなってきた。そのために立場が弱くなってきた愛煙家サラリーマンは、ヘビー・スモーカーは会社の情報通であると冗談でよくいう。会社で数少ない喫煙スペースでは、同じ職場ではなく違う職場の人と隣り合わせることが多く、いろいろな知合いができ、会社内のいろいろな情報を交換することができると自慢する者もいる。

集団間の関係にも個人間と同じく、タテの関係とヨコの関係がある。タテの関係が、公式的である。例えば、取締役会という集団のもとに、各部門という集団が置かれており、公式的な命令と報告を行う権限関係がある。他方で、ヨコについては、複数の職場集団が、連携・協力や交流をしたりする関係が見られる。例えば、違う地域にある支店の営業部同士の交歓会などがそれである。

② 組織間ネットワーク　個別の組織間のネットワークは、複数の企業組織が常時、協力や連携、情報交流を行うようなネットワークである。具体的にある組織間ネットワークにおいて、そこで資源や情報の流れを管理しているのが、境界連結管理者（boundary spanning manager）といわれる個人である。彼らが、実際のネットワークを動かしている。例えば、いくつかの地域のホテル業界では業界団体が情報交換会を行っている場合が多い。こうした会合に常時出席し、情報交換や協力連携の実務

に携わっている人たちが境界連携管理者といわれる存在である。組織間ネットワークにおいて、相互に緊密に連携し、一つの共同活動を行っている組織は、「組織セット」（organizational set）といわれる（Evan［1966］）。そしてその組織セットにおいて、分析する際に活動の中心的な存在として見られる組織が「焦点組織」といわれる。具体的には、テレビ業界におけるフジテレビ系列などがそうである。在京キー局であるフジテレビ株式会社（焦点組織）が、関西の関西テレビ株式会社、名古屋のメーテレ、仙台の仙台放送株式会社などの関連会社と協力し合って（これらの協力関係が組織セット）、日本中にFNNニュースのように同一時間帯に同一番組を放送するのがその例である。また、同じ産業や地域にいる複数の企業組織を、一つの群れとして見る組織個体群（population）という見方もある。これは、組織生態学者がよく用いるが、組織個体群というのは、共通の属性を共有する複数の組織の集まりである。ビール産業や東大阪地域の中小企業集積などがこの例に当たる。

③ 組織間フィールド　組織間フィールドは、複数の組織間ネットワークのネットワークを考えるというものであり、よりマクロなネットワークである。これは複数の組織間ネットワークや組織個体群が、相互にネットワークして共同で生息している場を考える場合である。かなりマクロ的な視点なので、どちらかというと、組織にとっての社会環境であるといえる。「組織間フィールド」は、こうした複数の組織間関係が存在している場を指す概念として、ウォーレンにより提唱された（山倉［一九九三］一二一 - 一二三頁、Warren［1967］）。具体的にいうと、「国際オリンピック委員会」のような存在がそうである。ここには、国際的なオリンピック競技というマクロな組織間フィールドがある。ま

図 3-2　組織のネットワークの水準

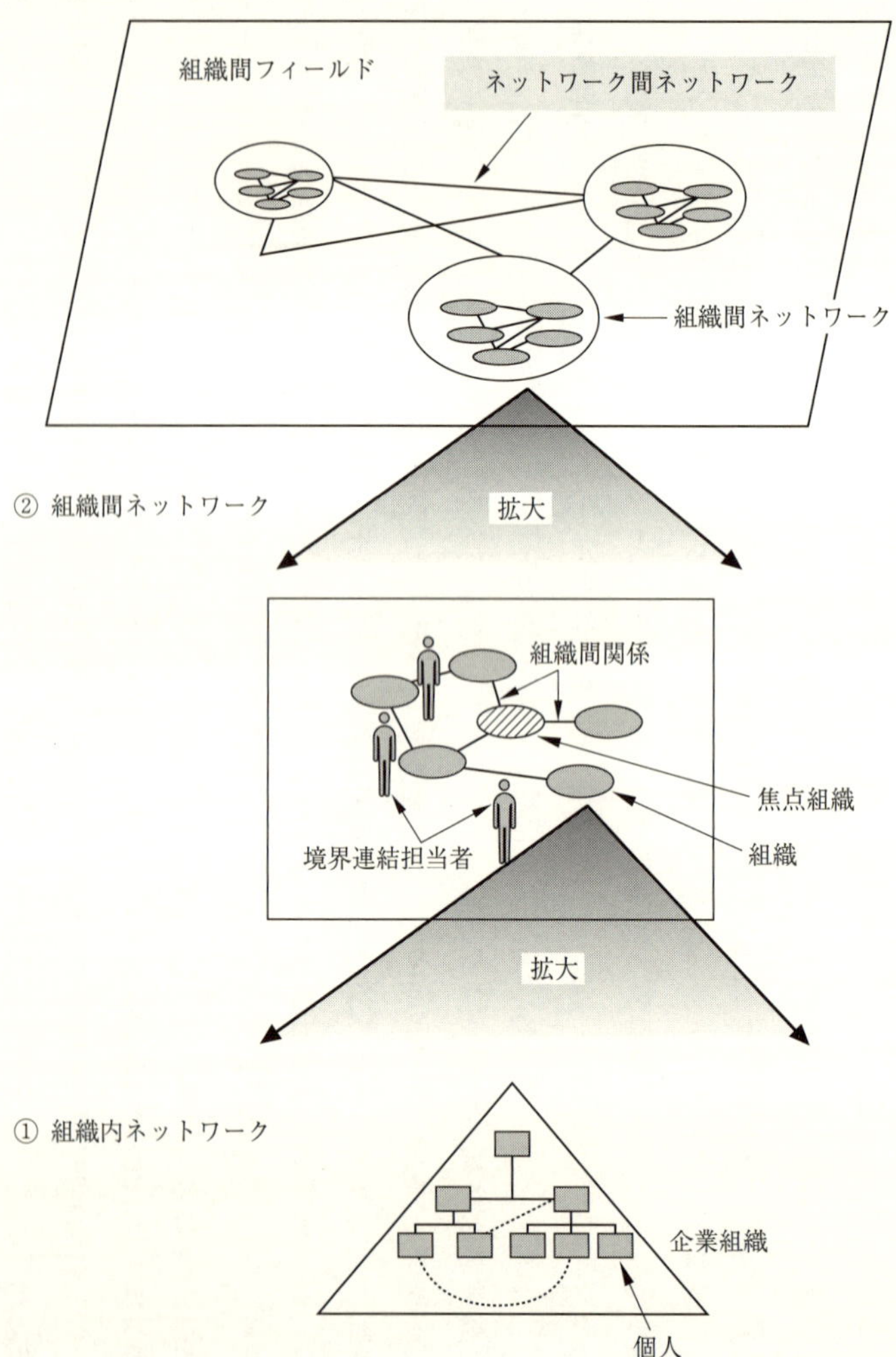

ず複数のスポーツ競技の全国組織が「日本オリンピック委員会」にネットワークされており、オリンピック競技にかかわる組織間のネットワークを形成している。さらに国際オリンピック委員会は、これらの各国別オリンピック委員会をネットワークした組織である。こうした組織間フィールドにおいても、複数の組織間ネットワークや組織個体群が、協力したり、競争したりする関係を見出せる。ただしこのマクロな水準のネットワーク組織は、本書では取り扱わない。

組織のネットワークの代表的な形態

次に、具体的な組織内、組織間でのネットワーク組織の形態を確認してみたい。ネットワーク組織が、社会ネットワークを媒介にして内外の経営資源を柔軟に結合する組織形態であるとしても、実態的にはどのような企業形態なのであろうか。それには、この組織デザインが、組織内部の動態化と企業組織間の経営資源や人材のネットワーキングとの双方を含み込むということを考えねばならない。

まず、企業内部の組織デザインは、内部の部門間・個人間の結合を経営環境に合わせて流動化・動態化させるものである。そこで、プロジェクト組織、マトリックス組織という組織形態について本章で概観してみる。他方、次章では、企業組織間のネットワークの代表的な形態に焦点を当てて概観してみたい。組織間ネットワークの具体的形態として、①企業グループや②系列、③戦略的提携、④仮想企業体、⑤中小企業間ネットワークがある。そして近年注目されている⑥官民協働（PPP、public private partnership）という官民パートナーシップもある。これらは、コアとなる企業が、①開発パートナーの組織、②外注先・業務委託先の組織、③流通業者、④顧客（政府・自治体も含めて）などの四つの外部組織を、戦略的にネットワーキングする枠組みである。

●4 組織内部のネットワーク化

有機的組織の特性

組織内部に見られるネットワーク的な組織は、フラットであり、水平的で、自律的主体が柔軟に結合を変える組織形態である。つまり組織デザインにおいて、動態化の傾向が見られる。このような動態的構造は、図3-3のように、組織内部の部門や個人が、多元的な水平的ネットワークを数多く持ち、組織内部の分業構造を柔軟に変動させる特徴を示す。

これは、バーンズとストーカー（Burns and Stalker［1966］）が「有機的組織」と呼んでいた組織形態から発展してきている。階層や規則を減らし、数多くのチームを置き、意思決定の分権化を行い、水平的なネットワークでのコミュニケーションによる調整を重視する仕組みである。これは効率重視ではなく、むしろ学習重視型の仕組みである。そのために環境変化に対して、柔軟に対応したり、新しい対応の仕方を作り出せたりする。具体的には、①フラットな組織、②プロジェクト・ベースの組織や③マトリックス組織という形態が見られる。

図 3-3　ネットワーク化した組織内部の構造

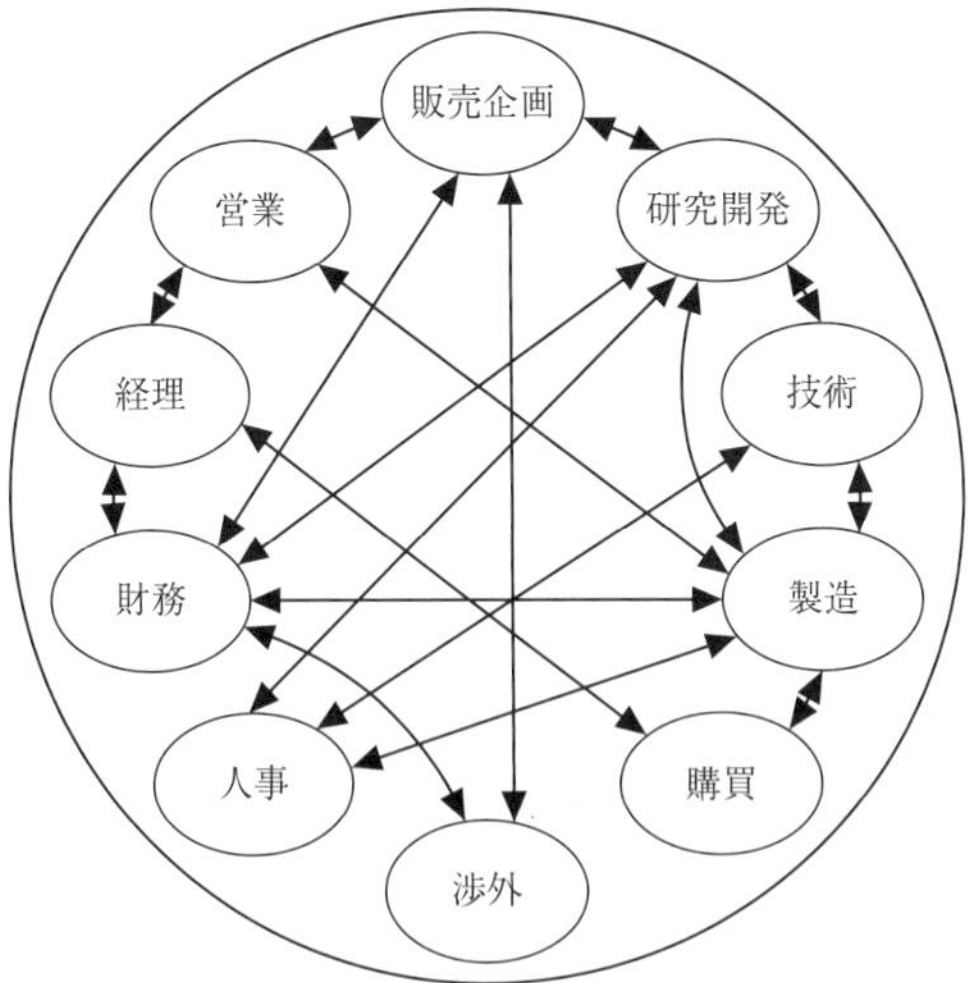

（出所）　Knoke［2001］p. 207.

図 3-4　学習重視型の組織と効率重視型の組織

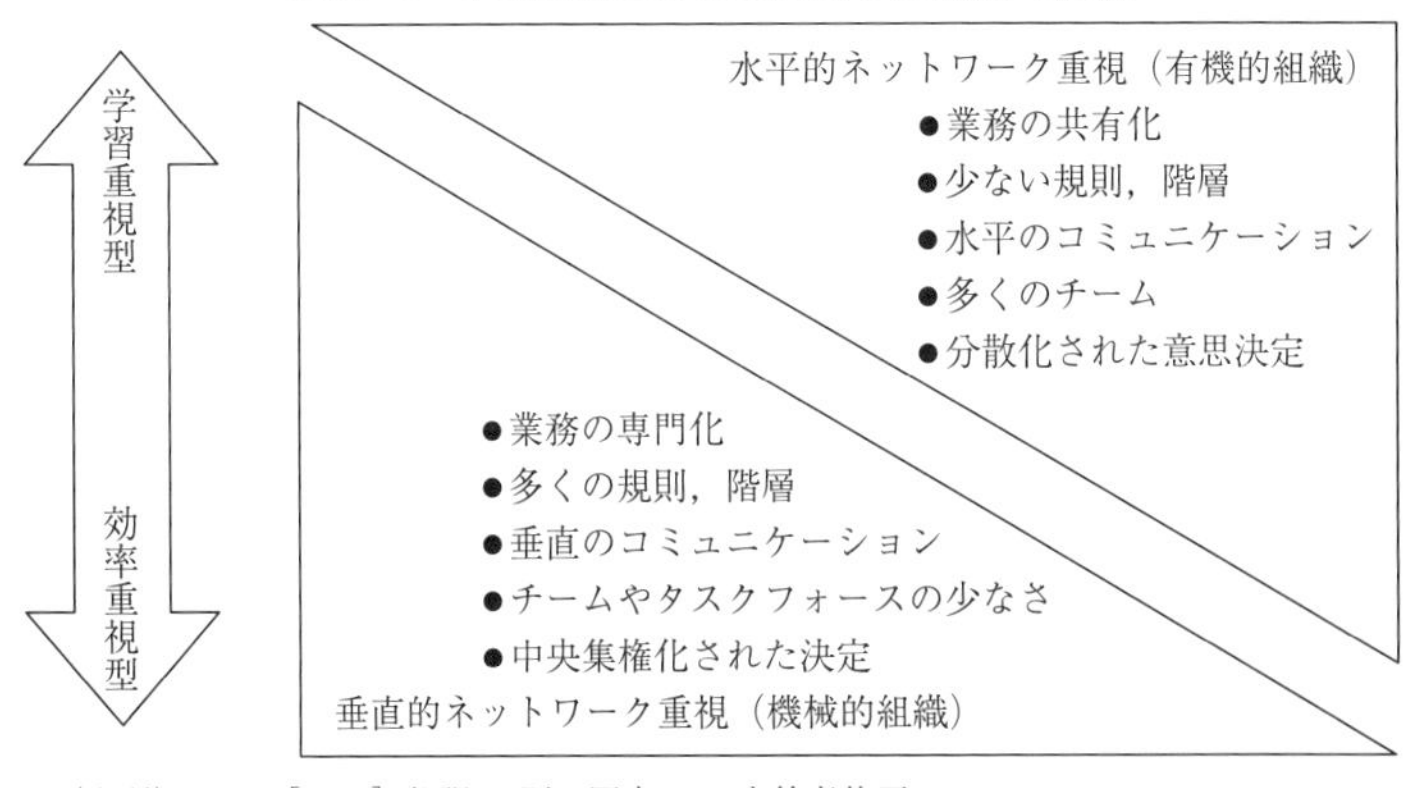

（出所）　Daft［2001］邦訳 57 頁，図表 3-2 を筆者修正。

フラットな組織

まず、ネットワーク組織の基本的な特徴としてフラットな組織ということがいわれる。すなわちタテの階層組織が少なく、分権化を進めており、トップと現場が近い組織である。花王が一九八〇年代後半の組織改革で目指した「文鎮型組織」というのは、このモデルの例である（若林［一九九八］）。花王は、一九八〇年代後半からの組織改革でマーケットインを志向して、変動する市場のニーズに組織内のシーズを直接対応させることを目指した。まず部長・課長・係長という中間管理職を簡素化する「文鎮型組織」へとフラット化を図り、情報共有の水準を高めた。同時に、組織の基本単位をプロジェクト・チームとして、年間二〇～三〇回の人事異動を行い、柔軟な組織編成とした。また事業部門と研究所の間での水平的な部門間コミュニケーションを強化して、事業部のニーズ情報を研究所の技術シーズ情報とリンクさせて、製品開発に活かした。ただし、フラットな組織はあくまでも、ネットワーク組織の前提であり、その内部での絶え間ない変化こそがその特徴を発揮させる。

プロジェクト・ベースの組織編成——複数プロジェクト・チーム編成

第二に、プロジェクト・ベースの組織編成である。プロジェクト・チームは、特定の問題解決を図るために、必要な人材と経営資源を集めて、期間を区切って一時的に形成される集団である。プロジェクト・チームは問題の解決が終わると終了する。プロジェクト・ベースの組織編成とは、既存の製品やサービスを継続的に供給する常設の組織単位とは別に、研究や新規の開発、問題解決を図るために、複数のプロジェクト・チームを常時設置して、必要に応じて新設・改廃しながら、それらを中心に組織活動を展開する場合を指していう。研究開発専門の企業などには、既存の製品・サービスを安定供給する部門をまったく持たないところもある。こういった組織はプロジェクトの新設・改廃に伴って、かなりの人材、資源、知識が流動する構造になっている。代表的な例としては、米国のフッ素ポリマーの研究開発企業であるW・L・ゴア・アンド・アソシエーツ社（以下「ゴア社」と略）が挙げられる。

【事例1】 W・L・ゴア・アンド・アソシエーツ社――ゴア社は、世界有数の化学繊維素材の開発メーカーであり、その技術が医療分野、宇宙航空分野から、アウトドア製品分野やファッション分野まで多様な領域に渡って製品化されている。とくに徹底して開発を重点に置いた会社であることはよく知られており、その環境としても自社の製品技術やその事業化領域（医療、宇宙航空など）で技術の変化が著しく、その対応の速度の速さが求められる。代表的な製品として、スキーウェアに用いられる「ゴアテックス®」が知られている。本社は米国デラウェア州ニューアークにあり、四五事業所において七五〇〇人の社員を擁して、年間一〇億九八〇〇万ドルを売り上げている（二〇〇五年現在）。

ゴア社は、プロジェクト・チーム中心の水平的な組織編成をとっていることでも有名である（Daft [1998] pp. 581-599,『日経ビジネス』一九九五年四月三日号）。ゴア社には、部・課もなく、ピラミッド型の階層組織はとっていない。社長を除くと、社員も肩書きを持っていない。プロジェクト・リーダーを中心にプロジェクト・チームを作り、それを中心に事業活動を行う組織である。プロジェクトは、アイディアを持つメンバーが起案し、他の社員に参加を呼びかけて結成される。最初は一〇人程度で始まるが、事業として発展すれば二〇〇人を超えて、独立した事業所を形成する場合もある。賛同者や協力者が得られない場合やうまく組織できない場合には、プロジェクトは消滅する。基本的に、プロジェクトに対して上司はおらず、スポンサーといわれる有力な相談相手を持つことが義務づけられている（図3-5）。

ロジェクト・チームの発達

③ プロジェクトAは成長，Bは役割を終え解散

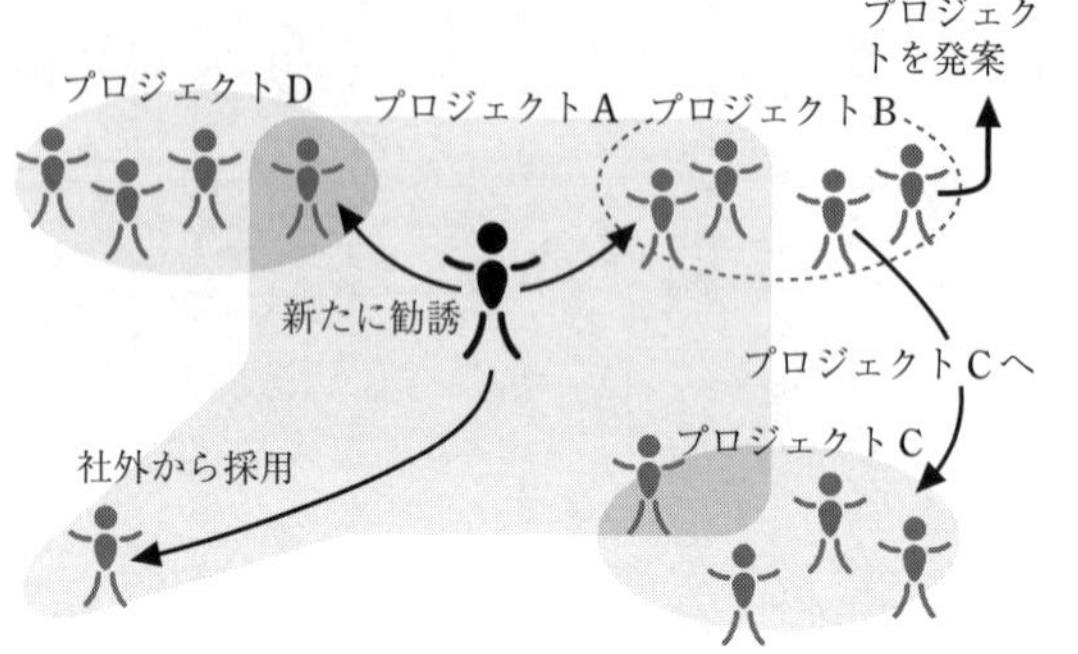

④ 工場従業員が200人を超えたため，分離独立

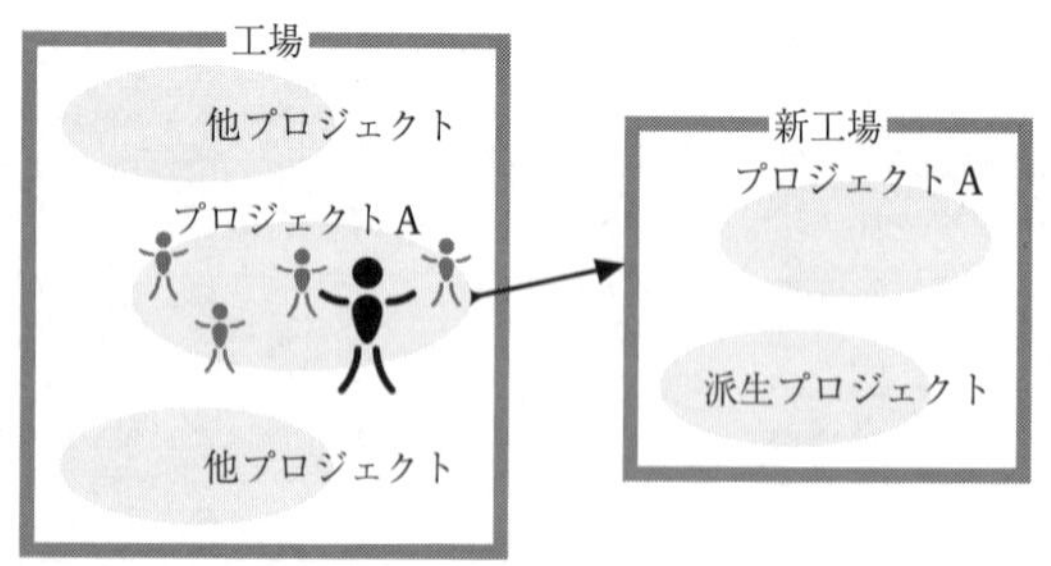

ゴア社は、非常に水平的な組織構造をとっている。基本的な組織原則として、関係者間は、①直接的なコミュニケーション関係を中心とし、②権限関係を固定せず、③プロジェクトの上司ではなく相談相手としてのスポンサーを持つ。また、④プロジェクト参加者の自発的な同意によるリーダーシップや、⑤明確な目標、⑥実質的にコミットされ

図 3-5　ゴア社におけるプ

① 発案者がプロジェクト参加者を募る

プロジェクトB
勧誘
プロジェクトA
発案者
勧誘
プロジェクトC

② プロジェクトA発足

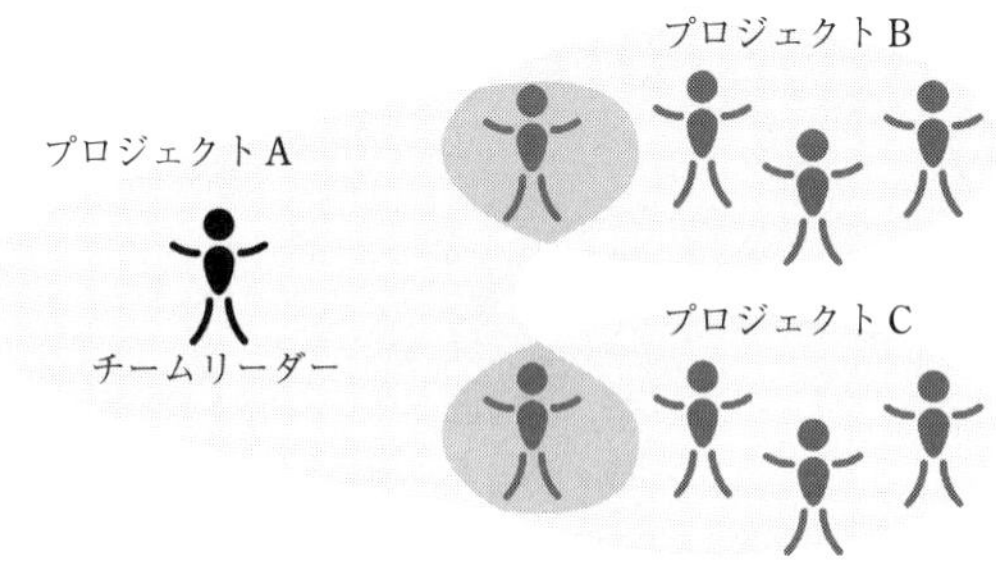

（出所）『日経ビジネス』1995年4月3日号，43頁を加筆修正。

ている職能だけの編成という特徴も持っている。

【事例2】日産リバイバルプランとクロス・ファンクショナル・チーム――また、近年では多くの経営改革や事業開発の際に、クロス・ファンクショナルなプロジェクト・チームを作ってそれに当たらせることが多い。クロス・ファンクショナルとはある問題解決のために組織横断的に異なる職能を集めて、プロジェクト・チームを編成することである。近年の代表的な例として、カルロス・ゴーンによる日産自動車の経営改革での活用がある（ゴーン［二〇〇一］）。

一九九九年、経営危機にあった日産自動車を救済するために、提携したフランスのルノーから来たカルロス・ゴーンは、経営改革プラン「日産リバイバルプラン」を策定し、改革を行った。彼は、この日産リバイバルプランにおける具体的な改革案を作り実現するために、一九九九年七月に九つのクロス・ファンクショナル・チーム（後に一〇）を結成した。約二〇〇人の規模で、部門横断的にさまざまな職能、地位、職位の人間を集めて、さまざまな分野での問題を洗い出し、そして現実的な改革案を作るためにチームを組織した。テーマとしては、①事業発展、②購買、③製造・物流、④研究開発、⑤マーケティング・販売、⑥一般管理費、⑦財務コスト、⑧車種削減、⑨組織と意思決定、（のちに⑩設備投資）がある。この共通の目標は、「事業の発展、収益改善、コスト削減を目的とする計画の提案」であり、すべての問題に関して制約やタブーを設けずに挑戦することとした（ゴーン［二〇〇一］一七五頁）。このチーム編成の特徴は、各部門や課で能力の高い中堅のマネジャー、すなわち「重量級マネジャー」を選抜して彼（女）らを中心に組織したことである。そして、問題解決にかかわる部門を公式に連携させて、問題をよく理解した上で改革案を作らせた。その結果、ゴーンの改革リーダーシップのもとで、三カ月間で現場から二〇〇〇件以上の改革案が提案された。ゴーンは、これらの現実的な改革案を用いて経営回復を果たし、この改革後、日本人マネジャーは優秀で問題をよく知っており、他部門との連携を通じてすばらしい解決案を作れると賞賛した。ただし、経営改革のリーダーシップは弱いと付け加えてもいる。

マトリックス組織

マトリックス組織は、複数のプロジェクト的な事業組織を中心に構成され、それらを環境のニーズ

図 3-6　マトリックス組織の二重構造

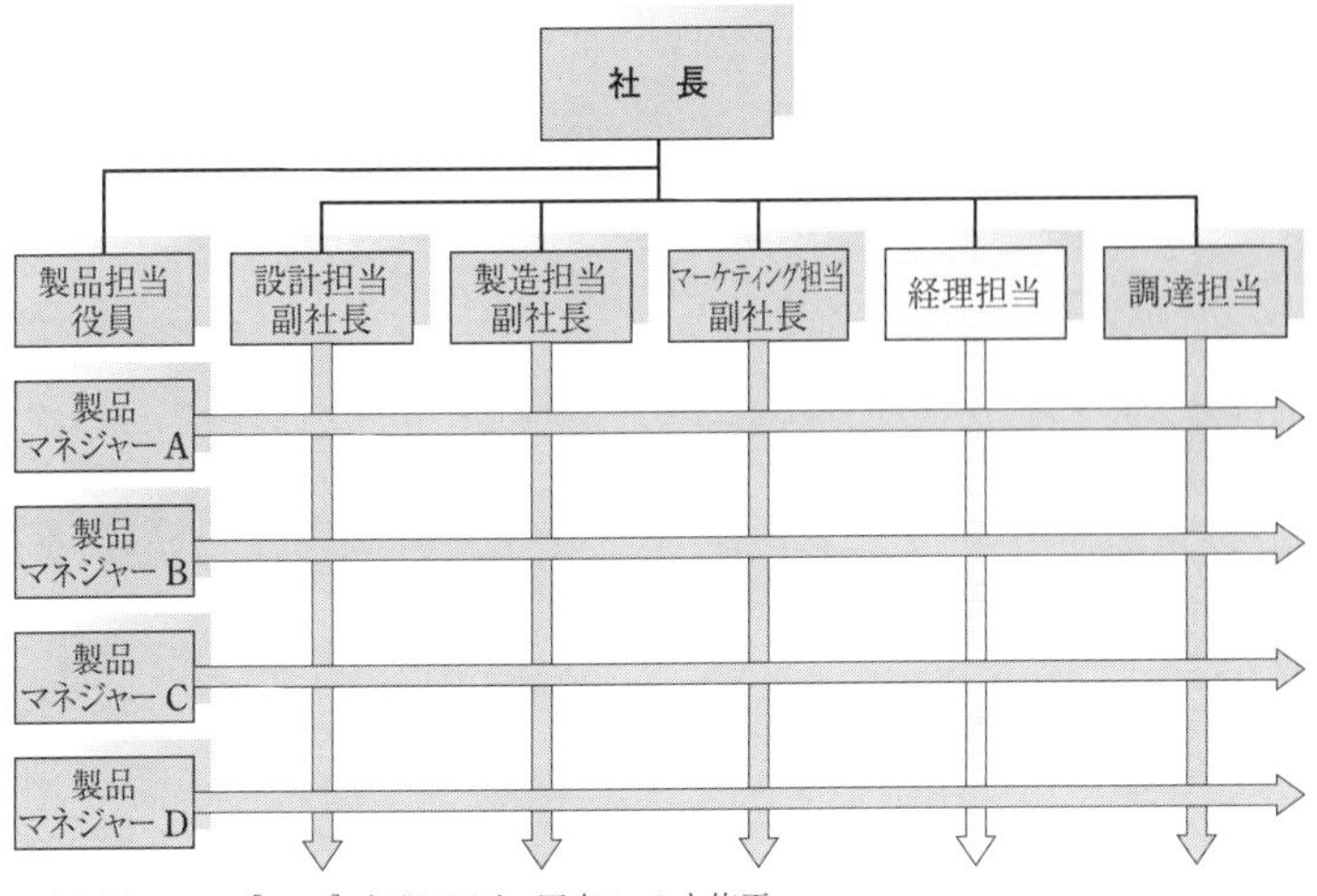

（出所）　Daft［2001］邦訳 77 頁，図表 3-9 を修正。

に合わせて、常に変化させたり、大きく再編させたりする動態的な組織デザインの典型である。

マトリックス組織は、複数の命令系統を持ち、事業と職能という二つの軸で構成される組織構造である。図 3-6 のように、製品ごとにチームや部門に分かれているものの、それぞれの職能についても上司が存在する。正確には、「製品別と職能別、もしくは製品別と地域別を同時に重視できるように、組織の構造を複数の焦点に当てて編成した組織」と定義される（Daft［2001］邦訳七六頁）。これは、顧客ニーズや環境の変化に柔軟に対応するために、事業活動別の組織運営だけを重視するのではなく、職能や地域担当のリーダーからも高い専門的な知識と能力を提供する組織形態である。当初この形態が使われた宇宙ロケット開発のように、この形態は、米国航空宇宙局のような高度な顧客からの常に進化するニーズにきめ細かく対応するためだけではない。それぞれの職能リーダーも高度に専門的な観点から、最新のロケット開発技術の導入や、最先端の製造技術、戦略的なマーケティング、独特な物流への対応などについての指導を行える形態である。

ただし、マトリックス組織は組織マネジメントに大きな問題点を抱えている。まず、事業のボスと職能のボスという二人のボスを持つために、しばしばこの二上司の異なった意見によりコンフリクトが生じるという「マトリックス問題」が起きやすい難点がある。マトリックス組織は一九七〇年代頃から八〇年代にブームになったが、マトリックス問題による混乱が多く管理が難しいため、現在では部分的に利用されることが多い（大滝［一九九八］）。また、マトリックス組織はもともと大規模な事業部制組織の改革のために、大企業の組織を複数の大規模プロジェクト組織から構成する仕組みとして始まった。だが近年、企業のダウンサイジング、分社化、グループ化が進んだり、提携・外注の取引関係が広がって、企業規模を巨大化する必要性が薄れる領域も増えてきた。そのために、マトリックス化するよりもむしろ、企業グループや戦略的提携のように企業間のネットワーク組織として再編する方が多用されてきている。

ここでは、その代表的なケースである一九九〇年代のバーネビック会長（当時）のもとでのABBのマトリックス組織運営を見てみよう（『日経ビジネス』一九九四年一月二四日号、大滝［一九九八］）。

【事例】　ABBのマトリックス組織構造——ABB（アセア・ブラウン・ボベリ社）は、スウェーデンのアセア（一八八三年設立）と、スイスのブラウン・ボベリ（一八九一年設立）の国際的な大型対等

表 3-1　ABB のグローバル・マトリックス組織（1994 年当時）

		ビジネス・セグメント担当と事業領域			
会長兼 CEO パーシー・バーネビック (52 歳，スウェーデン人，アセア)		**発電プラント事業部門** ヨーラン・ルンドベリー (53 歳，スウェーデン人，アセア)	**送変電・配電事業部門** ヨーラン・リンダール (48 歳，スウェーデン人，アセア)	**産業用機器・建設システム事業部門** スネ・カールソン (52 歳，スウェーデン人，アセア)	**輸送用機器事業部門** カール・ワグナー (47 歳，デンマーク人，アセア)
地域別担当	**欧州** エバハード・フォン・カバー (55 歳，ドイツ人，ブラウン・ボベリ) **米州** ロバート・ドノバン (52 歳，米国人，米フォスター・ボイラー) **アジア・太平洋** アレクシス・フリーズ (38 歳，スイス人，ブラウン・ボベリ)	①ガス・タービン発電プラント ②火力発電プラント ③産業用発電プラント ④ PFBC（加圧流動発電プラント） ⑤水力発電プラント ⑥原子力発電プラント ⑦発電プラント制御 ⑧火力発電関連システム・サービス ⑨発電所建設 ⑩資源回収 ⑪大気汚染防止	①ケーブル ②配電用変圧器 ③高圧開閉装置 ④ネットワーク制御 ⑤電力システム ⑥電力用変圧器 ⑦中圧配電機器 ⑧送電線 ⑨エネルギー事業	①オートメーション駆動装置 ②ロボット ③プロセス・エンジニアリング ④計測器装置 ⑤発動機 ⑥低圧配電機器 ⑦換気装置 ⑧冷却装置 ⑨過給機 ⑩塗　装 ⑪設備据付け ⑫建築サービス など 18 事業領域	①機関車 ②客車・貨車 ③複合輸送車輌・地下鉄 ④軽量鉄道車輌 ⑤その他車輌製造 ⑥鉄道敷設 ⑦顧客サービス ⑧信号システム

規模のメリットを追求（↓）

地域密着志向（→）

（注）氏名は当時の担当執行副社長，カッコ内の企業名は出身企業。このほかに財務，リース，保険などの事業を管轄する金融サービス事業部門がある。

（出所）『日経ビジネス』1994 年 1 月 24 日号，15 頁より作成。

合併によって一九八八年に生まれた国際的なエンジニアリング企業である。一九九〇年代当初の主要な事業は、①発電プラント事業、②送変電設備事業、③産業用機器事業、④輸送用機器事業であった（表3-1）。M&Aによって欧州の大企業になるとともに、米国、アジアに積極的に事業展開をした。世界一四〇カ国で事業を展開し、五〇〇〇を超える事業単位を持っていた。事業の多くは、大型プロジェクト案件であり、例えば、欧州での発電システムの建設や、アジアでの都市鉄道ネットワーク整備事業などであった。バーネビック会長は、大まかに、①主に欧州、米州、アジアという「地域軸」と、②四主要事業についての「事業軸」という二つの軸に従って、マトリックス構造を構成して組織運営を行った。つまり、例えば発電所の開発について、各地域でのプロジェクト案件ごとにきめ細かい地域対応を行った。それだけではなく、欧州、米州、アジアという地域を超えてABB全体としての製品システムの一体性を保ち、規模の経済性を保つようにも努力した。

バーネビック会長は、複数マネジャーの対立によるマトリックス問題に次の二つの方法で対応した。第一に、事業（ビジネス・エリア）と地域（カントリー）のマネジャーの間での相互理解と調整を行うことを促進するとともに、必要に応じてトップによる解決を図ることにした。ただ、二回以上トップによる解決を請いに来た者はクビという厳しいルールで、調整の徹底も図った。第二に、マネジャーのグローバルなキャリア・トラックを設けて、異文化理解能力の高いマネジャーの育成も図った。

ただし、マトリックス構造は、強い緊張関係を常に内包するために、維持していくのが難しい。ABBでもバーネビック会長の辞任とともにマトリックス組織は終わった。

第4章

組織間ネットワークの形態

● 1 組織間ネットワークの諸形態

具体的な形態

ネットワーク組織の特徴は、組織の境界を越えて、経営戦略に応じた内外の人材と資源の結合を図るところにある。すなわち、組織間ネットワークもその代表形態の一つである。こうしたものとして、企業グループ、系列、提携、継続的取引関係、政治的連帯などがあり、それが見せるさまざまな形の複数の組織間での結合関係や一体となった共同行動の強みが国際的に注目されるようになってきた。組織間ネットワークとは、組織間の共同行動や相互作用関係が構造的に動く仕組みに注目した見方である。一般には、連結する複数の組織の間でのネットワークであると考えられている（Baker and Faulkner［2002］p. 520）。こうした組織間ネットワークの代表的な例として、①企業グループ、②系列、③仮想的企業体、④戦略的提携、⑤中小企業間ネットワーク、⑥官民協働（PPP、public private partnership）を取り上げてみたい。

企業グループ

① 特徴　複数の企業がグループを形成して、共通目標に対して強い結合関係を持ち、統合された経営を行っていることがある。企業グループとは、一般的に「法人格を持った企業の集合体」であ

るとされ、その範囲については分析の立場からさまざまに定義されている（伊藤邦雄［一九九九］三九頁）。範囲の基準として、人的交流、取引依存度、資本関係、連結決算範囲などがある。こうした基準から見て、下谷は、親企業を中核としながら、統合された経営を行っている関係会社を含む企業の集合体を企業グループであると捉えている（下谷［一九九三］三五頁）。

企業グループの経営の代表として取り上げられる対象には、①かつての六大企業集団、②生産、販売、融資の企業系列（いわゆる系列関係）、③親企業を中核として関係会社からなる狭義の「企業グループ」、④多国籍企業、がある。このうち、とくに典型的な日本的企業間関係と見られていたタテの企業系列については次項で議論することとして、ここでは六大企業集団と企業グループを取り上げたい。

② 六大企業集団の変遷

まず、六大企業集団とは、旧財閥の延長線上に形成された複数の巨大企業の緩やかな集合体であり、三井、三菱、住友、安田（芙蓉）、第一、三和があった（下谷［一九九三］第四章）。それらは、異業種から構成された企業集団であり、高度成長期までは日本経済にかなりの比重を占めていた。株式の相互持合いを行い、中核銀行による資金供給を受けて、集団内部での取引を行っていた。そしてその結束のため、社長会の開催やさまざまな活動での共同の取組みがあった。例えば、現在でも比較的その形を保持している三菱グループは、毎月第二金曜日に行う三菱金曜会という社長会を持ち、広報活動を共通で行っている。そして旧三菱銀行（現・三菱東京ＵＦＪ銀行）や三菱商事がグループ内取引で重要な役割を担ってきた。けれども近年、中核銀行の合併と、株式持合いの解消、集団外取引の拡大によりその関係は崩れてしまっている。例えば、三井銀行と住友銀行や第一勧業銀行と富士銀行といった異なる企業集団の中心的な銀行同士の合併に見るように、その集団の一体性はかなり崩れてきている。

③ 企業グループの構成　次に、狭義の企業グループについて取り上げたい。狭義の企業グループは、親企業を中心として、資本、人的資源、取引で関係を持つ関係会社から構成される。近年、大手企業には、資本関係を持つ子会社や関係会社を数多く作り、関連する事業をそうした会社に割り振りながら展開する企業グループとしての経営がよく見られる。そのために、大手企業の場合には、企業単独の売上よりもむしろ企業グループ全体の売上の方が重要になってきている。企業グループ全体の財務会計については、連結会計として決算、評価する場合が一般になってきている。基本的には親企業が五〇％以上株式を保有する子会社は、企業グループの連結会計の対象になる。多国籍企業も、資本関係から見ると、本国親会社、本国子会社と海外現地法人企業から構成されるグローバルな企業グループの形態である。欧州重電企業ABBも基本的にはそうである。

【事例】 ソニー・グループ――例えば、典型的な企業グループ経営を行っている大手企業にソニーがある。ソニーは、二〇〇八年時点では、オーディオ、DVD・ビデオ、テレビ、半導体、コンポーネント電子製品を主な事業としているソニー本社と、関連する事業（ソフト、ゲーム、金融など）を行う会社とのグループを形成している（図4-1）。ソニー本体は、電子デバイスやそれを応用したオーディオ・ビジュアル、コンピュータ機器や、プロ用放送機器などの開発を主要事業としている。その

図 4-1　ソニーの企業グループと主要子会社

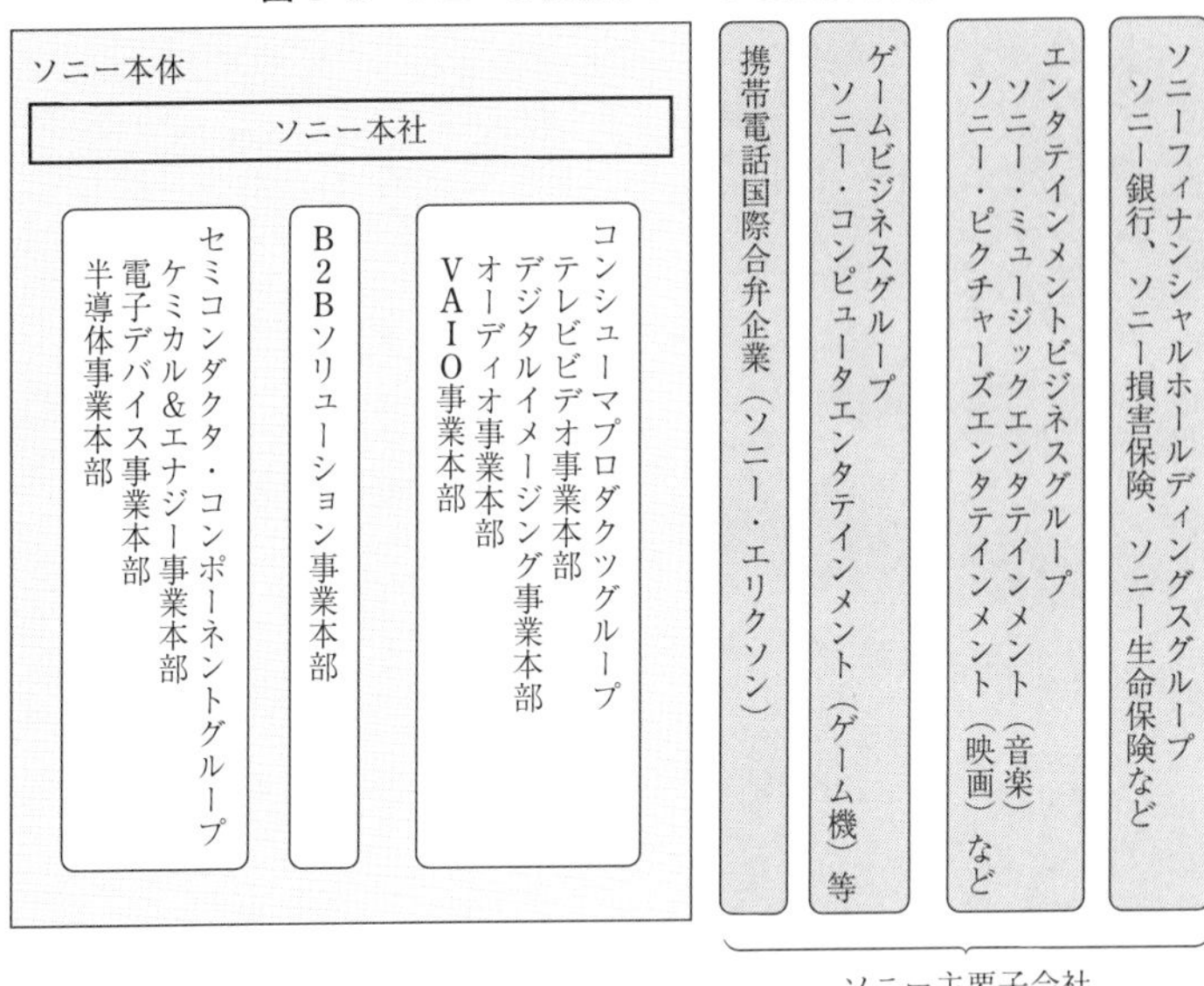

（出所）ソニー株式会社のホームページより筆者修正（2008年9月1日現在）。

下に有力な子会社があり、国内や海外の生産を担当する国内製造会社や海外製造会社、販売を担当する企業に分かれている。映画製作をするソニー・ピクチャーズエンタテインメントや音楽ソフトを手がけるソニー・ミュージックエンタテインメントなどのソフト会社、ソニー保険、ソニー銀行などの金融会社も、有力子会社である。ゲーム機を担当するソニー・コンピュータエンタテインメントもまたそうである。ソニー単体は売上高三兆一七九六億円、従業員数一万六一九四人だが、企業グループの連結決算で見ると、売上高七兆四七五四億円、従業員数一五万八五〇〇人となっており、グループの方が遥かに大きい（二〇〇六年）。

ソニーでは、主力のオーディオ・ビジ

ュアル機器製品や放送機器、電子製品と、それらの製品の技術進化を推進する電子デバイスの開発を本体が行う。そして生産・販売を子会社が展開する。さらに、オーディオ・ビジュアル機器製品の市場を発展させるために、音楽コンテンツ、映像コンテンツの企業を子会社として抱えている。例えば、DVDの進化に合わせた、映像コンテンツ商品の開発・販売も行っている。また、ソニー銀行を持ち、インターネット時代における金融関連電子技術製品の開発との連携もできるようになっている。

④ 戦略的グループ経営　これまで、企業グループは、親企業主導で強いグループを形成している場合がよく見られた。だが、関係会社管理の面では、グループ内の関係企業の能力や情報を活かした「戦略的グループ経営」に転換する場合が出てきている。そこでは、親会社を頂点としたヒエラルキー的なものから、よりネットワーク的な結合への変化が見られるとされる（寺本［一九九〇］五五-六一頁）。つまりグループ単位で明確な戦略を持ち、経営管理を行う形への転換である。そしてグループのメンバー企業間でのダイナミックな結合を行うことで、グループ単位での相乗効果を高めることが期待されている。狭義のグループ経営、系列、そして多国籍企業の持つ企業グループでも、そうした変化が志向されている。戦略に沿って、グループ内の企業間ネットワークを機動的に編成することが考えられるようになってきた。こうした戦略的グループ経営の典型であるといわれているのが、前川製作所グループである（伊藤邦雄［一九九九］三四二-三四九頁）。

【事例】前川製作所の企業グループ経営——前川製作所は、東京都江東区に本社を置く、資本金一〇億円の冷凍設備、食品加工機械の生産メーカーである。グループの売上高は一〇八〇億円で従業員

図4-2　前川製作所の企業グループ（1995年）

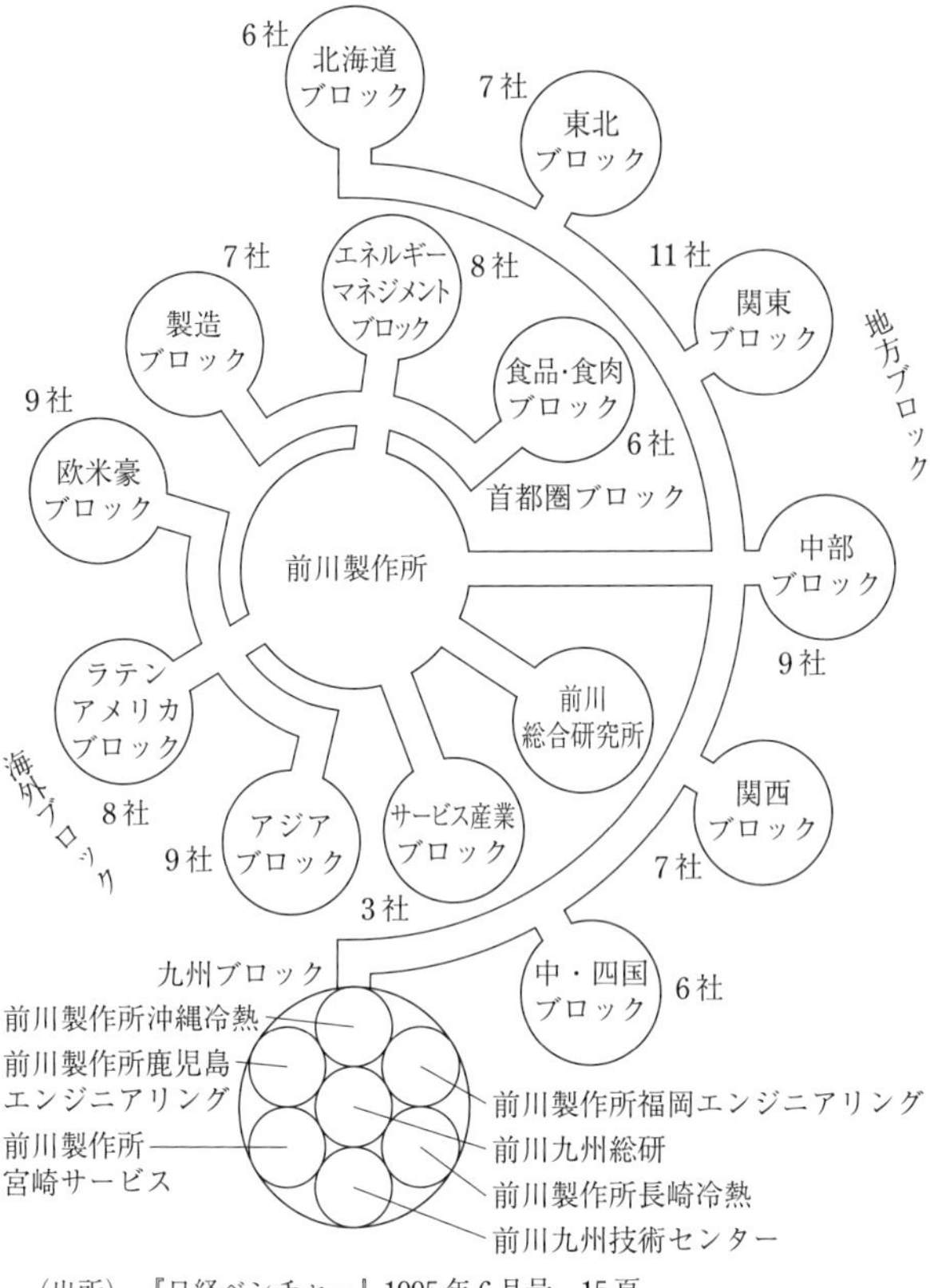

前川製作所

北海道ブロック　6社
東北ブロック　7社
関東ブロック　11社
中部ブロック　9社
関西ブロック　7社
中・四国ブロック　6社
九州ブロック
地方ブロック

首都圏ブロック
エネルギーマネジメントブロック　8社
食品・食肉ブロック　6社
製造ブロック　7社
前川総合研究所
サービス産業ブロック　3社

欧米豪ブロック　9社
ラテンアメリカブロック　8社
アジアブロック　9社
海外ブロック

前川製作所沖縄冷熱
前川製作所鹿児島エンジニアリング
前川製作所宮崎サービス
前川製作所福岡エンジニアリング
前川九州総研
前川製作所長崎冷熱
前川九州技術センター

（出所）『日経ベンチャー』1995年6月号，15頁。

数二七五〇人である（二〇〇四年）。早くから分社化を行い、企業内の最小の組織単位である三〇人程度のグループを「独法」として国内外で九〇社以上子会社化させて、そうした独法を地域・市場・業種別にブロックとして編成している。そのブロックで行われる定期会議で、ブロックごとの情報を共有する。そして戦略を策定し、必要に応じて関連する独法間でプロジェクトを形成して事業を展開する（図4-2参照）。

系　列

①　特徴　系列とは、日本経済に独特に見られた、特定の中核大手企業が支配的である継続的な企業間の取引関係のことを指す。古くは、系列に関して、①ヨコの系列である六大企業集団と②タテの系列である生産・販売・融資の系列を一緒にして議論がなされていた。けれども、ヨコの系列は必ずしも取引関係を持たないことから、近年は後者のタテの系列だけを議論することが多い。下谷［一九九三］によれば、系列関係とは「長期的継続的な取引をめぐって生起する非対称な企業間の関係またはその固定的な経路」と定義されている（二二一頁）。一九八〇年代から日本経済の閉鎖性の象徴として、日米貿易協議などで国際的な問題となった。他方で、中核大手企業と中堅・中小企業との継続的取引関係による生産性や経済性の高さもまたよく議論されている。

系列取引に関しては、①生産系列（下請系列）、②流通系列、③融資系列がよく議論される（下谷［一九九三］二二〇-二二二頁）。生産系列は、大手メーカーが生産過程で関係を持つ部品メーカーを下請として取引関係を持つものである。自動車、家電、機械工業などによく見られる。流通系列は、大手メーカーが自社の製品流通のために販売店網を整備する場合や、大手流通業者が流通チャンネルでの支配を強めるために地域の流通店舗を組織化する場合である。前者としては、パナソニックの地域家電販売店チェーンが一九五七年に始まり歴史が長い。後者としては、大手卸売業者によるものや、コンビニエンス・ストアやスーパーマーケットなどの大手小売業者によるものがある。融資系列とは、有力銀行と、それらをメインバンクとして常に優先的な融資を受けている企業との関係を指す。六大企業集団もこの性格を持っていた。かつて、住友銀行は、住友金属工業やマツダなどと融資系列の関係を持っていた。けれども、銀行の合併や銀行間の融資競争激化で、系列は崩れてしまった。

② 脱系列化の進展　生産の系列に関しては、一九九〇年代以降、系列の再編もしくは解体すなわち「脱系列化」が進んだとされる。カルロス・ゴーンによる日産自動車のルネサンス改革の際には、系列企業の絞込みが行われた。系列再編が進んだ理由としては大きく、四つ考えられる。第一に、経済不況や業績不振のために事業活動の縮小に合わせて取引先企業を減少させた。第二に、系列企業は、中心となっている大手中核企業への依存度が高く、技術や経営の革新能力が低いので、不振なものが切り捨てられた。第三に、製品やビジネスのライフサイクルが短くなり、中長期的に系列関係を発展させるよりも、むしろライバル企業やその系列企業をも取引相手に含めた中短期の戦略的提携関係を選ぶようになった。第四に、大手企業が事業活動のグローバル化を進めたので、それに対応できない中小下請企業は取引を縮小せざるを得なくなった。景気回復後、系列の持つメリットを見直す動きも出てきているけれども、多くは、より絞り込んだ形の関係に変わってきている。

【事例】　トヨタ自動車の生産系列――こうした生産系列としては、自動車産業が有名であり、トヨタ自動車などはその典型的な成功例とされる（清家［一九九五］、塩見［一九八五］）。トヨタ自動車は、二〇〇六年には世界で二番目の生産台数一〇八〇万台を誇った日本の自動車企業である。トヨタ自動

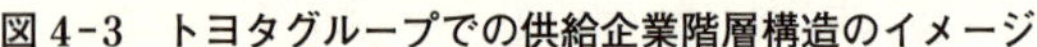
図 4-3　トヨタグループでの供給企業階層構造のイメージ

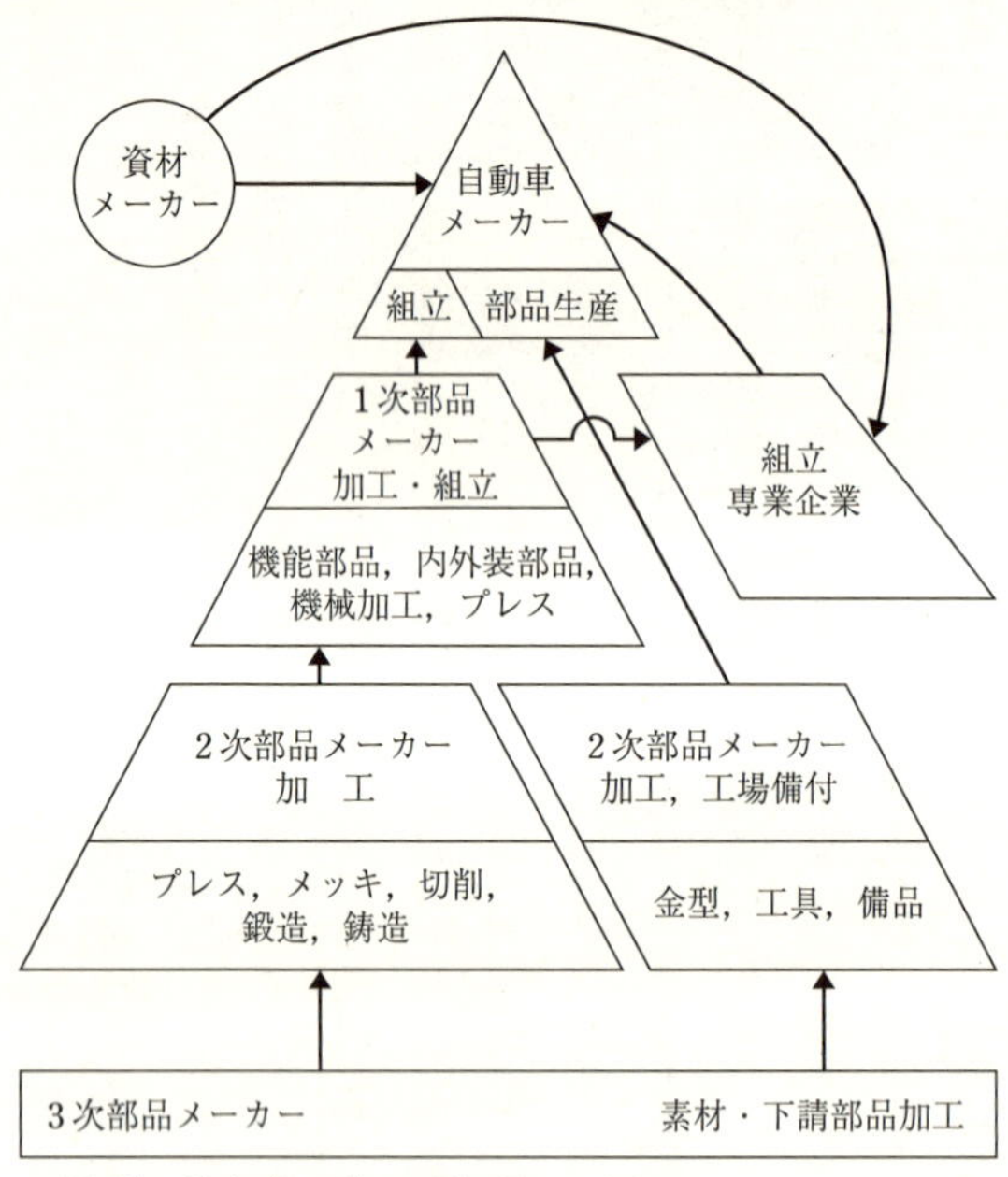

（出所）　清家［1995］180頁，図6-1より。

車は、数多くの部品メーカーとの取引関係を持っており、その下請取引は、部品生産の分業関係から三〜四段階程度に分かれるピラミッド構造をなしている。トヨタ自動車に対して直接部品を供給したり、その組立過程の一部を担当したりする企業が一次部品メーカーもしくは組立専業メーカーとして第一層の供給企業を構成している。その一次部品メーカーの製造する部品や加工に対して部品を供給したり、加工過程を担当したりする第二層の供給企業が、二次部品メーカーである。さらに、二次部品メーカーに供給する三次部品メーカー、そしてそれよりも下の四次以降の下請部品メーカーを数える場合もある。

生産系列全体の企業の概数は、一九七七年の段階で中小企業庁の「分業構造実態調査（自動車）」では、一次が一六八事業所、二次が四〇〇〇事業所、三次が三万一六〇〇事業所であった（塩見［一九八五］）。二〇〇六年現在は、一次供給企業は有力供給企業が構成する「協豊会」参加企業二〇四社などから主に構成される。ここにトヨタ自動車自体が資本関係を強く持つグループ企業である「トヨタグループ」一三社（トヨタ自動車自体を除く）の多くも含まれる。トヨタグループ一三社は、豊田自動織機、愛知製鋼、ジェイテクト、トヨタ車体、豊田通商、アイシン精機、デンソー、トヨタ紡織、東和不動産、豊田中央研究所、関東自動車工業、豊田合成という部品供給企業と、日野自動車、ダイハツ工業という関連自動車メーカーであり、ほとんどが東京証券取引所第一部上場の大手メーカーからなる。このことから一次供給企業といっても大手企業がほとんどであることがわかる。前述のように、この一次供給企業は、二次供給企業から部品供給や加工業務の提供を受けている。例えば、有力一次供給企業「豊田工機」の有力二次供給企業七九社は、同じく協力企業会「豊工協力会」を結成していた（当時）。このように、トヨタ自動車を頂点とするピラミッド状に、生産系列が展開している（図4-3参照）。

仮想企業体

仮想企業体は、情報技術の観点から見た組織間ネットワークのコンセプトの一つである。一つのブ

図 4-4　仮想企業体（virtual corporation）

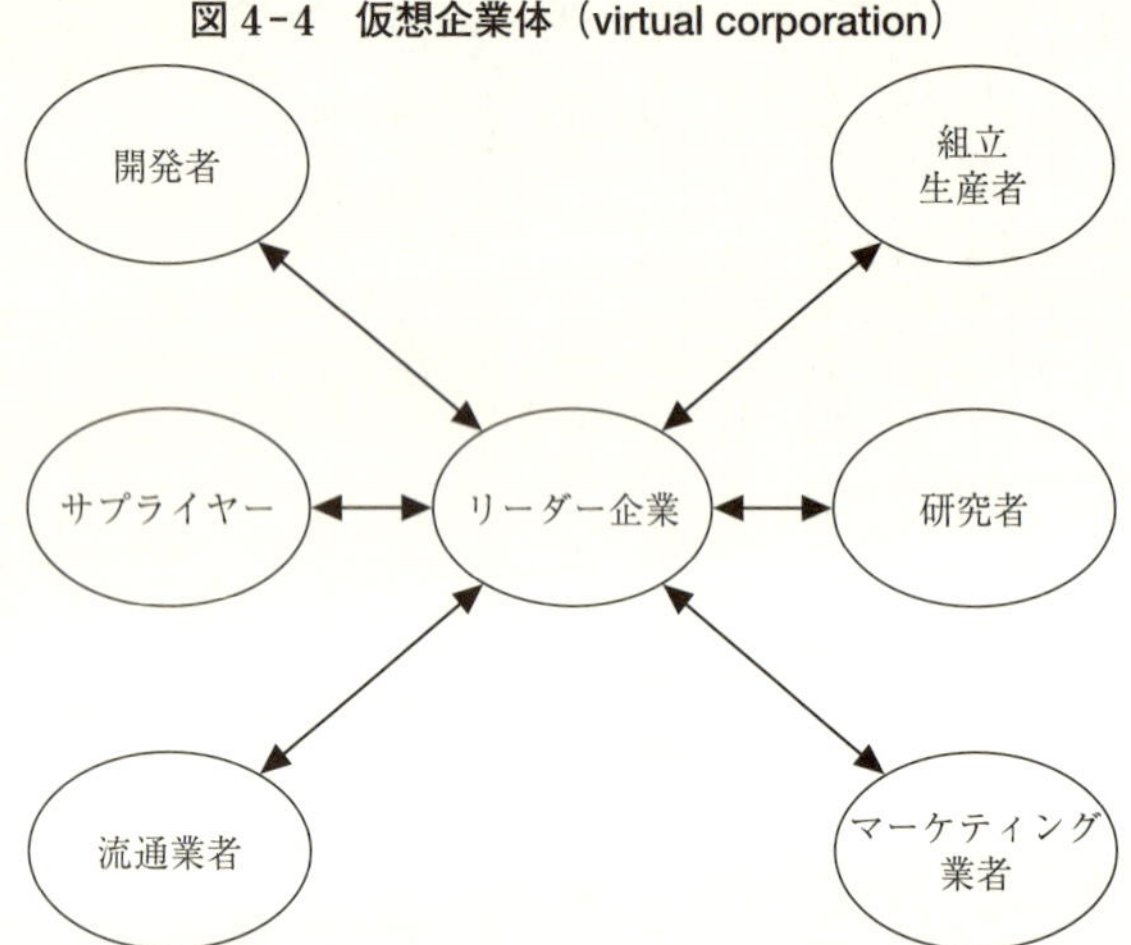

（出所）　Knoke［2001］p. 209.

ランドを持ったリーダー企業が、開発・生産・流通などの企業活動のために、複数の外部企業の活動を情報通信ネットワーク上で統合して、あたかも一つの企業のように活動しているネットワーク組織である（Knoke［2001］pp. 211-212）。リーダー企業が、外部の関連企業と戦略的提携の関係を結び、主要な業務活動を外部に委託（アウトソーシング）して、情報通信ネットワーク上で密接な連携をしている（図4-4参照）。仮想企業体という結合形態には、最新の企業情報システムが大きな役割を果たしている。

つまり、最先端の情報化が進んだネットワーク組織のイメージを表現するために、デジタル・ネットワーク、テレビ会議システム、ナレッジ・マネジメントのソフトウェアなどの先端的な企業情報システムのあり方が中心的な問題となるのである。ただ、実際に仮想企業体として論議の対象となる企業活動は、基礎的開発の局面ではなく、むしろ応用開発、生産、流通などのルーティン化された活動への利用が中心である（Child and Faulkner［1998］p. 127）。

【事例】　ユニ・チャームのＳＣＭ――サプライ・チェーン・マネジメント・システムは、仮想企業体の事例として代表的であるが、ここではユニ・チャームを例にとって見てみよう（『日経コンピュータ』二〇〇一年一二月一七日号）。ユニ・チャームは、二〇〇一年から積極的にＩＴ技術の導入を図り、サプライ・チェーン・マネジメントを高度化して、原材料供給業者や小売業者との連携を密接に行い、収益性の向上に取り組んだ。この会社は、東京都港区に本社を置き、資本金一六〇億円、売上高二七〇四億円、従業員数一〇〇四名の規模を持つ、紙おむつや生理用品の国内大手企業である（二〇〇六年度）。サプライ・チェーン・マネジメント（以下ＳＣＭと略）とは、ある製品にかかわる事業活動について中核となる企業や関連する川上企業（原材料供給業者）、川下企業（卸売、小売業者）の間で横断的に流れている生産・販売・物流の業務の流れを「供給（サプライ）の鎖」として捉えて、全体的に最適化しようとする経営手法である（野村総合研究所［二〇〇一］）。ユニ・チャームは、二〇〇一年からの経営計画でサプライ・チェーン全体のコスト削減をさらに進めようとした。ユニ・チャームのサプライ・チェーンは、本社と国内三カ所の生産子会社、約一〇〇社の資材供給業者と、約一〇〇社の卸売業者、約四〇〇社の小売業者からなる。ユニ・チャームは、一九九九年より、米国の有力ＳＣＭソフトウェア企業マジェスティックス・ジャパンのＳＣＭシステムの導入を進めて、サプライ・チェーンの全体的効率化を図った。

ＳＣＭシステムを導入する前は、営業担当者の勘に頼った形で、月単位で販売や生産の計画を立てており、在庫切れを避けるために、かなりの在庫を抱えていた。その上、在庫が企業内で偏ったり、急速な需要の変化に合わせるのが難しかったりした。SCMシステムを導入することで、三〇〇種類の商品について、過去三年分のデータに基づいて、それぞれに需要予測を一週間単位で立てていき、販売現場からの注文動向と企業グループ内での在庫情報を見ながら、細かく修正していく仕組みを作っている。これにより、総在庫量を三割削減することができ、企業全体のコストの引下げが可能となった。例えば、一月第一週の紙おむつ製品の販売を二万個と予測して生産を行い、その週に一万六〇〇〇個しか売れなかった場合には、すぐに次の週の生産計画から残った四〇〇〇個を引いて、生産計画を作り直す。

このSCMシステムでは、原材料供給業者と、卸売・小売業者との情報共有を進めて、あたかも一つの企業であるかのように運営し、紙おむつを顧客へ適時・適量に供給しようとしている。ユニ・チャームが立てた三カ月先までの生産計画を、この情報システム上で原材料供給業者にも提供し、これらの企業がユニ・チャームの生産と一体化した原材料の生産を行い、在庫を減らすように工夫しているのである。また、小売業者の販売促進キャンペーンや販売計画の情報共有を進めて、ユニ・チャームの需要予測と小売業者の販売計画のギャップを縮小するようにもしている。

戦略的提携

①　特徴　今日、ライバル企業も含めて複数の企業同士で共同で事業活動を行うことが増えてき

た。チャイルドによれば、提携とは、組織間での中長期的な協力関係を指す（Child［2005］p. 222）。戦略的提携とは、そうした組織同士が戦略目標を共有して行う提携関係である。松行［二〇〇〇］は、その戦略的な性格を次のように特徴づけている。それは、①ライバル企業を含めた自律的な同規模程度の企業同士で行われること、②相互に対等な関係であること、③緩やかな連結関係であること、④新たな知識や情報、能力についての相互学習が行われやすいこと、⑤経営資源の相互補完を目的とすること、⑥固定的ではなく状況に応じて展開されること、⑦三社以上の複数企業で行われる場合も多いことであるとする。

近年、戦略的提携は広範な広がりを見せている。戦略的提携によって構築される組織間ネットワークが、研究開発や国際標準化、新規事業の展開や多角化の局面で数多く見られる。例えば、「スターアライアンス」は米国ユナイテッド航空など世界の一五社の主要国際航空企業が相互に航空路線サービスを提供し、グローバルな航空サービスのネットワークを構築している提携例である。また、仮想企業体、中小企業間ネットワークが、戦略的提携によって構築された組織間ネットワークを含んでいる。

戦略的提携には、メリットもデメリットもある。メリットは、不足している資源を相互補完する場合や先行者優位を獲得するために共同して事業開発を行う場合に顕著に見られる。こうした場合に戦略的提携を行うと、企業は、自社の事業戦略の達成のために、ライバル企業や異質な企業との協力関係を持つ。そのため、かなり斬新な事業や製品を速いスピードで展開できるという強みを得る。さらに、企業グループ内と外部との提携を複合的に組み合わせた例も見られる。この場合は、相互の学習効果が期待されているのである。ただ、難点としては、相互学習が進展し目的・環境が変化した場合に、提携を解消する傾向が強く、活動の継続の不安定さは高い。一般的に提携の経営自体は、提携するパートナー同士の利害を調整していくことを必要とするので、そのガバナンスは難しさを伴う。前述のように、ある研究結果によれば、典型的な戦略的提携である国際合弁企業では、七年以内に終結する場合が六割以上ともいわれる。

② 実現形態　戦略的提携の実現形態としては、①資本参加もしくは買収、②合弁契約、③提携契約、④長期的取引関係を挙げることができる（松行［二〇〇〇］）。細かく見ていくと、第一に資本参加は、ある企業が提携相手の企業の資本に参加する形態である。五〇％以下の資本参加で経営的意思決定において多数を占めない場合には、少数資本参加であり、五〇％以上で多数を占めて相手を支配したい場合には多数資本参加である。第二に、資本参加を行うだけではなく共同の事業を行うために契約を結び共同の関係会社を設立する場合が、合弁契約である。第三に、開発、調達、生産、販売についての提携に関する契約を行う場合である。アウトソーシングとは、この提携契約による自社の業務の外部委託のことをいう。第四に、公式契約を結ばずに、非公式の合意によって長期的に取引関係を結ぶ場合がある。近年、日本企業は、戦略目標に基づき、契約を通じた提携構築を重視するようになってきている。

【事例】　横浜シティホテルの共同商品開発提携――ホテル業界では、近年、ライバル企業同士や関連する観光業界の企業との間に、共通の戦略的目標を見出し、共同で商品開発や事業開発に取り組む戦略的提携が見られるようになった。ここでは、横浜市のみなとみらい二一地区（MM二一地区）の有力シティホテル同士の地域共同宿泊商品開発における戦略的提携を事例として取り上げてみたい（若林［二〇〇五a］）。MM二一地区は、一九八三年に始まった桜木町地区沿岸部の総合都市開発によって生まれた新都市地区である。ビジネスオフィス、ショッピングモールだけではなく、メッセやテーマパークの設置も行い、都市観光の地域としても開発した。そのために、インターコンチネンタル、ロイヤルパーク、パンパシフィックなどの高級シティホテル・チェーンもその横浜施設を一九九〇年代に続々と開業した。

けれども、MM二一地区には、共通した課題があった。東京に近いため、意外に宿泊客が伸び悩む傾向があった。横浜は東京からの「日帰り観光地域」と見られており、夜間宿泊人口が、訪問客数に比べると少ない地域であった。そのために、いかに宿泊客を開拓するかが、MM二一地区やその周辺ホテルの中心的な課題であった。インターコンチネンタルホテル、パンパシフィックホテル横浜、横浜ロイヤルパークホテルニッコー（当時）は、ライバルであるけれども、同じ新興のMM二一地区にあり、宿泊客を共同開拓する必要があるとの共通の認識を有していた。そこで、宿泊セールスの担当者同士のネットワークを通じて、共同の地域宿泊商品の開発に乗り出した。その商品は、「横浜三銃士」である。これは、二泊セットの商品であり、二回の宿泊とその間の朝・昼食を、三つのホテルから別々に二つを選ぶことで、毎晩違うところに泊まれるようにした商品である。これは、MM二一地区のシティホテルの「体験入門商品」と位置づけて共同開発された。この開発の裏に、横浜のシティホテル間の営業マネジャー同士のネットワークがあったのである。横浜においてはシティホテルの宿泊業務関係の担当者同士で月一回、「三日会」という定期会合を持ち、さまざまな情報交換を行っていた。ここでのネットワークを基盤にしつつもともと近隣同士ということもあり、ライバル三ホテルの宿泊セールス担当者同士は、密接なつながりを持っていた。そこでの議論でMM二一地区は都内とは違い「タフなマーケット」であるとの共同認識を持ち、競合相手とも協力して、この地区への集客に共同の努力を行い、「MM二一地区の共通のパイが大きくなればよい」との考え方を共有するようになった。トップのイニシアティブもあり、二〇〇〇年に正式な合意のもとに共同商品開発を行い、プレス・リリースをして、二〇〇四年まで続いた。これは、パンパシフィックホテル横浜の最初の三カ月だけでも、四〇〇組のセールスにつながった。さらに、山下町地区（関内、中華街）の老舗三ホテルとの共同宿泊商品の開発にもつながっていった。

中小企業ネットワーク

①　特徴　ここまでの組織間ネットワークでは大企業が主になる場合が多かった。だが、組織間ネットワークにより企業活動を行うことは中小企業間の場合でも多く見られる。中小企業も相互に戦略的提携を行い、機動的に組織間ネットワークを構築して、革新的な製品の開発、生産、流通を共同で行う場合も出てきている。その代表的なものに、個性ある製品を地域で生産している「地域産業」

や、ベンチャー間のネットワークがある。

② 地域産業の中小企業ネットワーク

日欧ともに、中小企業が工業経済に占める比重は高く、地域産業は、その典型的な中小企業間ネットワークである（清成［一九九三］）。その中には競争環境に合わせて柔軟に専門性と分業を変化させて、高い競争能力を持つ例もある（Piore and Sable［1984］）。イタリアのコモ、ドイツのゾーリンゲンなどの欧州の地域産業は、伝統を活かすデザイナー、職人的な加工能力を持つ専門加工メーカー、流通業者やそれらのコーディネーター企業が分業体系を構成しており、地域の分厚い中小企業のネットワークを作り出している。そしてその製品ブランドは海外でも高く評価されている。例えば、グッチ、ベルサーチなどの代表的な欧州ブランド商品は、日本でも一〇兆円の市場規模を持つが、こうした商品は欧州のアパレル産業の集積地域で作られている。また日本でも、例えば大田区や東大阪市における中小製造業の集積は国際水準の精度と品質の金属加工技術を持つ地域産業ネットワークである。ここでは仕事のまわしという独特の取引の仕方がある。中堅の中小企業が、顧客から特別な加工を依頼されると、技術的な評判の高い地域の専門加工中小企業の間を回り、彼らと交渉しつつ、生産する中小企業のネットワークを形成して、加工工程を組織していく。

【事例】 イタリアのアパレル・ブランド製品の産地とベネトン―― イタリアの産地は、世界的なファッション・ブランドの開発と生産に関しては世界的に高い評価を受けている。プラートなどのような代表的な産業地域に、地域名産の繊維商品の開発・生産・流通にかかわる多くの中小企業が複合的

図 4-5　イタリアの有力アパレル産地での地域内分業構造

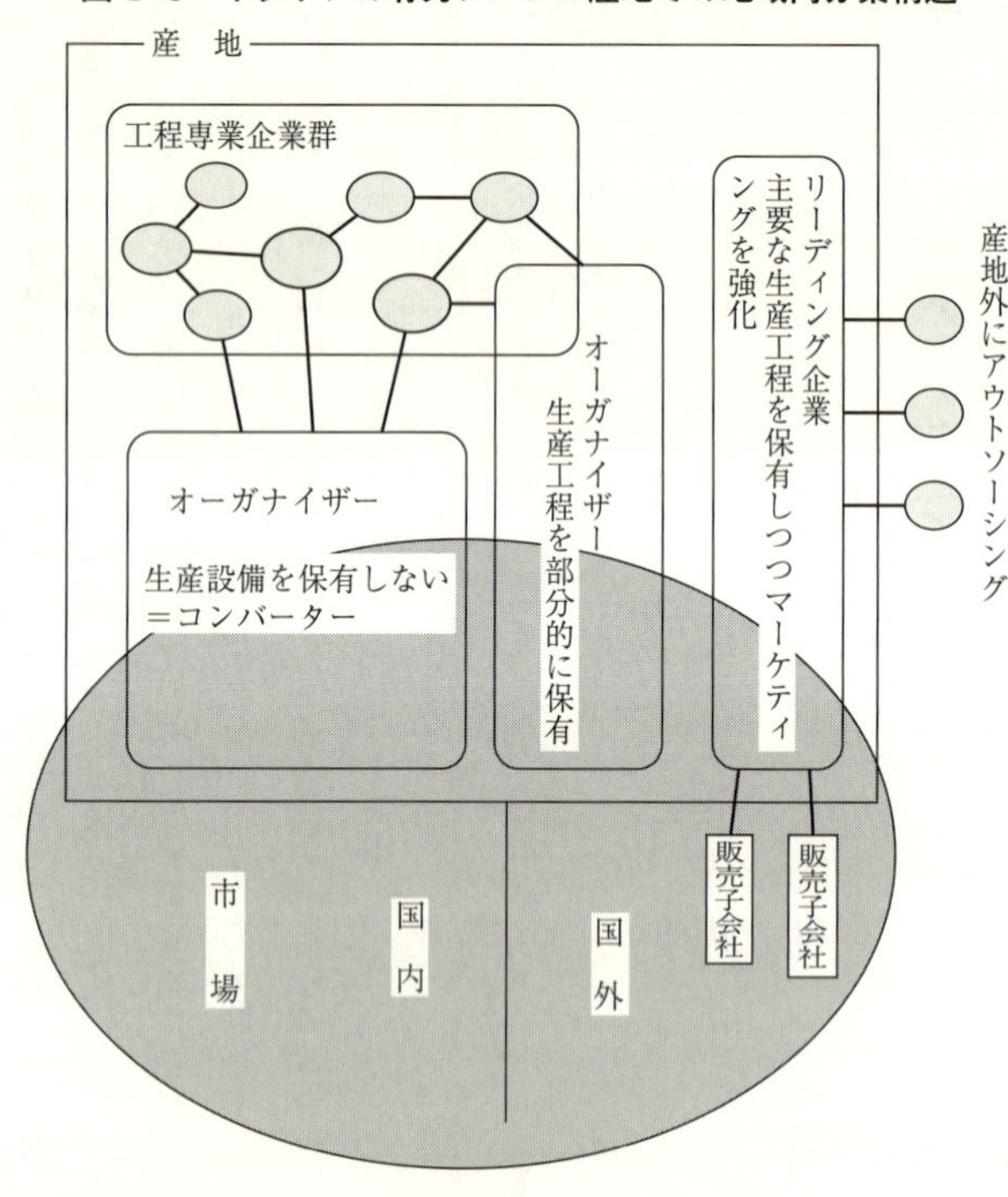

（出所）　中小企業庁［1996］589頁。

に集積し、有機的に地域内でネットワークしている（小川［一九九八］）。そうした企業には、企画会社、生産オーガナイザー企業、工程専門メーカー、流通企業、その地域の繊維商品を対象にした生産機械専門メーカーなどがある。ここでは、オーガナイザー企業やコンバータといわれる企業が独特の重要な役割を果たしている（図4-5）。オーガナイザー企業は、製品の基本的なデザインを行い、その上で生産工程ごとに技術の高い工程専門メーカーを選び、それに生産を委託する。そして、流通を国際的な流通エージェントとなる企業に委託して行う。

世界的なファッション・ブランド企業ベネトンもこうした産地のネットワークの上にその事業活動を成長させてきた（Camuffo *et al.*［2001］）。ベネトンは，よく知られているように二人の兄妹のニット製品会社から始まったが，現在でもその中核企業の規模は大きくない。主な事業として①カジュアル・ウェア（United Colors of Benetton や Sisley），②スポーツ・ウェア（Playlife など），③その他があるが，七四％の売上を①から得ている。その生産は，トレビーゾ近郊のアパレル産地の中小企業ネットワークに基盤を置いていた。オーガナイザー企業として，独自のブランドを開発したベネトンは，この地区の中小企業との生産ネットワークを組織して，その製品生産を展開してきた。ただし，近年は国際化に伴い，東欧などに生産ネットワークを拡大してきている。

③　ベンチャー・ネットワーク　さらに，米国のシリコンバレーにおける情報技術産業のベンチャー企業間ネットワークの存在も，近年の中小企業間ネットワークの持つ強みへの関心を引き起こしている。これらの企業は，新技術や新しいビジネスの開発を専門としている。ベンチャー企業は，単独では事業活動を行うことができない場合が多い。そのために，一部の業務を外部の企業・機関に委託したり，複数のベンチャー企業と提携し当初から協力して開発・生産・販売を行ったりした方がよいとされる。実際の調査結果でも，経営資源を社会ネットワークから獲得していることが明らかになっている（芦塚［一九九九］）。ベンチャー企業の経営にとって重要な原材料供給元，装置・機械，立地する土地，従業員の獲得は，「以前の仕事上の知合い」を通じてが最も多く，個人的ネットワークを

活かして行われていることがわかる。また、販売先の獲得も「以前の仕事上の知合い」や「家族や友人」を通じて行うのが一、二番目であった。資金源も「家族や友人」が一番であった。ことにアイディア獲得では七一％が個人的ネットワークを役立てている。複数のベンチャー企業が共同したり、生産・流通の中小企業と提携したりすることで、大企業をも凌ぐ速度で技術革新と企業成長を共同で行っている。

官民協働（PPP）

① 特徴　戦略的提携の利用は、近年、政府や地方自治体の領域にも及んできた。政府・地方自治体と企業やNPOが提携関係を組み、公共サービスの供給を民間委託する例が増えてきたのである。民営化改革におけるそうした官と民とのパートナーシップの枠組みを官民協働（PPP、public private partnership）と呼んでいる。サバスは、官民協働を、伝統的な公共セクターによる活動の全部または一部が民間セクターにより担われる事象として、広く定義している（Savas［2000］）。公共サービスの民営化改革には、いわゆる民営化や民間委託、PFI（private financial initiative）やこの官民協働など、さまざまなスキームが存在する。ただ、この官民協働は、公共サービスにかかわる費用削減だけではなく、サービスの開発と質的改善を目的とした官民の提携関係と捉えられている。さらに官民協働は、教育、福祉・医療、水道などのように、サービス的性格が強く、民営化しづらいものが対象となる。一方、PFIは、民間が主導して資金計画を立てて、公共サービス施設、いわゆる「箱物」の建設と

運営とを行うことが主な対象である。近年では、官民協働を広く捉え、箱物行政にかかわるものだけをPFIと捉える向きもある。それに対して、官民協働はよりサービスだけを対象としている。官民協働は、英米や欧州においては実際に、教育、医療・福祉、水道などのさまざまな公共サービスに広がってきている。近年日本でも「指定管理者制度」という形で、公共サービス機関の業務運営を民間委託する例が増えてきた。代表的なものに、東京都立小山内裏公園、松本市美ケ原温泉センター、門司図書館の例がある（『日本経済新聞』二〇〇五年三月二一日付）。

② 公共サービスの改善　このように官民協働は、公共サービスの改善を目指した官と民との提携関係である。そこでは、費用削減だけではなく、質的改善や新規開発が主な目的とされている。したがって、民間で開発された経営やサービス供給のノウハウを、公共サービスの提供機関に移転させたり、協働でさらに改善したりする努力が重視されている。すなわち、組織論的にいうと、官と民との組織間学習が重要な仕組みとして注目されている。こうした仕組みを実際に動かす変革の主体として、行財政改革の展開を支える「サポート・サービス産業」（行政改革支援産業）に属する民間企業やNPOが活動している。この産業に位置づけられる企業や民間組織は、行政改革にかかわるコンサルティング業務や業務アウトソーシング受託を行っている。英国にはサーコ社、キャピタ社、WSアトキンス社など数多くの企業がある。日本の指定管理者制度にも、スイミングセンターや図書流通を手がける企業が委託される例がある。これらの民間の企業や組織が、指定された範囲で、民間ノウハウを生かし、公共サービス業務の企画・運営を行っている。

【事例】英国の教育分野における官民協働とサーコ社——官民協働の具体例として、先進地域英国での事例を見てみよう（宮腰ほか［二〇〇四］、若林［二〇〇三］参照）。英国では、先に挙げた数多くのサポート・サービス民間企業が展開している。サーコ社は、その代表的な企業であり、鉄道、国防、医療・福祉、教育などの数多くの分野で公共サービス機関の管理や運営を行っている。英国のロンドンに本社を置き一九二九年に創立された。二〇〇五年現在、四五二五億円（二二一・六億ポンド）の売上高を誇り、三〇カ国に展開し、四万人以上の従業員を抱える多国籍グループ企業である。

英国ブレア労働党政権は、公立学校教育の分野においても公共サービスの民営化改革に乗り出した。そのうちの目玉の一つは、日本でいうならば教育委員会に当たる「地方教育当局」の民営化改革である。英国においては、地方教育当局（Local Education Authority, 現在は Local Authority）は一定の行政地域において複数の学校の管理監督に当たり、日本の教育委員会に近い役割を果たしている。ただ、日本と英国とは地方行政の仕組みが違うので、まったく同じものではないことに注意する必要がある。ここではわかりやすく日本の教育委員会に対応するものと捉えてみたい。ブレア政権の公教育改革において、地方教育当局も外部評価の対象とされるようになった。そして、二年おきの外部評価において、連続不合格となった地方教育当局は、「乗取り」（テイクオーバー）、つまり民間組織への強制的な包括経営委託を、政府の公開入札のもとに行う方針が打ち出された。サーコ社などの有力な民間のサポート・サービス企業はこうした「乗取り」スキーム市場に対応しようとしているのである。

サーコ社は、二〇〇二年より、英国北部イングランド地域のブラッドフォード市周辺の地方教育当

図 4-6　英国における教育 PPP の一事例である教育委員会の経営乗取り

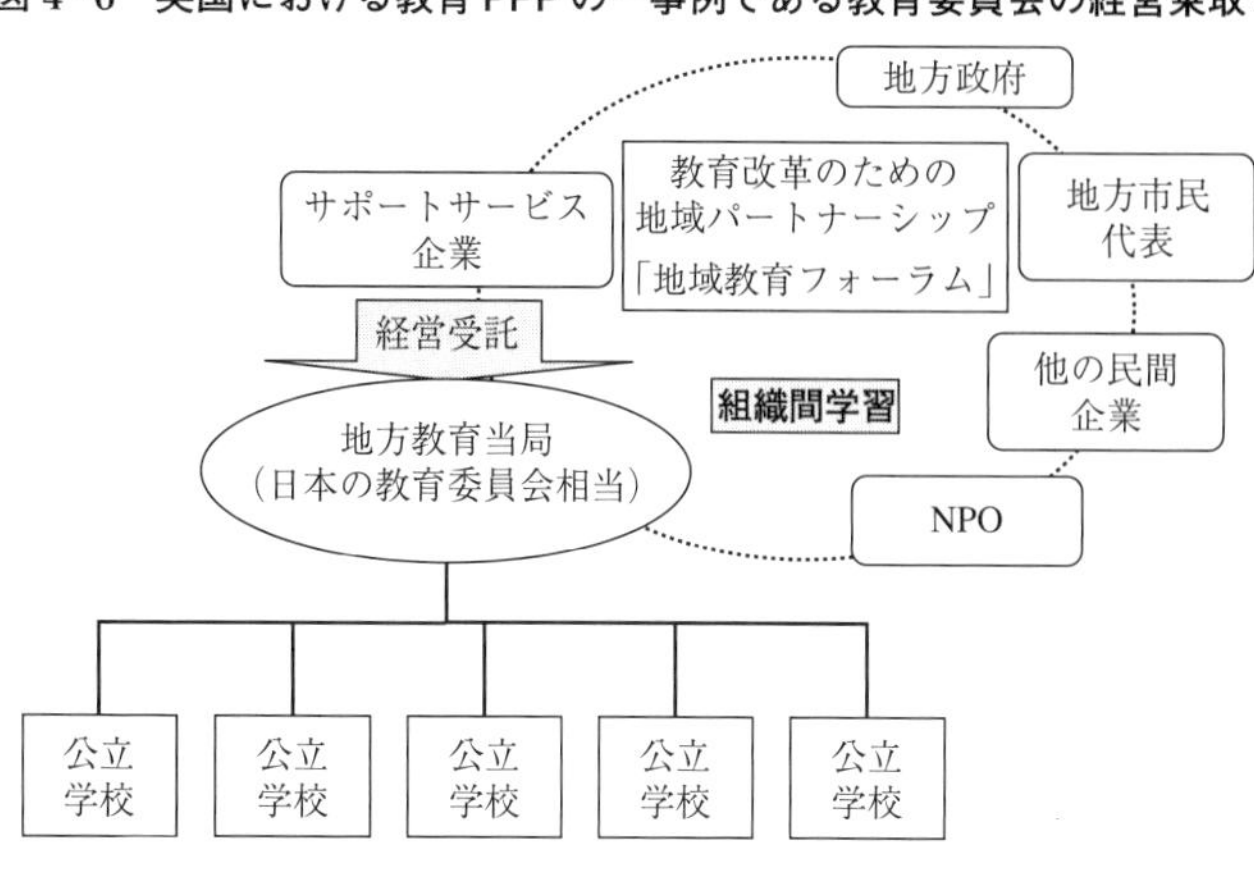

局の「乗取り」すなわち包括経営受託を落札した。日本でいうならば、教育委員会の民営化を行ったということができる。ブラッドフォード市は、インド系、イスラム系住民の多い多民族地域であり、教育水準の低さが問題になっていた。英国には、地方教育当局の業務水準を監査する教育水準監査局（OFSTED）があるが、当局はブラッドフォード市地域を担当する地方教育当局の活動業績を低いものとして二〇〇〇年に二回目の不合格認定を行った。それを受けて、中央政府は、二〇〇一年に公開入札を行い、地方教育当局の運営を民間企業に包括経営委託することを決定した。公開入札の結果、サーコ社の教育サービス子会社が落札した。この子会社は、地方教育当局の委託運営を行う民間企業エデュケーション・ブラッドフォード社（略称EB社）を創設して、地方教育当局の全業務と人員を引き継いだ。同社は、地方教育当局の上級管理者を更迭し、新たに北部地域で改革型リーダーシップを発揮していた有名教育長であるマーク・パティソン氏を高給でヘッドハンテ

ィングして経営陣を刷新した。従来の地方教育当局上層部には、教育問題解決への無力感が見られたものの、経営陣の刷新によりそれも一新された。

さらに、ブラッドフォードの公立学校改革のために、地方政府、民間企業、学校、地域住民などから地域組織間パートナーシップ「ブラッドフォード戦略的教育パートナーシップ」が組織された。EB社の運営する民営地方教育当局は、この組織のもとで、教育再生戦略プランを策定し、パートナーシップの承認や評価を受けながら地域教育システムの管理運営と改革を行っている（図4-6参照）。EB社は、①業務委託費用、②地域の学校への共同サービス（経理業務など）の提供、③業績達成に応じたインセンティブなどの三つを事業収入として中央や地方の政府から得ている。この改革された地方教育当局では、教育水準を向上させる公立学校教育サービスの改善を目指した民間ノウハウのさまざまな活用が図られている。そのためにサーコ社との協力だけではなく、地方政府、他の民間企業、NPOなどとの積極的な組織間協力のネットワークを発展させ、学校同士でも積極的な優秀事例のノウハウ移転を進めている。例えば、ブラッドフォード地域全体の公立学校すべてを対象にした、学校教育改善コンサルティング、学校間の情報ネットワーク構築、教材・図書の集中管理、民間企業とのインターンシップ・プログラム、多民族教育プログラム開発チームの設置などが展開されている。

●2 組織間ネットワークの発展

組織間ネットワークの優位

近年、ネットワーク組織の発展は、組織内においてよりもむしろ組織間でのネットワークの形態として展開している傾向が強い。むろん、組織内部においては、フラット化、プロジェクト・チーム活用、マトリックス化の改革は見られる。けれどもそれ以上に、分社化と企業グループ経営、系列や提携の活用、中小企業ネットワークと公的セクターでの提携の広がりなどの組織間での展開が大きなインパクトを与えつつあるのである。その背景としては、第一に、企業のダウンサイジング、急激なリストラクチャリングの展開による小規模化があり、それらの規模の縮小した企業をネットワークしながら、一つの大きな企業体のように機能させようとする組織戦略が見られる。企業グループ経営の展開がその代表的な傾向である。中小企業のネットワークも、同様の趣旨であるだろう。第二に、企業のM&Aや提携が拡大しつつあり、必ずしも、組織の持つ資源や能力を長期的に内部で育成するのではなく、外部から積極的に獲得しようとする傾向も挙げられるだろう。そのために、積極的に組織間ネットワークが使われている。さらに、外部から能力や資源を獲得したり、学習したりする傾向は、官民協働のように、公共サービス部門や政府部門にも広がってきた。この推進役として、コンサルティング企業の発達は大きいと考えられる。

第三に、環境変化が激しくなり、適応競争のスピードが上がったことも大きい。そのために、資源や能力、ビジネス・モデルが陳腐、無価値になる可能性が高くなり、そのサイクルも短期化している。したがって、大規模化したり、じっくり組織や能力を内部成長させたりしていることが経営リスクとなる。例えば、旧来のDVDは、いまやブルーレイDVDへと規格が変わりつつあり、さらに、現行の規格も、この数年間で、第二世代、第三世代へと展開することになっている。したがって、旧来のDVDプレーヤーの生産設備を多量に持っていたり、高い市場シェアを獲得していたりすることは、この数年の動きでむしろ大きな経営リスクになる可能性が高まっている。そのために、革新の激しい分野では単独で投資するより、提携やグループで投資して、リスク分散を図ることも一般化している。

むしろ、企業内のプロジェクトに、外部の企業や機関と提携させながら事業展開を図る向きが見られる。組織内部のネットワークが、外部の組織間ネットワークと結合して、事業体に成長する場合である。ファッション分野での、有名ブランドの各シーズンの新作プロジェクトはその典型例であるだろう。季節ごとの新作についてのプロジェクト・チームは、外部のデザイナー、生産企業、流通企業、メディアと連携しながら、新製品を開発、生産し、売り出していく。

働き方への影響

ネットワーク組織という組織形態を、ネットワーク的な結合による柔軟性や革新能力、自律性の高さという魅力のために、多くの企業やNPOそして政府・地方自治体までが、自らの組織運営にも利用するようになってきている。それでは、次に、そこで仕事をする労働者たちは、ネットワーク組織のもとで、どのような新しい職場生活を送り、キャリアを歩むことになったのだろうか。ネットワーク化する労働とキャリアという議論はこれまで多くなされてきている。次章ではそれらを見てみよう。

第5章

ネットワーク組織で働く

●1 ネットワーク組織時代の新しい働き方

外部の市場原理の浸透

近年の労働やキャリアのあり方は、最近の労働市場の流動性の高まりに影響されている。そして、働き方やキャリアにおいても、ネットワーク化する傾向が見られる。

現代の会社での労働やキャリアには、会社外部の市場原理が浸透してきている。従来の日本的経営の時代には、大企業において内部労働市場が発達し、終身雇用慣行が広がっていたので、個人の働き方やキャリアは流動的でなく、個々の企業内部の独自な論理に丸抱えされ、強く支配される面が強かった。現代においては、企業が長期的に社員を丸抱えすることが経済的な面で難しくなるとともに、外部の市場的な要因が、個人の働き方やキャリアの流動化に影響するようになってきている。まず、転職が増えて個人の流動性が高まるとともに、買収・合併・売却を通じて会社自体の流動性が高まりつつある。さらに非正規雇用形態の拡大は、雇用形態の多様化を進めて、普通の職場においては、正社員だけではなく、契約社員、派遣社員、出向社員、アルバイトといった異なる契約関係の労働者が混在しながら協働している。同じ職場であっても、価値観やライフスタイルの異なる人々が混在する状況が創り出されているのである。もはや、「会社一丸」という考え方は、現実の職場では難しくなってきている。そして、報酬においても、成果主義の導入で、短期的な業績、市場的な成功などがすぐに反映される仕組みとなってきている。

そして現代のネットワーク化した組織のもとでは，バウンダリーレス・キャリアといわれるように，労働者が転職や出向・派遣，あるいはプロジェクトを渡り歩きながら，複数の企業をまたいでキャリアを積む傾向も見られる。かつての重厚長大企業優位の時代における，大規模内部労働市場に丸抱えされる会社人間的なキャリアとは異なってきている。例えば，情報技術者，アニメーション映画製作者などのように，プロジェクトごとに複数の企業や事業を渡り歩きながら，キャリアを発達させる例も見られる。個人も，自分の持つ人的ネットワークを開拓しながら，それを基盤にした職探しや，働くスタイルの選択，キャリア開発をする傾向が見られる。

「フリー・エージェント社会」？

極端な見方では，「フリー・エージェント社会」の到来だともいわれている（Pink［2001］）。大企業における長期雇用という雇用形態の比重の低下は，組織から独立した働き方すなわちフリー・エージェント的な働き方の比重の高まりを意味している。つまり，労働者の中には，独立自営業，ベンチャーにかかわる人々や，契約社員，プロフェッショナル労働者などのように，組織に庇護されることなく，自分のキャリアを自分で考えて構築する働き方をする人たちが見られるようになった。こうしたフリー・エージェント同士は，会社を越えた短期的なネットワークを形成，活用しながら，自らでキャリア開発を行う。これは，「会社人間」というライフスタイルがもはや一般的でなくなったことを意味する。安定成長している重厚長大産業での大企業においては、内部労働市場が発達し、長期雇用保障のもとで、会社内部に数多くのポストや職があった。けれども、現在は、企業のリストラが頻発し、雇用の流動性も高まり、非正規雇用の増大が進んできたために、ある種の人々には、会社人間という生き方をすることが難しくなってきており、会社へのタテの忠誠心も弱くなってきている。むしろ、仕事や現場でのヨコのネットワークに対して信頼感と忠誠心を持つネットワーク型の労働者も見られる。

この背景には、産業変動がある。経済の情報化、ソフト化、サービス化の進展である。鉄鋼・化学・機械といった重厚長大型で、大資本や大組織をバックに安定性を基盤にした産業ではなく、新たな情報技術やソフト・コンテンツ、サービスを開発供給する産業が増えてきた。こうした領域で働く労働者たちにとっては、必ずしも大企業の丸抱えがキャリアにとってプラスにはならなくなってきている。むしろ、プロジェクトごとに渡り歩くキャリアが彼らにとって魅力的でもあり創造性をかき立てられる生き方ともなっている。例えば、典型例が見られる映画産業では、かつては複数の大映画会社が、俳優、監督、脚本家、映画製作スタッフ、映画スタジオ、映画館をすべて丸抱えする仕組みをとっていた。けれども、ハリウッドでは、一九六〇年代にテレビが発達するにつれ、こうした丸抱えは映画会社を経済的に苦境に立たせてしまい、この仕組みは解体してしまった。現在のハリウッドは、映画プロジェクトごとに、俳優、監督、脚本家、プロデューサー、映画プロダクション、映画会社、流通企業が離合集散する形に変わった。これは日本でも同様の傾向が見られる。ソフトやサービスの革新には、柔軟に変化する人的ネットワークを用いて、短期的に旬の人材を集めるプロジェクト形成が、大きな効果を発揮する。

この章では、ネットワーク組織における労働が、市場メカニズムの影響を受けて社会ネットワークを活用した協働やキャリア開発を特徴とすることを考えてみたい。そのためにネットワーク組織における働き方を理解する上でのいくつかの重要なコンセプトを取り上げて、議論していきたい。まず、いわゆるニュー・エコノミーといわれる経済状況の展開と、ネットワーク的なキャリアの傾向である。つまりバウンダリーレス・キャリアといわれるように、複数の企業の間を渡り歩きながら、社会ネットワークを活用しつつキャリアを開発する傾向について触れたい。そして、こうした労働市場の変化を受けて、企業と従業員の雇用契約に対する意識も大きく変化し、企業内での雇用保障よりも市場での能力保障を求める「エンプロイアビリティ」重視の傾向が見られることを議論したい。そして、最後に、現代のネットワーク組織での労働において憂慮しなければならない特徴的な労働問題である、非正規雇用の増大による格差の問題、キャリアと技能の開発の問題、ワーカホリックと「燃え尽き」の問題について触れる。

●2 産業社会の変化と労働市場の流動化

ニュー・エコノミーの発達

新たな経済構造への転換は、雇用形態の変化を生み出している。ニュー・エコノミーの旗手とされる、IT産業や、バイオテクノロジー産業、ニュー・サービス産業は、技術やビジネス・モデルの絶え間ない革新にリードされている。こうした新産業においては、企業と労働力が頻繁に再編成され、非正規雇用の比重が高く、労働の流動性が高くなっている。

労働の流動性の高まりには、大きくは、五つのパターンを見てとることができる。それらは、個人に対する三つの影響と企業に対する二つの影響からなる。まず、産業における景気循環がダイナミックに変化するため、そこにかかわる企業の労働力のリストラや雇用調整を頻繁なものとしている。典型的なのは、ネットワーク通信機器業界である。創立から二〇年もしないうちに、絶え間ない合併で三万人を超える従業員を擁するにいたったシスコシステムズは、二〇〇〇年のITバブルの崩壊とともに、米国本社が多くのリストラを発表した。第二に、非正規雇用形態の労働者の増大である。企業業績の短期間での増減が見込まれるために、正社員の固定的な雇用を減らし、契約社員、派遣社員、アルバイト社員といった期間雇用の労働者を増大させる傾向が見られる。これは近年、経済格差の拡大につながるとして社会問題と見られている（図5-1）。第三に、自発的な転職の増大である。より

図5-1　1990年以降の非正規職員・従業員数の増加

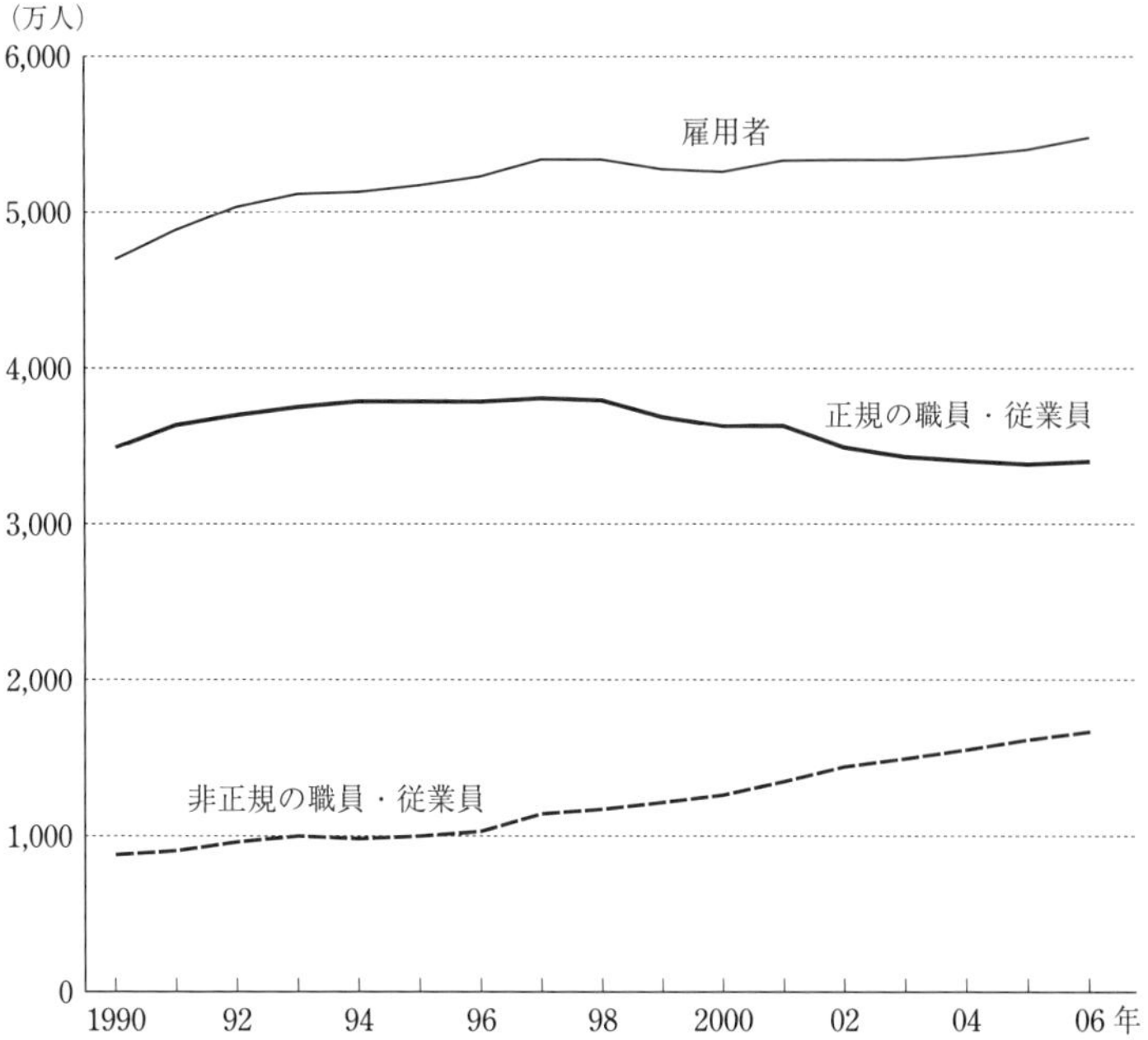

(注)　2000年までは各年2月時点での数値。2001年以降は各年度の平均値。
(出所)　総務省統計局「労働力調査」(http://www.stat.go.jp/data/roudou/longtime/03roudou.html，2009年6月30日閲覧)より(雇用形態別雇用者数，2006年)。

よい仕事や条件を求めて、自発的に転職する傾向が高まっている。さらに、激しい業績変動やイノベーション競争のために企業組織や事業組織の内部でも組織の改廃が激しく行われて流動性を高めている。第四には、人材ビジネス企業が、人材流通の仲介エージェントとして機能し、派遣社員や契約社員を大量に調達し、訓練をすることで一つの部門を短期的に作る動きが見られる。企業のコールセンター部門の立上げは、その典型例とされる。第五に挙げられるのが、企業組織の買収・合併・

売却の増大や企業グループの再編成であり、これらは企業組織を丸ごと流動させる契機になっている。日本の製薬業界では、企業の合併が相次いでおり、第一製薬と三共製薬の合併、田辺製薬と三菱ウェルファーマの合併が次々と成立した。

労働組織の流動化

労働力の流動性の高まりは、単に景気変動を受けた大量採用・大量失業が進んでいるだけではなく、むしろ、労働組織の構造的変化も大きい。企業における労働組織が、イノベーションや市場の変動に対して、より柔軟に対応できるような構造に変化しているのである。

企業内でも企業プロジェクトごとに雇用するような労働組織の形が見られるようになってきた。企業は、通常の事業活動においても、数多くのプロジェクトを展開するようになってきており、そのプロジェクトの成長や改廃に伴い、労働者の移動を積極的に行うようになってきている。さらに事業をプロジェクト的に捉えることで、イノベーションや市場動向に素早く対応しながら、事業の「選択と集中」を展開している。そのために、正社員であったとしても、事業活動の動向に応じて、リストラや配置転換が頻繁になされる。むしろ企業は、高業績になった方が、リストラする資金に余裕が出てくるので、こうした事業の改廃や買収・売却を積極的に展開する場合も見られる。

さらに、こうしたプロジェクト的な雇用を促進しているのが、非正規労働者の大量活用である。非正規雇用労働者とは、正社員と異なり、ある企業に、期間、職務、権限、待遇や福利厚生について限定的な勤務条件で雇用される労働者を指し、契約社員、派遣社員、パートタイマー、アルバイト社員などがいる。こうした労働者たちは、景況や戦略に応じて、企業が比較的自由に採用・解雇できる現状にある。その職域は、専門性の高い職務もあるが、むしろ、単純で、定型的な職種を中心に広がっている。企業は、こうした非正規労働者を数多く雇用することで、事業発展、競争、景況の動向を見ながら、労働組織を量的に柔軟に変化させることができる。人材派遣に関する法律改正に伴い、ものづくりの現場でも非正規雇用や構内下請が広がっている。格差社会論者が指摘するように、非正規雇用の労働者たちは、一般には比較的賃金が低いので、経済的な格差問題やキャリア・能力の開発においても問題を抱えている場合が多くある。このような流動性や柔軟性を高めた労働組織が、ネットワーク組織の活動の人的なインフラとなっている。

労働市場におけるネットワーク化

ニュー・エコノミーやニュー・サービスの発達は、労働市場の中にも、労働者たちが新たな社会ネットワークを通じて流動するメカニズムをいくつか成長させている。労働市場に対する古典的な見方は、孤独でバラバラの労働者たちが、景気動向や企業戦略の変化に応じて、排出、吸収されて流動していく姿を前提にしていた。その後重厚長大産業が発達した二〇世紀中盤には、大企業内部において発達した内部労働市場の内側でキャリアを積む労働者が増大した。けれども、ネットワーク経済の発達した社会のもとでは、ある種の労働者たちが、自分のキャリアのために、自ら開発した人的ネットワークを活用して転職やキャリア開発を行う姿も見られる。さらには、制度化された社会ネットワークに基づく専門的な労働市場も形成されつつある。そして、こうした傾向は、従来の大企業の内部労働市場では得られないスキル、付加価値そして創造性が求められる領域でより頻繁に観察される。

こうした人的ネットワークを転職や就労機会確保、キャリア開発の中心に置く労働市場の例を見てみよう。まず、プロフェッショナルたちの労働市場がその典型だろう。専門職の労働市場で、旧来からあるものとして、いわゆる法的に整備された資格専門職のそれを挙げることができる。弁護士、会計士、医師などがその典型であり、国家試験などを通じて専門能力が判定され、資格取得後は弁護士会、医師会などのギルド的な専門職団体に入会することでその労働市場に参入し、キャリアを積み重ねる。しかし近年はそれだけではなく、技術や産業の発達、社会のニーズの成長に応じて、それ以外の新たなプロフェッショナル・ワーカーが多様に生まれてきた。その典型は、システム・エンジニアのようなＩＴ技術者たちである。労働経済学者のマースデンは、こうした新しいプロフェッショナルたちの労働市場が、旧来のギルド的な労働市場と大きく異なっているとする（Marsden［1999］）。彼らは、技術やビジネス・モデルの革新が激しい産業を支えるための専門的な能力を持っており、大学や研究機関などを訓練機関として、専門能力の認定後は、ギルド的な専門職団体に強く関与しない。つまり、たとえ、情報技術者団体から除名されても資格さえ残れば、情報技術者は就職できるし、職務を続けられる。こうした職種としては、バイオテクノロジーの技術者、経営コンサルタント、福祉サービス・ワーカーなどがある。シリコンバレーにおける情報技術者労働市場、ボストンにおけるバイオテクノロジー技術者労働市場などはその典型である。彼らは、シリコンバレーやボストンの大学で訓練を受けた後、その地域のプロフェッショナルなネットワークの中でキャリアを積む。

第二に、ある種の専門的な知識・文化を共有する人的ネットワークを基盤とする産業における労働市場がある。文化コンテンツ産業はその典型である。つまり大衆文化の生産者である映画産業、音楽産業、映像コンテンツ産業、ゲーム産業、アニメ産業などである。例えば、映画産業のプロフェッショナルたちは、何の資格認定も受けないけれども、映画人といわれる人々のコミュニティにおいて、能力が評価されて、高い評判を得ることが、よりよい映画プロジェクトへの参加につながる。プロデューサーや監督などが、専門人材のネットワークを駆使し、優秀なスタッフを集めて、映画プロジェクトを形成、展開していくケースがよく見られる。ただ、こういった映画プロジェクトの多くは、半年から一年以内に解散し、完成後はみな、離職し、再び人的ネットワークをたぐって、次のプロジェクトへの参加を目指していく。大手の映画会社や製作会社は、今日、製作スタッフを正社員では抱えていない。プロデューサーやスタッフのごく一部が正社員だが、多くの映画製作スタッフは、下請会社社員や契約社員、フリーランサーである。こうした領域では、会社に属することよりも、むしろ、ウェンガーらのいう「実践コミュニティ」に属する方が有利である（Wenger *et al.*［2002］）。

第三に、産業クラスターにおける中小企業やベンチャー企業にかかわる人々や独立事業者たちの地域的な労働市場も、人的ネットワークを用いてキャリアを開発するタイプのものであるといえる。例えば、ファッション産業はその典型であるだろう。西陣のように和装産業の集積する地域においては、その産業に関連する数多くの中小企業、独立事業者たちが集積している。彼らは、そのクラスター内部で人的ネットワークを発達させて、専門的な能力を評価・発達させ、ファッションの変化に集団的に対応しながら、新たなデザインを展開していく。ニューヨークのファッション産業なども、そうしたダイナミックな人的ネットワークの展開である。今日、デザイナーズ・ブランドは、ある特定のデザイナーのデザインを売るものではなく、一つの企業として、毎シーズンごとに多くのベンチャーや個人デザイナーの提案を取捨選択しつつデザインを創り出している。そうした個人の能力が評価され、キャリアが発達するのもプロフェッショナルなネットワークの上である。

労使紛争の個別化と労働組合のネットワーク戦略

このような労働市場での大企業内部労働市場の縮小とネットワーク化の進展は、労働組合のあり方もネットワーク化させる動きにも一部つながっている。近年、よく知られるように労働組合の組織率は低下してきており、労働者の組合への組織率は一九七五年には三四・四%だったが、二〇〇六年には一八・二%に低下してきた（厚生労働省「労働組合基礎調査」二〇〇六年版、図5-2）。組合組織率の低下とともに、組合と経営側との間での労使交渉という労使コミュニケーションも減少する傾向になってきている。このことは、労使紛争の個別化につながっている。つまり、労使紛争は、もはや経営者対労働組合という組織的な交渉問題ではなく、むしろ経営側と労働者個人との間での個別的問題となっている場合が多く、組合が仲介することが減ってきている。

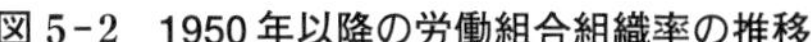
図5-2　1950年以降の労働組合組織率の推移

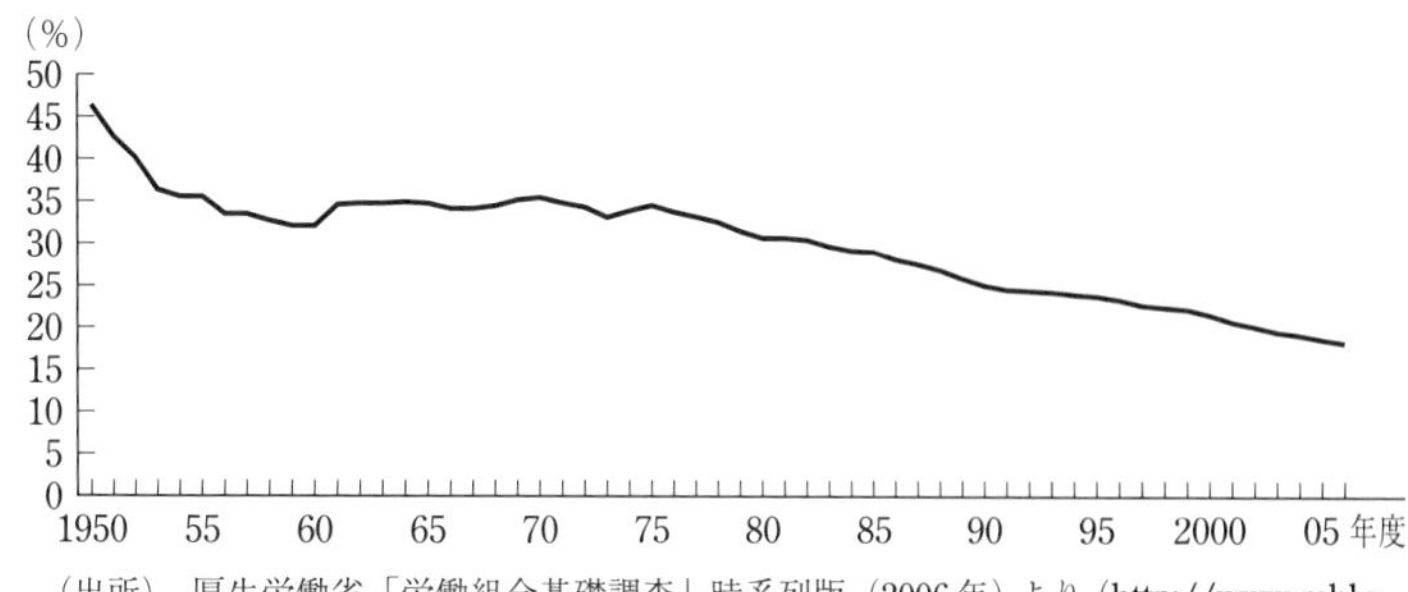

（出所）厚生労働省「労働組合基礎調査」時系列版（2006年）より（http://www.mhlw.go.jp/toukei/saikin/old/r-roushi.html, 2009年6月30日閲覧）。

こうした状況では、経営側に対して労働者の立場は一般的に弱くなる傾向にあり、彼らの権利と労働条件を保護するために、新しい労使関係のあり方が模索されている。企業別労働組合は、本来的には、正社員の権利擁護を中心に活動しており、子会社の従業員の保護を積極的に支援する場合は少なく、また、非正規従業員の利害についても主体的に取り組むところは多くない。現在の企業別労働組合が、真に労働者全体の利害を代表しているのかについてはかなり疑問となってきている。むろんこうした労働市場の変化に合わせて、労働組合の中にも現代の個別化する労使紛争に合わせてネットワーク的に組織を再構築しようとする取組みも見られる。管理職ユニオンのように、複数の会社の管理職の共通の利害で行動する場合もその一つだろう。マクドナルドの労組のように、従来の正社員だけの企業別労働組合から、グループ内の非正規労働者を積極的に組み込んだ形態もそうであろう（『日本経済新聞』二〇〇六年五月三〇日付朝刊）。オスターマンらは、米国においては、従来の労働組合の枠を越えて、内外にネットワーク的に展開しながら、労働者を組織・支援する動きが見られるとする（Osterman *et al.*［2001］邦訳第四章）。つまり、医療労働者たちのようにプロフェッショナル・ワーカーを組織する動き、非正規労働者たちの組織化への取組み、ある地域コミュニティで組織化する動きなどが見られるとするのである。また、買収・合併を進めた企業に対抗して、労働組合を合併や企業グループ拡大に合わせ、子会社・関連会社も含めて拡大する動きも見られる。さらには、能力開発の場づくりや生涯学習社会への対応を図る動きが見られ、コミュニティ・カレッジや企業と連携しながら、一企業の枠組みを越えて労働者を支援する姿も見られる。

●3 バウンダリーレス・キャリアと人的ネットワーク

バウンダリーレス・キャリア

労働者の流動性の高まりは、彼らのキャリアのあり方も変えつつある。キャリアとは、一般的には、「仕事人生」すなわち生涯を通じた人々の職務や職位の経歴を指す。そこでは、仕事の経験を積み重ねるうちに職業能力が発達する。すなわちキャリアとは、「生涯を通じた職務に関連した経験の積み重ね」だといえる（Noe *et al.*［1997］p. 202）。人々は、一定のコースとしてパターン化されている職務や地位を経験しながら、キャリアを積んでいく。こうしたパターンをキャリア・パス（経路）という。伝統的には、一つの組織の内部に用意されており、昇進や異動を通じてその経路をたどる。高度成長期における大企業の内部では、会社側がキャリア・パスを用意し、従業員たちはそのパターンに従って昇進や異動を経験し、その誘導に従って職務能力を開発すればよかった。けれども、終身雇用と年功序列の縮小・弱体化に伴い、労働者は自分自身の仕事人生としての「キャリア」を意識し、自分で自律的にそれを計画し、形成しようとする思考が強まってきた。バウンダリーレス・キャリアは、転職を繰り返しながらも自分のキャリアを、企業に決定されるのではなく自律的に決めようとする時代のキャリアのあり方として注目されている。

その背景として労働者のキャリア環境に大きな変化が起きている。労働者の流動性だけではなく、組織自体も買収・合併・売却を通じて流動するようになってきた。また、企業組織自体もリストラやダウンサイジングを行っているために、内部のキャリア・パス自体が崩れる傾向が生まれてきた。一定の昇進経路や異動経路はキャリア・ラダー（社内に一定のパターンで形作られている異動や昇進の段階）と呼ばれているが、オスターマンは、北米のダウンサイズした企業において、あるいは流動性の高まった職場においては、すでにこうしたキャリア・ラダーは崩壊する傾向が見られるとする（Osterman [1996]）。むろん極端な傾向ではなくとも、従来の大手企業の内部キャリア・パスは大きく変容しつつある。それだけではなく、キャリア・パスの外部化の傾向も見られるとしている。

つまり、労働者は、複数の企業を転職やリストラを通じて渡り歩きながら、自ら制御しながら、自分のキャリアを積み、職務能力を高めて、職務的な地位を高める傾向がある。これを、アーサーらは「バウンダリーレス・キャリア」（企業境界を越えるキャリア）と呼ぶ（Arthur and Rousseau [1996]）。これは、転職を通じて企業間に社会的に構築されたキャリア・パスをたどりながら、職務経験を積み、

図 5-3　シリコンバレーの IT 技術者のキャリア・マップの例

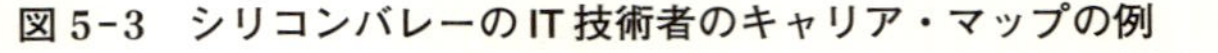

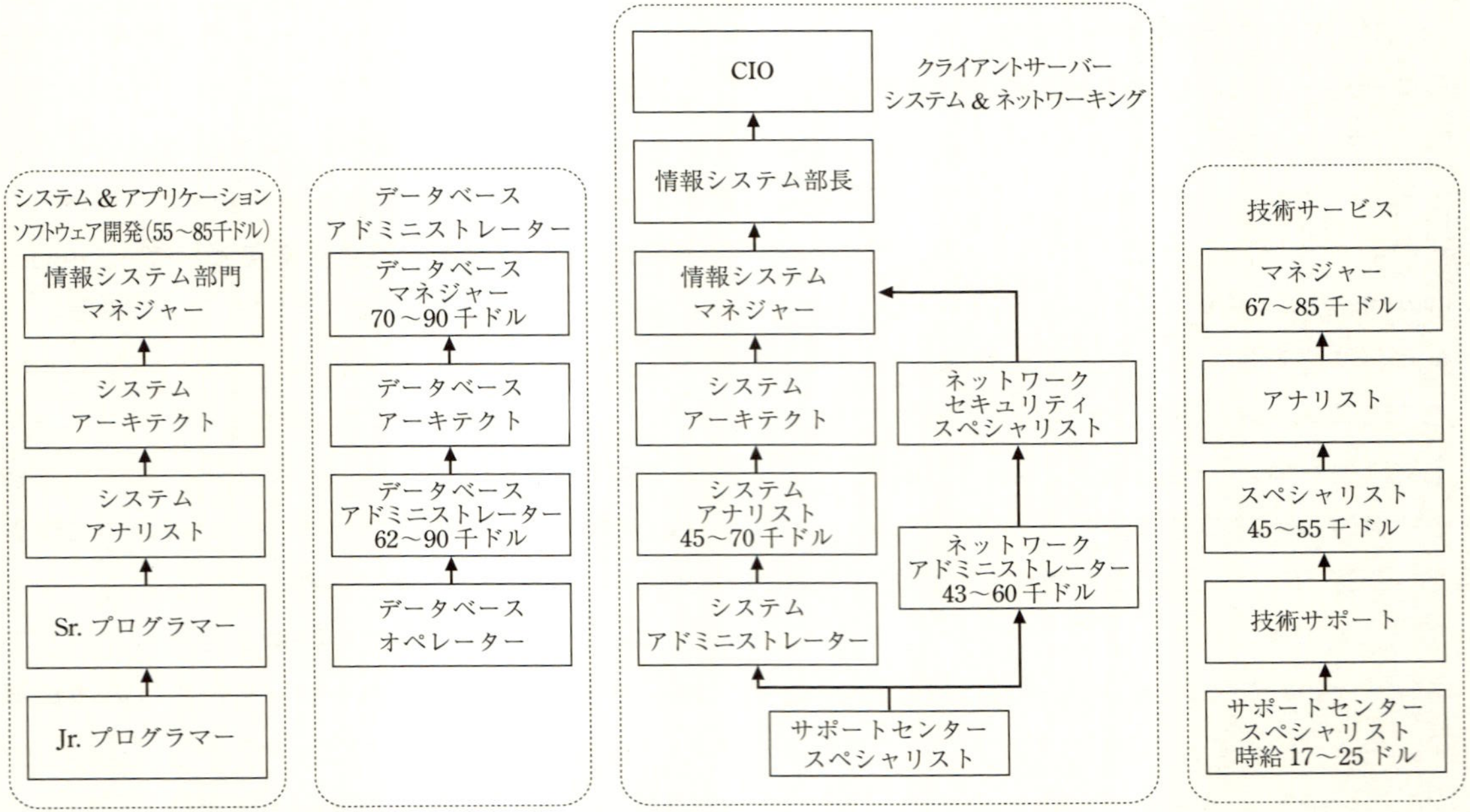

（注）　職名の下の数字は推定年収。

（出所）　California Cooperative Occupational Information System "Occupational Outlook 2000," Santa Clara County, 2000 から筆者構成。

図 5-4　シリコンバレーでのマルチメディア技術者のキャリア・マップのモデル

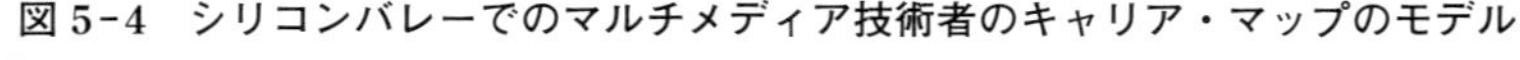

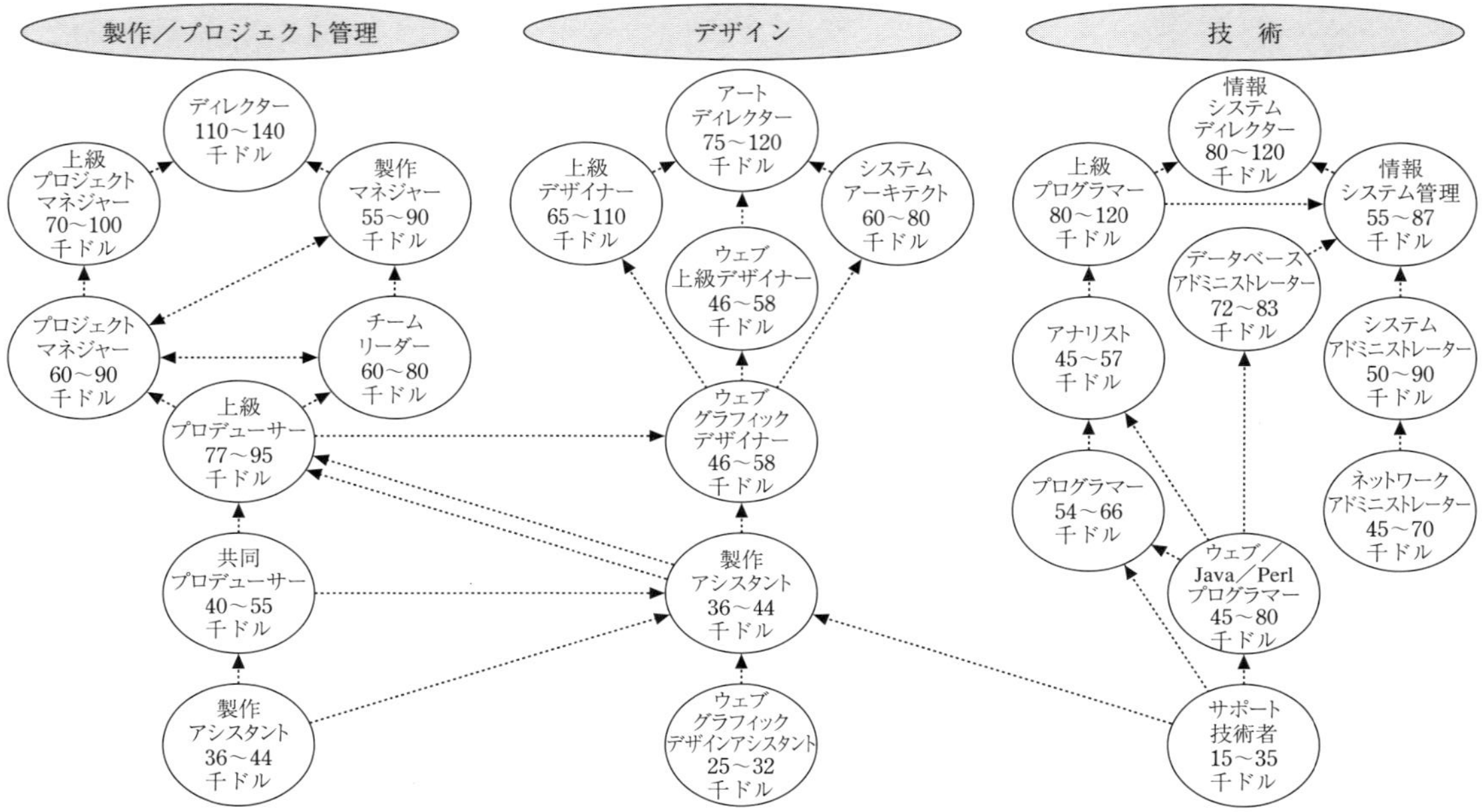

（注）　職名の下の数字は推定年収。
（出所）　非営利団体 BAVC（Bay Area Video Coalition）配付資料。

職業能力の向上を図り、職位を上げていくキャリア・パターンである。ネットワーク組織で働く従業員は、企業組織が内部に用意するキャリア・パスに沿ってキャリアを積むのではなく、自律的にキャリアを設計し、それに見合った能力を開発しながら複数の企業を渡り歩くのである。典型的には、システム・エンジニアなどのIT技術者がよく挙げられる。例えば、図5-3のように、初級プログラマーから、上級プログラマー、システム・アナリスト、システム・アーキテクトへ経験を積みながら、その職位と職務は発展していくキャリア・パターンがある。ただ、キャリアを、一つの企業ではなく、複数の企業を渡り歩きながら、展開していくのである。さらに、場合によっては、積極的に転職を行いながら、収入と職位を上げる「キャリア・マップ」が見られる場合もある。例えば、図5-4のように、二〇〇一年頃のシリコンバレー・エリアにおいては、マルチメディア技術者の企業間のキャリア・マップがモデル化されていた。また、二神［二〇〇二］は、事務職の女性派遣社員にもまた、バウンダリーレス・キャリアを志向し、専門能力を高めようとしているグループが存在していることを指摘している。さらに、高齢化社会を迎えつつあるために、高齢の労働者たちは、もはや今の会社が職を保障してくれることを期待できず、それゆえに会社への帰属意識も弱まっており、会社にとらわれずに求職する必要性を感じていることもわかってきた。

バウンダリーレス化を促進する要因

キャリアがバウンダリーレスとなっていくのは、単に労働力の流動性が高まっただけではなく、流動的なキャリアを促進する組織、機関や制度が発達してきたこともその背景にある。そうしたバウンダリーレス化を促進する主体として、人材ビジネス企業、研修機関の存在が挙げられる。

キャリアのバウンダリーレス化を進める主体として、第一に挙げられるのが、急成長する人材ビジネスであろう。人材ビジネス企業とは、顧客企業に対して必要としている能力を持つ人材を紹介・派遣・斡旋する事業活動を行う企業である。例えば、人材派遣業を見ると、一九八六年の労働者派遣法の施行と、一九九九年のその改正により、その対象を広げて急成長してきている。従来は、事務や対人サービスが中心であったが、現在は製造現場へもその対象を広げつつある。二〇〇二年には、人材派遣を行う事業所数は一万四五六六事業所を数え、常用雇用労働者での派遣では一八万七八一三人の派遣実績を上げ、派遣先も三六万五三二六事業所となっている（日本人材派遣協会［二〇〇四］第二章）。その事業の売上高規模も二兆四四七二億円となっている。人材派遣会社は、正規従業員の絞込みを行う多くの顧客企業のニーズに応えて、さまざまな人材派遣を行っている。例えば、ある大手メーカーでは、設計部隊の半分以上が派遣社員であり、正規社員は少数派になっている。派遣された人材は、一定期間後は他の派遣先企業に移っていくために、企業を越えた職務経験を積み重ねている。そうした職種には、ソフトウェア開発、秘書、通訳といった専門性の高いものや一般事務、製造業務などもある。さらには、人材紹介という、ある企業が求める人材を探し紹介する業務もある。人材紹介事業も、職業安定法の改正以後、職業安定所だけではなく民間企業にも一定範囲認められてきており、ある企業から別の企業への転職を促進するビジネスともなりつつある。いわゆるヘッドハンティング企業である。

さらにフリー・エージェント的な働き方を支援する人材ビジネスも進化してきた。米国では、独立した専門人材やコンサルタントとして働く者が多い。例えば、公認会計士やＩＴ技術者、プロジェクト・マネジャー、人事コンサルタント、各種経営コンサルタントなどである。こうした人材の中には、ともすれば、一カ月のうちに一つの会社ではなく、複数の会社と契約しながら仕事をする者もいる。これは、中小企業やベンチャー企業にとってもメリットが大きい。専門的な人材や高いプロジェクト管理能力を持つ人材を小さな会社が丸抱えするのは財務的に厳しいけれども、一カ月に五日程度であれば高い報酬も出せる。こうした関係を仲介するのがＰＥＯｓ（professional employer organization, 専門人材雇用組織）という人材ビジネス企業である（伊藤健市［二〇〇二］）。ＰＥＯｓが人材派遣業と異なるのは、専門能力を持っている人材の仲介を主としており、一般的な非正規従業員の仲介業ではない点である。この企業は、いわば、プロ野球選手が、プロ野球チームと契約を結ぶときの代理人と同じような役割をまず果たす。顧客企業に代わって、こうした専門人材との雇用契約を結び、人事管理業務を代行する。教育訓練業務を行うこともある。そして、健康保険、年金、医療費補助や福利厚生などのサービスについてはＰＥＯｓがまとめてその手配をし、手続きを代行する。この人材ビジネスは、ネットワーク組織の場合のように、複数の企業とのプロジェクトに関与したい専門人材にとって、効果的なインフラを作っている。

次に、いわゆるキャリアアップを促進する外部研修機関の成長もその背景に見られるだろう。ネットワーク組織で働く人材は、必ずしも企業内部の教育訓練だけでその技能や能力を開発するのではない。むしろ、外部における研修機関が成長し、そこで教育訓練を積む場合がある。キャペリは、流動性が高く市場原理が浸透している雇用関係では、従業員が転職しやすいので、企業が積極的に教育訓練に取り組もうとするインセンティブは下がるとする（Cappelli［1999］邦訳第五章）。したがって、企業外部の教育訓練機関が発達した方が、流動性の高い人材の教育訓練は進みやすくなるとする。具体的には、シリコンバレーのようなハイテクの専門能力の高い人材が求められる地域では、スタンフォード大学のような高等教育機関や、地域コミュニティ・カレッジや職業訓練校が発達しているとする。これは、まだまだ一般的ではないけれども、外部での研修機関において、自己責任でもって教育訓練を積む人材は、一つの会社への帰属意識を減じ、バウンダリーレス・キャリアを歩むだろう。日本企業は、従来は高い教育訓練費用を特徴としてきたが、バブル崩壊後、それを削減し続けてきた。近年の景気回復で、訓練費用は再び増加傾向を示してきているが、専門的な能力を中心としてある種の技能や能力の開発を支援しなくなってきた。英会話、コンピュータ・リテラシー、会計リテラシーなどは、個人責任での能力開発に期待するものとなってきたのである。そのためこれを支援する学生や社会人向けの専門学校や民間の訓練コースは、幅広く成長している。

キャリア開発に効果的な人的ネットワーク

バウンダリーレス化したキャリアの世界においては、労働者同士の人的ネットワークは、キャリア開発において大きな意味を持っている。大企業内部の労働市場における企業主導のキャリアと異なり、バウンダリーレス・キャリアでは、労働者が自らキャリア開発を計画し、展開する必要がある。その場合には、キャリアの将来展望、仕事、キャリア開発機会、メンターの存在まで含めて、労働者が自ら探索し確保していかねばならなくなる。その際に、労働者自らが創り出したキャリア開発にかかわる人的ネットワークは大きな意味を持っている。なぜなら、それを通じて、キャリア・ビジョン、求職情報、キャリア開発の仕方、インフォーマルなメンタリングを受けることができるからである。

最初に転職の問題を研究しながら、職探しにおいて人的ネットワークの重要さを明らかにしたのは、経済社会学者のグラノベッターである（Granovetter［1974］）。彼は、米国ボストンのホワイトカラーの転職を研究しながら、実際の求職情報において効果的であったのは、日常の強い交際関係ではなく、実は、普段あまり付き合っていない関係であることを明らかにした。彼は、これを転職のネットワークにおける「弱い紐帯の強み」と定式化した。それ以降、転職や昇進、能力開発、職務知識の獲得等、キャリア開発に対して、労働者の持つ人的ネットワークの構造と質が大きな意味を持つことが明らかになってきた。例えば、早期の昇進については、自分の所属する職場を越えた人的ネットワークが職務遂行やキャリア機会についての有利な情報をもたらすので、効果的であるとの議論もある（Burt［1992］邦訳第三章）。

最近の研究では、人的ネットワークすなわち社会ネットワークのある種の構造特性は、労働者たちのキャリア形成に大きな影響を与えることが明らかになってきている（Adler and Kwon［2002］）。これ

図 5-5　シリコンバレーでのソフトウェア・エンジニアの求職経路

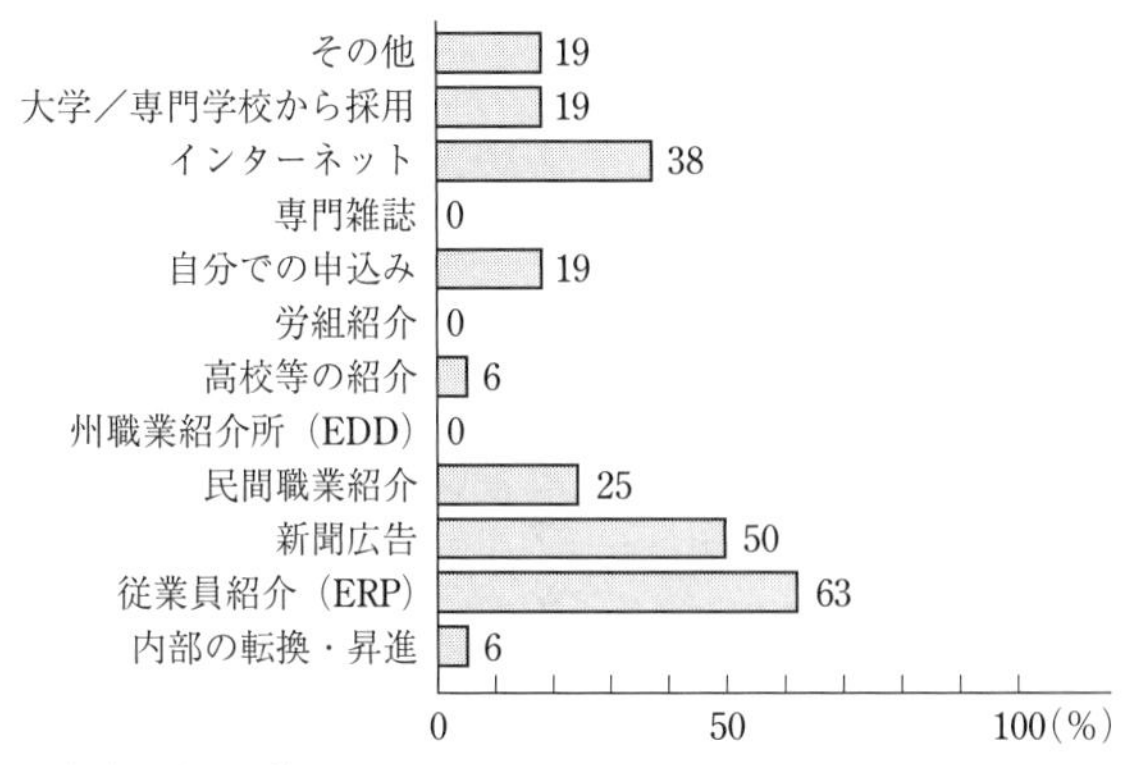

（注）　複数回答。
（出所）　カリフォルニア州 Labor Market Information Department 配付資料。2000～01 年のカリフォルニア州調査の分析結果。

は、キャリア開発に影響する社会ネットワークの資源、すなわち社会関係資本（social capital）として捉えられている。すでに述べたように、求職活動においては、日常の弱いネットワークが効果的である。とくに北米では、多くのハイテク企業には、従業員が採用候補者の推薦を行う制度（従業員紹介制度）があり、有能な候補者を推薦した従業員に対しては、少なくとも数千円から数万円の奨励金が渡される。また有能な人材を紹介すると、二〇万～三〇万円以上の報酬になることもある。社会ネットワークを駆使した求職や求人が行われているのである。図5-5に見られるように、カリフォルニア州のソフトウェア・エンジニアの約七割が、この制度を使い、現在の会社の従業員の紹介と推薦によって、現在の会社に就職している。

したがって企業の側からも、企業全体としてよく発達した社会ネットワークを持っていると、能力のある人材のプールに容易にアクセスできることとなる。また、昇進・評価においても、直接の職場だけではなく、他部門の上司や有能な同僚とのネットワークがある場合には、それは問題解決に効果があり業績向上を促進するので、昇進や業績評価向上によい影響がある（Burt［1992］）。また職場において、ヨコのインフォーマルな社会ネットワークが広がっていると、従業員同士の連帯感が高まり、離職率が減る（Krackhardt and Hanson［1993］）。他方で、小さな職場集団内部での深く閉鎖的なネットワークだけしかない場合には、しがらみが中心になるので、仕事の上でもキャリア開発の上でもあまり効果的でないと考えられる。そのために、労働者の持つどのような社会ネットワークがキャリア開発に効果的であるかの研究がなされている。

近年は、よりよいキャリアを開発するために、それに効果的な人脈づくりをし、それを客観的に自己診断するという見方も出てきている。ミシガン大学ビジネス・スクールの社会学者ベイカーは『スマートにネットワークする』という著書の中でそれを示している（Baker［1994］）。つまり、ビジネスパースンたちが仕事やインフォーマルな場において、自分の目的達成に効果的な構造特性を持つ人脈を構築し活用することは、情報や資源を動員する上で重要なことである。したがって、社会ネットワークの構造的なメカニズムをよく知り、高い戦略性を持ってネットワーキングを行い、それを「うまく」利用すれば、高い成果を得られる。この「うまさ」つまりネットワークの構築と活用の「スマートさ」について、キャリアに関する社会ネットワークの理論は、客観的に答えようとしている。

● 4　会社との雇用関係の変化とその問題

会社帰属意識の変化

ネットワーク組織に働く従業員は、終身雇用の企業にいた者たちとは異なる会社帰属意識を持つようになってきている。こうした従業員は、プロジェクト組織に所属したり、グループ内企業への出向・転籍をしたり、提携関係で働いていたりしている者たちであり、正規従業員よりも非正規従業員が多いだろう。こうした従業員は、絶え間ないプロジェクトや提携の見直しのために、配置転換やリストラに関してより高いプレッシャーを受けている。それだけではなく、そもそも組織単位自体が、合併・売却・リストラなどにより流動性が高い。そのために、雇用に対する意識も流動性の高さを特徴とする。さらに、こうしたところの非正規従業員は、同じ職場でも、正規従業員と異なる雇用条件で働いているので、職場や会社への貢献や義務感についても異なったものを持ちつつある。

従業員の会社帰属意識における大きな質的変化は、「心理的契約」(psychological contract) という概念によってよく理解できる。「心理的契約」とは、会社との雇用契約を、従業員がどのように主観的に理解しているかを示す概念である。つまり、従業員が会社に対して具体的にどのような義務を負い、貢献を求めているかについての主観的な理解を明らかにする。人的資源管理論研究者のルソーは、雇用関係における会社と個人との間の社会関係が有する主観的な側面を、「心理的契約」と呼び注目した (Rousseau [1995] pp. 9-11)。これは、会社からの明示的もしくは暗黙の約束に基づいて、従業員が、雇用している企業に対して、どのような義務を持ち、どのような貢献をし、どのような報酬をもらうかについての、主観的な理解や信念であると定義された。

心理的契約の変化

ノーキらは、一九八〇年代から九〇年代にかけての雇用関係における心理的契約については、現在の成果主義的な改革だけではなく、ダウンサイジング、リストラを受けて、次に挙げるような三つの変化の傾向が見られるとする（Knoke［2001］ch.5, Rousseau and Tijoriwala［1998］）。第一に、正社員の心理的契約における短期的志向の傾向と業績評価基準の明確化である。つまり、長期的な関係を重視し業績や関与の仕方を不明確にすることよりもむしろ、短期的な成果を重視し、業績評価も明確にすることを求め、会社へのかかわり方も限定的なものを求める傾向である。これは、長期的な「関係的契約」から短期的な「取引的契約」へと志向が変わってきているとされる。第二に、企業環境の変化により、会社側が長期的な雇用保障をするのは難しくなってきたので、従業員の中には、転職で有利になるような社外で評価される能力を開発することを求める傾向も出てきた。つまり長期的な雇用保障よりもエンプロイアビリティ保障を求める傾向である。第三には、「心理的契約の違反」の問題であり、一方的な会社側の朝令暮改型の人事改革が、従業員に会社による心理的契約の違反として認知され、彼らのモラール・ダウンを引き起こす傾向である。これは、成果主義疲れや改革への抵抗として現れる。

従業員が、自分のキャリアを、バウンダリーレスなもの、すなわち出向・転籍、配置転換、転職を通じた企業間異動を基本とするようになると、会社への貢献や義務は、より限定的で、短期的な交換を志向するものとなる。ことに、長期雇用保障よりもむしろエンプロイアビリティ保障を求める傾向が強くなるだろう。エンプロイアビリティとは、従業員が別の会社に積極的に「雇用してもらえるような能力」のことである。つまり、今の会社から他所の会社に転職することが容易になるような、普遍的に社外で評価される高い職務能力を身につけていることである。高度成長期に典型的な従来型の大企業は、長期雇用保障を与える代わりに、従業員に対して、その会社内部でしか評価されず通用しない「企業特殊的技能」という内部的な職務能力の開発を求めた。けれども、長期雇用保障が弱まり、転職の可能性が高まると、従業員は、転職に有利な、どの企業でも通用する職務能力の開発を求め、企業特殊的技能の構築に関心を持たない者も増えてきた。したがって、従業員は、エンプロイアビリティを高める工夫をしない会社に対しては、義務を弱く感じ、貢献も積極的でないようになっているのではないかと考えられる。

すなわち、ネットワーク組織での労働者の心理的契約は、その組織の柔軟性、フラットさ、イノベーション志向にあったキャリアに適したものとなる。つまり、キャリアがバウンダリーレスである方がよいと考え、複数の会社を転職しながら、能力開発をしようと考える。外部で通用する専門技能を重視する。そのために、エンプロイアビリティ保障をする会社を高く評価し、キャリアアップにつながるような働く機会や能力開発の提供を重視する。それに関連して、より短期的な期間で明確な成果を上げることを重視する傾向も見られる。他方で、その会社でしか通用しない特殊技能の開発には一般に関心を示さない。以上のようなキャリアを実現するために、会社とは別に個人でもキャリアにかかわる人脈作りを尊ぶ傾向を持つ。

日本企業での変化

日本企業においても従業員の心理的契約が長期雇用慣行主流の時代から変化しつつある。日本企業は、従業員の大半に対して長期雇用や年功序列を保障することができなくなりつつある。デフレ経済の時代を通じて、多くの日本企業がリストラや戦略転換を余儀なくされ、長期雇用の範囲を縮小し、非正規従業員を数多く採用しつつある。そもそも、長期に通用する企業特殊的技能の領域が少なくなりつつある。絶え間ない技術革新への対応や新産業分野への参入が要求されることも影響しているであろう。過去のビジネスで培った企業特殊的技能を価値のないものとする場合も多くなっている。それに加えて、国際化の進展による外国人労働者の増加や、雇用の多様性の広がりによる女性や高齢者の雇用増加も旧来の日本的な経営の変質を進めつつある。そもそもライフスタイルの多様化が進んだことも大きい。一生のほとんどを会社に埋没させる生き方は、生き方の一つに過ぎなくなってきている。学校を卒業した直後に就職した企業において、長期に勤務し、企業特殊的技能の開発を進めようとするような心理的契約を持つ者が多数である時代は終わった。

これは、会社人間という生き方の動揺につながっている。会社人間は、一つの会社に自分のすべての職業人生を埋没させて、その会社と同じ価値観を持ち、その会社の人間と主に付き合い、会社の求める働きや能力を身につけ、会社の求めるキャリアをたどる。一九九〇年代に会社への忠誠心は弱まり、転職意識は強まっている。総理府の意識調査でもその変化は確認できる（図5-6）。確かに、現状では、まだまだ日本企業では残業時間が長く、従業員は長期に拘束される傾向が見られる。その反

図 5-6　会社への帰属意識の変化

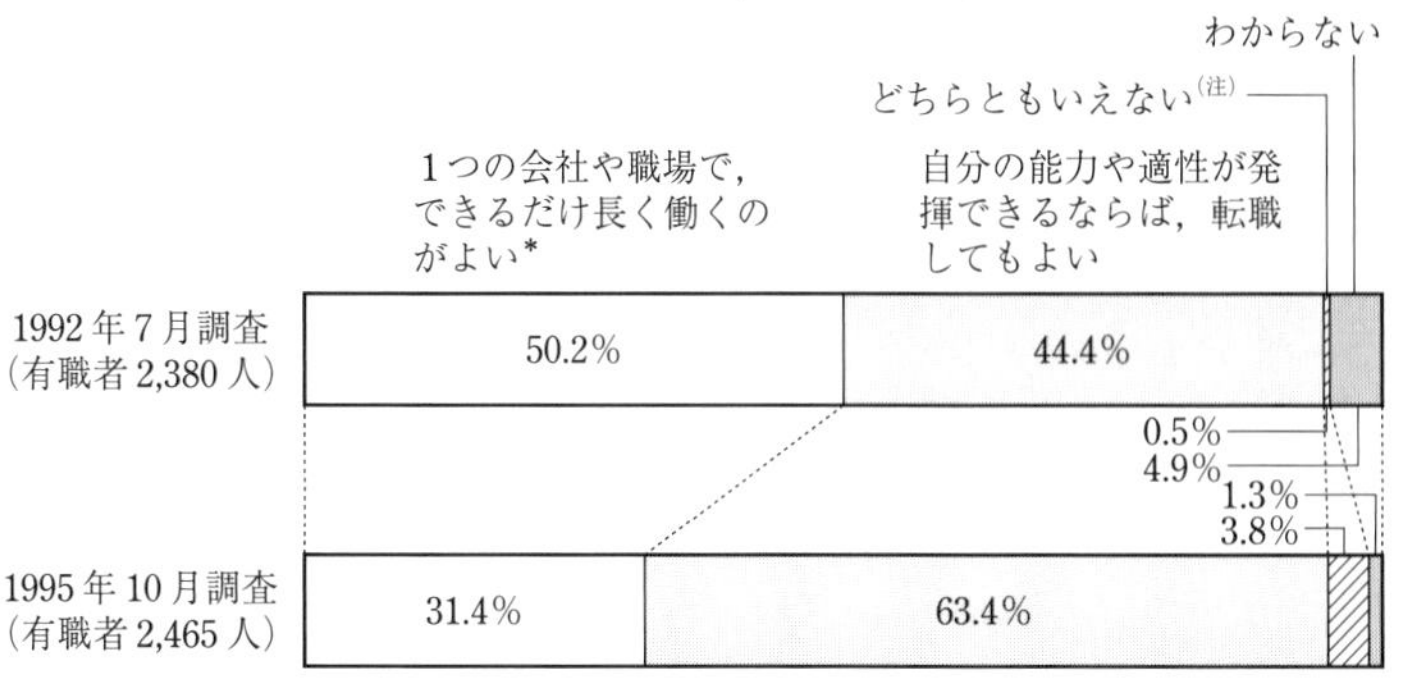

＊「多少の不満があっても，1つの会社や職場で，できるだけ長く働くのがよい」という聞き方をしている。

(注)　1992年7月調査では，「その他」となっている。四捨五入の関係で，合計が100%でないこともある。

(出所)　総理府「今後の新しい働き方に関する世論調査」(1995年10月調査)，59頁。

図 5-7　関西電機メーカーへのアンケートに見る心理的契約の4パターン

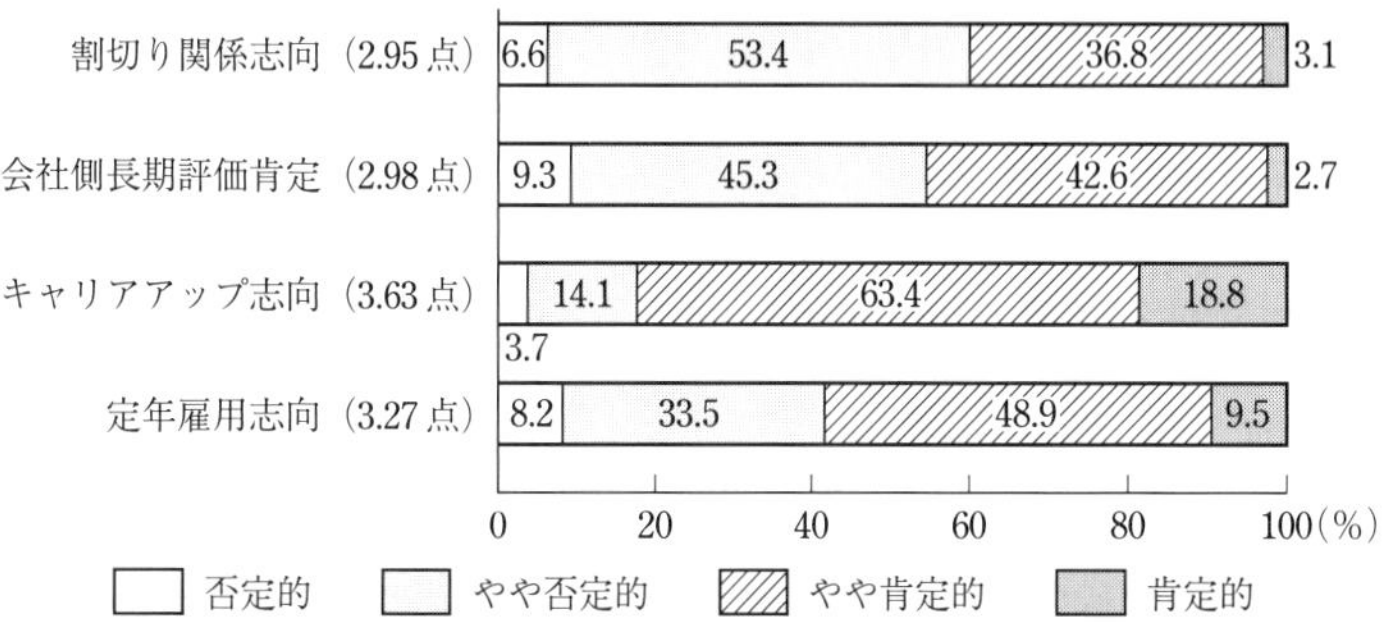

(注)　各パターンともに，標本数は，517人。各パターンともに合成尺度で測定し，最大値5点，最低値1点，中位値3点。各パターンの括弧内の数値は平均点を表す。分布については，「否定的」を1点から2点，「やや否定的」を2点より大きく3点以下，「やや肯定的」を3点より大きく4点以下，「肯定的」を4点より大きく5点以下として分類した。四捨五入の関係で，合計が100%でないこともある。

(出所)　若林［2005b］参照。

面、転職やリストラの増加や成果主義のもとで、会社人間としての忠誠心も薄れてきているのが実態であろう。

上記の点を踏まえると、むしろ、心理的契約の多様化が進んできていると考えるのがよい。会社への忠誠心を持つ者もいるが、会社との関係をお金だけと割り切る者、キャリアアップの機会と捉える者、そして長期的な雇用だけを求める者と多様化してきていると考えるのである。筆者らによる関西電機メーカーの調査でもこうした心理的契約の多様化が進んでいる姿が見られる（図5-7）。

経済格差の拡大問題

こうした会社から自律し、ネットワークを活かしたキャリアには、当然に光と陰がある。次に、会社から自律したキャリアの孕む問題について、①経済格差の拡大、②ワーカホリック問題の面から取り上げてみたい。

まず、経済格差の問題である。会社から自律したキャリアは、二つの面で経済格差の拡大につながる可能性を示している。第一に、会社に丸抱えされないキャリアは、しばしば、職の不安定さをもたらす。よりよい仕事を求めて、自分の都合でどんどん転職できればよいが、自分の都合と会社の都合が合わなければ、景気変動によるリストラやタイミングの悪さによる失業につながる。実質的に仕事をしていない期間が出てくるので、経済的な問題となるだろう。典型的な例としては、ミュージカル産業にかかわる俳優を挙げることができる。彼（女）らは、ミュージカルで仕事をしているよりも、レストランや、小売店、警備員などでアルバイトしている時間の方が長く、収入水準も低い。

第二に、生涯賃金の面や長期的な能力開発の面での格差も大きくなる。非正規従業員の場合に典型的であるが、収入水準が低く、また能力訓練の機会も乏しいので、キャリアアップする機会はますます少なくなる。それに対して、ある程度の規模の企業に勤めれば、仕事は面白くなくても、雇用の安定性や一定の収入水準が確保される。また教育訓練の機会も、非正規に比べれば多いので、熟練や技能が向上しやすい。約四〇年間働くとして、平均的に四〇〇〜五〇〇万円の年収をもらえば、二億円前後の生涯賃金があるのに対して、フリーター、アルバイターを一生続けると年収一〇〇〜二〇〇万円前後で、生涯賃金が四〇〇〇〜八〇〇〇万円となり、かなりの経済格差になる。これに教育訓練をする費用の差を加えると格差はさらに広がる。このように非正規雇用の増加は、経済格差の問題を生じやすく、将来的には貧困層の増加による社会的な健康水準の低下、年金や健康保険の赤字と制度的危機、非婚化と少子化の要因となると懸念されている（橘木［二〇〇六］）。

ワーカホリックに陥る危険性

こうしたキャリア意識を持つ労働者は、そのキャリアでの大きなリスクも抱えている。例えば、ワーカホリックやバーンアウト、転職に伴うストレスや家庭生活とのバランスが崩れることなどの問題が挙げられる。一つの会社に縛られないで、自律的にキャリアを開発する志向を持つことは、同時に、自分の労働生活における身体やメンタルのリスクも自己責任として引き受けることにもなる。そのために、会社は、個人のリスクに対して干渉しなくなる。

ワーカホリックの問題は、現代のホワイトカラーでは大きい。バウンダリーレス・キャリアを求める者たちは、会社内での昇進では飽き足りない。社会からも高く評価されるようキャリアの成果を求めるようになる。そして、過剰なまでにキャリアアップにこだわり、能力的に困難な仕事を過剰に求めたりすることがある。そのために、仕事にのめり込み、家庭生活や私生活とのバランスが崩れてしまう場合が多い。とくに、企業組織のネットワーク化に伴い、在宅就労者や独立事業者・自営業者への転換をする者も増えてきており、独立する必要がある彼らが、生活の必要性と過剰なキャリア成果を求めてつい働き過ぎてしまう可能性が高まっている。

実は、日本人に比べて、バウンダリーレス・キャリア志向の強い現在の米国人ホワイトカラーの方が、成果志向の強さと労働自律性の強化のために、働き過ぎの傾向があるとの批判がある（Schor [1992]）。長年、前日の午後一一時まで働き、朝四時に出勤するほど仕事にのめり込み、離婚してしまったあるホワイトカラーの例もある。さらに、ワーカホリックは、身体的な病気につながったり、メンタルな面でもストレスを強めたりして、労働者の健康を悪化させることが多い。それにもまして心理的な問題では、バーンアウト（燃え尽き症候群）につながりやすい。

バーンアウトとは、久保によれば、普通に仕事をしていた人が、ある日を境に、急に「『燃え尽きたように』意欲を失い、働かなくなる」現象である（久保［二〇〇四］二頁）。意欲も能力も評価も低くない人が起こすので大きな問題となってきている。これは、とくに対人サービス従事者に多く、過剰な期待と負担を負わされる者によく見られるとされ、働き過ぎによるストレスの強まりから起こる面があるとされる。ネットワーク組織のような自律的な労働環境の場合には、働き過ぎと過剰な成果志向、私生活とのアンバランスなどの要因が重なると、労働者は強いストレスを抱え、燃え尽きてしまう危険が高まりやすい。近年、比較的上位のホワイトカラーに対して、労働時間規制を緩和し、残業規制を緩めるホワイトカラー・エグゼンプションの導入が考えられているが、そうした労働条件のもとで働く労働者がワーカホリックとバーンアウトにいたる危険は高くなりやすい。

つまり、ネットワーク組織のもとでの労働者は、新たな労働問題を抱えていることになる。労使紛争の個別化による労働者の権利保護の弱まりに加えて、こうした働き過ぎによる燃え尽き症候群のような新たな個人リスクの高まりという労働問題についても考える必要がある。こうした問題もネットワーク組織のメカニズムの分析から見つめ直す必要があるだろう。

第 II 部

組織原理と構造特性

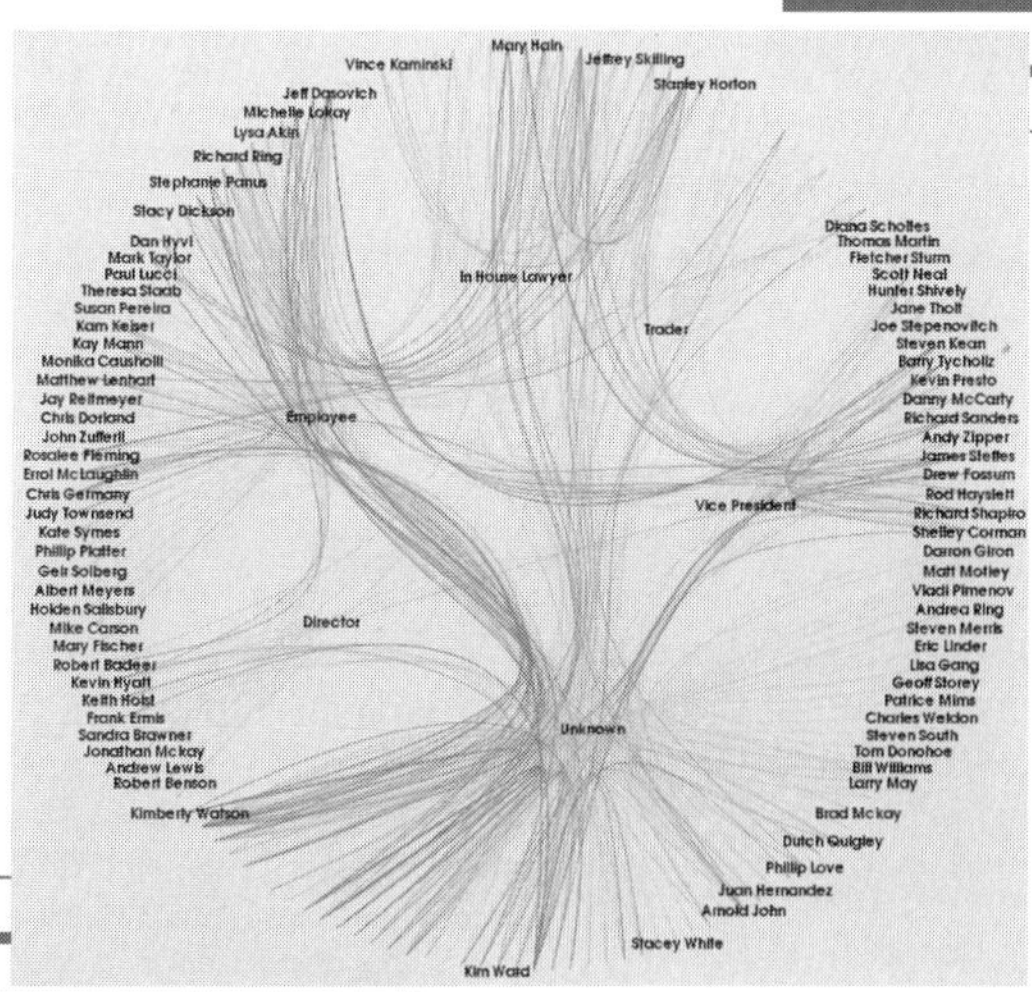

部扉図版：米国エンロン社における不正会計の社内メール・ネットワーク（©Kitware Inc.）

（出所） http://kitware.com/solutions/info_gallery.php。この図版の著作権はKitware Inc.が所有している。元データの出所はEnron Email Corpus Database（http://www.isi.edu/~adibi/Enron/Enron.htm），作画はKitware Inc. の描画ソフトウェアVTK®を用いて行われた。

第6章

柔軟な組織原理への注目

1 ネットワーク組織と組織理論

一九七〇年代から、経済学、経営学、社会学において、徐々にネットワーク組織の持つ組織原理の独自性と有効性が注目され、解明の努力が行われてきた。これらの領域にまたがって、論議が交流し、進展してきた。本章では、ネットワーク組織の持つ組織原理に関して明らかになってきた基本的な特性を確認していきたい。そして、その独自の組織原理が、ネットワークというメカニズムに由来する柔軟性と革新性の高さという特性に集約されることを理解する。

一九七〇年代頃から、欧米の官僚制的な大企業が、しばしば経済変動への適応がうまくいかず、国際競争力の伸びを停滞させてくると、脱工業社会論者たちは、ネットワーク組織がそれを克服する次世代の組織モデルだと提唱し始めるようになった。さらに、情報化の進展と情報コストの低下が、企業がネットワーク組織を展開することの促進条件となった。そして、ネットワーク組織は、分権的なイノベーションや変革が有利な経済や産業、社会の領域で発達してきた（Malone［2004］邦訳六三頁）。

工業化が進む社会における、規模の経済を生かした競争に関しては、企業は大規模化し、トップに権力を集中した方が有利であった。鉄道産業、石油産業、鉄鋼産業、自動車産業などの分野では大企業の成長と市場の寡占化が進み、その大企業の内部は官僚制化し、トップに権限が集中していった。けれども、経済のサービス化、情報化が進み、研究開発への比重や知識資源の重要さが高まると、大企業官僚制のほころびが目立ってくる。その典型的な経済現象は、ピオーリとセイブルが示したように、一九七〇年代半ばの石油危機以後のインフレ経済において見られた。この時期、日本の企業系列や欧州の地域産業が、一部の分野で米国の垂直統合型大企業との競争において逆に有利に立つ局面が出現したのである（Piore and Sabel［1984］）。

さらに、先進国における企業競争は、より高い付加価値を得るために、コストダウン競争だけではなくイノベーション競争の面が強くなってきた。イノベーション競争となると、革新性や創造性を産み出す組織が有利となる。けれども、大企業の官僚制的な組織には、いわゆる大企業病を患い、保守性、硬直性が顕著となり、うまくイノベーションを進められないものもしばしば見られるようになった。

そうした中でいくつかの企業や組織に、発達した情報ネットワークを利用してネットワーク組織へと構造転換し、柔軟性や革新性をより高く示すものが出てきた。情報化の進展を通じて、企業や組織が、非常に安いコストで情報を流通、獲得、分析できるようになったからである。これは、インターネットの発達で、情報にかかる費用が劇的に下がったことが影響している。重量や距離に応じて高い料金を払う郵便や電話よりも、人々は安価なメールやインターネットを使うようになってきている。経済学、経営学はこうした経済状況において、ネットワーク的な構造を持つ経済組織が、環境適応とイノベーションの面でうまくいく経済性や組織原理を検討してきた。企業は、発達した情報ネットワークを用いて経営環境である市場の影響を効率的かつタイムリーに取り込むメカニズムを持っている。

この変化しやすい有利な仕組みが何であるかが検討されてきたのである。一方、社会学は、ネットワーク組織が、社会ネットワークを活用し、背景となる社会から、経営資源、情報、人材そして文化を引き出し、使いこなしていることがその原動力となっていると考えてきた。

この章では、ネットワーク組織の組織原理について、組織のメカニズムを考える組織論が、明らかにしてきたことを概観する。そのために、まず一九七〇年代に盛んであった脱工業社会論において、ネットワーク的な組織原理への注目が始まったことから議論を始めたい。工業社会から脱工業社会に転換する時代において、脱工業社会論や情報社会論の論者たちが、その組織原理について最初の注目と検討を行った。次に、組織原理の面に注目しながら、現代の五つの主要な組織理論が、それぞれのパラダイムの独自な視点からネットワーク的な組織原理の特徴をどのように明らかにしてきたかを見てみる。そして、経済組織として持つ柔軟性と革新性の面における優位さについて、経済学、経営学、社会学の観点からどのように定式化されてきたかをまとめてみたい。

●2 脱工業社会における組織原理

脱工業社会論からの問題提起

一九七〇年代において、欧米先進国の経済では工業経済の比重が低下するとともに、知識産業の成長、経済のサービス化や情報化が進展して、企業組織が官僚制的でなくなるという構造的な変化が見られるようになった。企業に、工場中心の組織から、研究開発やサービス、マーケティング活動等の知的活動の比重の高いフラットな組織体制への変化が現れた。また、コンピュータ・ネットワークの発達に伴い、複数のホテルが単一の予約ネットワークを作ったり、複数の物流企業の間での大規模な物流システムが動き出したりした。こうした経済変動やそれに伴う社会変動をいち早く議論したのが、脱工業社会論者たちであった。脱工業社会論やその派生である情報社会論は、技術革新が社会システム、経済構造、企業組織のあり方を変化させると主張する技術主導の産業社会論である。この領域には、ベル、トフラー、ドラッカーなどさまざまな論者がいる。

脱工業社会論では、工業化が成熟したあとに、どのような経済と社会が到来するのかが議論された。その論点の一つに、脱工業社会の組織原理は、限界を迎えた官僚制的な大企業組織からネットワーク組織へと転換するとした議論がある。脱工業社会では、コンピュータの利用が進展し、それによるマーケティングが進むことで、消費者の行動について分析理論が発達し、サービス産業、ことにコンサルティング産業が発達する。そのために、官僚制的な大企業のトップに情報分析や決定権を集中させるのが非効率となる一方で、効率的なネットワーク組織形態を用いて、現場レベルで情報の収集と分析が行われることによりスピーディな意思決定が進むという見方が生まれてきた。例えば、生産機械を作っている産業の分野では顧客の細かいニーズに応えられない米国の大企業は数を減らし、代わりに日本の企業が伸張したり、イタリアの地域産業では中小企業ネットワークがブランド力を持つようになってきた。

彼らは、まず一九世紀の産業革命以後一九七〇年代までの重化学工業が中心となっていた産業構造の社会を「工業社会」とし、七〇年代から起きている、情報通信やサービス、知識生産を中心にした産業構造に移行した社会を「脱工業社会」として区別する。工業社会においては規模の経済性を追求することが経済的に有利なので、大企業化し官僚制的な仕組みを発達させることが有効であった。だが、脱工業社会段階では、企業は、規模の経済性よりも環境適応での柔軟性やイノベーションでの優位を発揮することが重要だと議論されるようになった。脱工業社会論の代表的論者であったダニエル・ベルは、脱工業社会では、知識生産、技術革新のための研究開発などが企業の重要な活動となるため、そこでは大量生産・大量販売に向くピラミッド型構造を持つ伝統的な官僚制的な組織モデルではない、「非官僚的組織の新しい構造形態」が取って代わるだろうと予言した（Bell［1973］）。もう一人の代表的な脱工業社会論者のトフラーは、ネットワーク組織が情報ネットワークを基盤にした分権的な意思決定構造を持ち、自律的・創造的な組織であるとして、その特徴を明確に主張した（Toffler［1980］）。

脱工業社会論でも情報化の影響を重視する立場をとる情報社会論者たちは、ネットワーク組織が、情報産業と情報通信ネットワークの発達を背景に情報・知識の処理構造を高度化し、組織構造を市場環境の変動により対応させる分権的で柔軟なものであると考えた。日本でも一九七〇年代からコンピュータをデータ通信網で結合するコンピュータ・ネットワークが発達し、八〇年代から本格的に広域的な企業活動のインフラとなりつつあった。代表的論者である今井賢一は、情報ネットワーク社会は、こうした情報通信ネットワークを基盤に、情報の生産と伝達に向いたネットワーク型の組織を中心に再編成されるとした（今井［一九九〇］）。

社会運動もネットワーク組織へ

こうした産業社会論だけではなく、それに批判的な立場に立つ社会運動を議論する学者たちの中にもまた、そうした社会運動体の組織原理が、一九七〇年代以降の脱工業社会においては、よりネットワーク的なものに変化しつつあると指摘する者がいた（朴［二〇〇三］第二章）。これは、「新しい社会運動」論といわれる議論である。一九七〇年代に入ると、社会運動の組織原理も、社会主義的な運動の行詰りから、強力な中央の執行部が権力を集中する形ではなく、個人や集団が自律的で分権的に結合して、自己主張を実現する形へと変わってきたとの議論が出てきた。例えば、環境を守るために、ものを浪費しない生活をデザインし、自分たちができる取組みを行うようなサークル的な運動の萌芽である。

新しい社会運動論の代表的論者は、フランスの社会学者のアラン・トゥレーヌである。彼は、工業社会においては、従来の社会運動が、労働組合運動に代表されるように、国家や資本家と対抗するという目的の達成のために、大規模な中央集権的組織を形成し、統一目標に対して規約や組織体制を確固とした形で構築してきたとした。そこでは、労働者は、階級対立のため組織指導部のもとに大量動員される存在であった。ロベルト・ミヘルスが指摘するような、寡頭制の台頭である。

けれども、トゥレーヌは、脱工業社会（彼は「プログラム化された社会」と呼ぶ）においては、より緩やかで自律性の高い、すなわちネットワーク的な新しい社会運動組織が出現しつつあるとした（Touraine［1978］）。つまり、新しい社会運動の組織体では、参加者たちが、自分にとっての運動の意味を主体的に反省し、自律的に行動し、新たな価値や文化の創造を行うとする（朴［二〇〇三］四三–四四頁）。そのために官僚制的な組織に没入するのではなくネットワーク的な連帯を目指すのである。トゥレーヌは、こうした新しい社会運動体は、典型的には、地域の自治拡大を求める地域運動、女性の地位向上を行う女性運動、そして原子力政策を押しつける国家に対抗する反原子力運動に見られるとしている。経済組織だけではなく、社会組織にもまた、より柔軟で自律的、創造的な組織への転換が起こりつつあるとした。

市場環境の変動に柔軟な経済組織の原理

さらに、一九八〇年代には産業論にかかわる経済学者たちから、脱工業社会における経済組織の組織原理が、情報ネットワークを基盤にすることで市場原理をより取り込み、市場のニーズとそのダイナミックな変化に高度に対応できるメカニズムになるとの議論が展開された。その一つの典型が、今井賢一と金子郁容の『ネットワーク組織論』であった（今井・金子［一九八八］）。彼らは、進化する情報通信ネットワークの発達と社会ネットワーキングの基本原理を結合させた「ネットワーク」という概念を駆使して、経済組織のメカニズムがネットワーク的なものへと変化している傾向とその必然性を議論した。

企業組織は、大量生産・大量販売の時代には、大企業化を通じて内部組織を発達させることで、規模の経済性を追求できるような市場と違う機械的なメカニズムを構築し、環境と組織の間の境界を明確に作り出した。けれども、脱工業社会に入った一九七〇年代以降、人々のニーズは画一的で受け身ではなくなり、多様化するとともに流行変化も激しくなって、少品種大量生産から多品種少量生産へのメカニズム移行が重視されてきた。そのために、企業組織もネットワーク的なものへと変容し、その組織境界が浸透的・流動的なものへと変化し、現場の豊かで動的な情報が活用できるようになりつつあるとした。それを通じて顧客ニーズの深い解釈と市場のダイナミックな変化を企業組織は取り込めるとした。

彼らは、当時発達しつつあった取引費用経済学の枠組みを修正し、経済取引の二大メカニズムである市場と企業の中間に、ネットワークをコアにした取引メカニズムである「ネットワーク組織」が存在するとの議論を展開した。そしてネットワークという取引形態の方が、不確実性が高く、多品種少量生産を組織的に展開した方が望ましい経済環境に向いているとした。これは、企業論や産業論にかかわる経済学者たちによる、経済組織のネットワーク的な原理への変化に関する議論の、典型的な特徴を表現している。

そこで、経済学の立場からネットワーク組織のメカニズム特性を最初に指摘した一九八〇年代の代表的な議論を、柔軟な専門分化論、中間組織論、連結の経済性の理論を中心に見てみよう。それにより、経済組織のネットワーク的な変動が、産業構造変動に伴って展開していることを理解したい。

①　柔軟な専門分化

一九七〇年代の石油危機前後から市場構造が変化し、先進国での消費者のニーズが多様化してきたために、当時の米国大企業が目指していた、企業が売りたいものを売るという大量生産体制が市場で競争力を失ってきた。代わって、多品種少量生産を得意とする企業、とくに日本企業の生産・販売体制や、欧州の中小企業ネットワークが競争力を持つようになってきた。こうした経済組織の変化については産業経済学者のピオーリとセイブルによる歴史的研究がある。彼らは、ネットワーク的な組織原理への変化傾向を明らかにした。まず、少品種大量生産から多品種少量生産へという経済メカニズムの世界的な変化が、大企業官僚制の経済体制を動揺させるようになった。その代表的な研究がピオーリとセイブルによる「柔軟な専門分化」(flexible specialization) を図れる経済組織が優位性を持つようになってきているとの議論である（Piore and Sabel [1984]）。

彼らは、一九七三年の石油危機以降、先進国においては、企業はインフレーションだけではなく、消費者のニーズの多様化と流動化に対応する必要が出てきたとする。一九六〇年代までの国際市場における米国大企業は、垂直統合を展開し、大規模化することで、少品種大量生産と大量販売のメカニズムを確立し優位に立っていた。だが、消費者が豊かになり、画一的で安価な商品よりも多様でカスタム的な商品を求め、流行の変化が激しくなると、この組織体制は行詰りを見せた。

つまり、米国大企業の組織体制は、①生産と市場の間の調整機能と、②少品種大量生産から多品種少量生産へという技術的な選択メカニズムとにおいて、問題を抱えていた（朴 [二〇〇三] 一〇六-一〇八頁)。具体的には、電機製品や自動車における多品種少量生産においては、日本企業との競争で劣位に陥っている。また、ブランドのアパレル、高級品、生活用品のクラフト製品の分野においては、欧州の地域産業の中小企業ネットワークに劣位に陥っているとした。それは、日本企業も欧州地域産業も、企業間ネットワークをうまく活用して、市場動向に対して多様で柔軟、機動的に対応できる多品種少量生産のメカニズムをうまく作り上げているためである。彼らはこのネットワーク的な組織原理を「柔軟な専門分化」と呼んだ。

② 中間組織論　一九八〇年代に入り、日本の経済学者を中心とした研究を通じて、米国流の大企業よりも系列を有する日本の経済組織の方が高い競争力を持つ場合のあることが経済学的に明らかにされた。なぜ、計画的な大量生産・販売を行う米国フォード社の自動車は売れなくなり、顧客ニーズを反映した生産を行う日本の自動車企業が競争力を持つようになったのだろうか。この点を分析した経済学者たちは、近代経済学的な企業経済学においても、取引費用経済学の議論を発展的に修正しつつ、経済組織のメカニズムとしてネットワーク組織の原理の優位性を議論し始めるようになった。

ウィリアムソンは、取引費用経済学の枠組みとして経済取引の二大メカニズムが市場と大企業組織であるとモデル化した(Williamson [1975])。けれども、今井らは、その中間形態である「中間組織論」を展開し、実際の取引形態は市場と企業組織だけに限らず、ネットワーク的なものもあるとした(今井ほか [一九八二])。後の今井・金子のネットワーク組織論も、基本的には中間組織論の考え方の上に発達してきたものである。

中間組織論では、具体的には、日本の系列取引や、公社・公団・公庫などの準政府、第三セクターなどの経済学的な有利さについて議論がなされた。これは、市場のように一回ごとに見直される外部取引関係でもなく、企業組織のように経営者により継続的・一元的に内部管理される取引関係でもない。系列のように、中長期の目標を共有し、計画的に、開発・生産・販売を協力して行う複数の企業間のネットワークである。その経済的な優位性は次のようにまとめられる。市場は、中長期の計画的な取引には向いていないし、企業は、大規模化しすぎると規模の不経済性が生じたり内部ガバナンスが不十分になるという問題を持っている。それに対して、中間組織は、こうした市場と企業組織の欠点を補う。系列取引にある複数の企業からなる企業間ネットワークは、中長期にわたる開発・生産・販売の目標・計画・体制を共有し、相互の活動を調整することで、市場の短期主義を補正し、一定の期間続く経済活動を効率的に展開できる。これが、一九八〇年代に電機、自動車産業などといった系列が強い産業における日本企業の高業績につながったとした。

③　連結の経済性　産業経済学者である宮澤は、一九八〇年代にNECなどの日本の大手企業グループが展開していた融業化、すなわち関連企業による異業種への多角的進出は、高い経済成果を上げやすいと主張した。技術と産業の融合が進む産業構造においては、そこで用いられるネットワーク的な組織原理が、高い経済性を発揮するとしたのである。宮澤は、範囲の経済性を批判し、それに代わる経済性の原理を示すのが連結の経済性だと議論した（宮澤［一九八八］六四－七一頁）。

そして宮澤は、「業際化」へと向かう産業構造の変動に注目し、多くの企業が業種・業態・産業間の垣根を越えた相互乗入れを進めて、新たな競合と協力の関係が発生しているとした。例えば、コンピュータ会社が、コンピュータのハードの開発・生産だけではなく、業務用ソフトウェアを開発する分野にも進出するといったことである。宮澤は、業際化を通じ異なる産業分野にいる複数の経済主体が連結することによって経済性が高まるとする。業際化を進める異業種の企業間ネットワークは、まず、双方の持つ情報やノウハウを共有・活用することで、新たな技術・事業を開発する上で、持っている資源の総和を超えた相乗効果を発揮できる。第二に、ネットワークを通じて経営資源を共有することで、関与する企業は外部資源を活用する際に利用しやすい資源を持つことができて有利となる。第三に、連結する複数の企業は、ネットワーク内部で共有した「知識・技術」をいろいろな領域で「多重利用」することが可能になる。第四に、複数の産業の間で連結する業際化を進めること自体が、新たな経済的価値を創り出すメリットを持っている。

自己変革しやすい組織原理

一九九〇年代に入ると、経営学者たちが、ネットワーク組織の方が、中央集権的な大企業よりも自己変革がしやすいことを主張しだした。経営学者たちは、大企業体制の成熟と、M&Aや提携、系列や企業グループの再編などの企業間関係のダイナミックな再編が進むのを見ながら、これらは企業組織形態がより自己変革しやすいもの、すなわちネットワーク的組織原理へと変化する動きであると主張した。大企業が垂直統合を進めて大規模化することが、かえって非効率で硬直的な大企業病を引き起こし、激化する企業競争に対応できなくなる事態が明らかになってきたからである。

現実にも、企業単独よりはむしろ、複数の企業との連携を進め、かつその連携をダイナミックに変革することで、競争力の強化を図る動きが見られるようになってきていた。例えば、子会社・関連会社との系列や企業グループの形成・再編を行ったり、アウトソーシングを行い周辺事業を外部企業に委託したり、積極的なM&Aや事業売却を進めたりする動きがそうである。ライバル企業を含めた他企業との提携を進めたりする動きもある。こうした企業経営の動きは、自己変革しやすいネットワーク的な組織へと組織構造を変化させることであると議論された。さらにはベンチャー企業への期待とそれを活用する経営もまた、自己変革しやすい組織原理への変化を求めている動きに重なる。

こうした変化を典型的にとらえた経営学的議論である仮想企業体（バーチャル企業論）とリエンジニアリング論は、情報技術を用いた自己変革しやすい組織モデルへの変化を典型的に示している。仮想企業体は、あるリーダー企業が情報通信ネットワーク上で一つのブランドのもとに複数の企業の事業活動を連携して、あたかも一つの企業であるかのように活動を展開している組織間ネットワークである。もともとは、ダビドゥらがシリコンバレーのIT産業クラスターや日本の自動車企業の系列などをイメージしながら構想した概念である（Davidow and Malone［1992］）。仮想企業体論は、情報通信ネットワーク上で顧客のニーズや市場の動きに合わせて柔軟に事業活動を自己変革する「新しい企業の形」を示した。それは、「独立した企業であるよりも、広い関係構造の中で、常に形を変えている企業活動の集合体」のイメージである（Davidow and Malone［1992］邦訳一八頁）。リエンジニアリング論もまた、情報技術を積極的に用いて、企業の事業活動のプロセスを柔軟に再編する組織変革の方法論とその動向を示した。

自己変革しやすい組織のメカニズムについての理論的な見方も発達してきた。その代表的なものが、①ルース・カップリングな組織という構造論と、②「自己組織性」というシステム概念である。また③「学習する組織」という理論もある。この理論は、自己変革しやすい組織が、組織としての絶え間ない学習を進めやすく、事業活動から得られる知識やノウハウの面で、持続的に競争優位を保つことができるとの考え方につながっている。それぞれについてその主張を見てみよう。

① ルース・カップリングな組織構造　ネットワーク組織は、結合している個人、集団、組織の関係が緩やかなので環境変化に合わせて組み替えやすい。つまり、それは「緩やかに結合されたシステム」(loosely coupling system) という構造特性を持っている。寺本によれば、これがネットワーク組織の構造的な本質である（寺本［一九九〇］一六−一九頁)。組織には、「堅固に結合されたシステム」(tightly coupling system) と「緩やかに結合されたシステム」とがあり、前者は官僚制的な「ヒエラルキー組織」であり、後者が「ネットワーク組織」である。この緩やかに結合されたシステムという概念は、もともとは組織社会心理学者のワイクが提唱した考え方で、組織の内部の個々の要素が緩やかに結合されており、環境に応じて柔軟にその連結関係を変化させるとするものである。要素としてはとくに、組織に属する個人の持つ結合関係、グループや部門・部署の有する人的関係の側面が重視されている。寺本によれば、この組織構造は、中心がなく、多元的な主体が、緩やかに結合している。その特徴は

次の八つである。

①個々の要素が緩やかに結合している。

②中心となるものがなく（脱中心的）、多元的である。

③要素間の結合関係の組替えが柔軟に行える。

④そうした組替えは、個々の要素の創発性に基づいて行われる。

⑤要素間の統合は困難である。

⑥急激な変革は難しい。

⑦持続的、継続的でないことが多い。

⑧時間が経つと、堅固な結合に変化する傾向がある。

ネットワーク組織は、絶えず漸進的に変わっていく状況に対応することに向いている。それは、緩やかに結合した個々の要素が、自律性・独立性が高いので、個別に新しい対応の仕方を現場から作り出すことができるからである。また自律性・独立性の高さは、個々の要素の多様性の高さにもつながるので、多様な知識・情報・ノウハウの組合せができやすく、その中から創造的な解決法が生まれやすい。例えば、前川製作所はその典型で、グループ内の関連会社の結合関係を柔軟に組み替えられるようになっているとされる。他方で、ヒエラルキー組織は、要素間の結合が強く、トップの権力が強く、自律性・独立性が低いので、トップの判断で急激な転換が可能である。だが、トップが判断を誤ると組織自体が壊滅的となる可能性もある。

② 自己組織性

ネットワーク組織は、内部に高い多様性とゆらぎを持っているので、主体的、創造的に新たな組織構造を創り出しやすい。こうした特性を「自己組織性」という。具体的にはABのように、内部に適度なコンフリクトを抱えつつ、ゆらぎをうまく使いながら事業活動を展開している組織を指す。「自己組織性」は、新しいシステム概念である。組織の中で、従来の構造秩序がうまく機能しなくなり、大きく動揺している「ゆらぎ」の状態にあるときに、個々の要素が、主体的で創造的に新たな構造秩序を創り出すという考え方である。

自己組織性に基づくシステム論社会学の第一人者である今田高俊は、「自己組織性」とは「システムが環境との相互作用を営みつつ、みずからの手でみずからの構造をつくり変える性質」であるとする（今田［二〇〇五］一頁）。そして、その本質とは、自己言及性である。すなわち、あるシステムが、自己の従来のシステムに基づいて、自ら、自己システムを変革するという考え方である。今田によれば、これは従来のシステム論への批判から始まっている。すなわち従来の理論は、環境の変化に対して自分のシステムを調節するか、外部から新たな資源が流入し変化するという考え方をとり、システムが構造的に秩序を生成・変化させることをきちんと議論してこなかったという。それに対して、自己組織的なシステムは、従来の構造や秩序では環境の不確実性を制御できずパフォーマンスが悪くなったときに、構造や秩序それ自体が動揺し、すなわち「ゆら」ぎ、その状態からシステム自ら新たな構造や秩序を生成・変化させるとする。

ネットワーク組織論者も多くがこの自己組織性の概念を採用しており、ネットワーク組織は多様性とゆらぎの中から、自ら新たな構造や秩序を創造的に生成・変化させやすい特徴を持っているとされる（寺本［一九九〇］）。従来のヒエラルキー的もしくは官僚制的な組織は、自らの組織構造が堅固に結合しているので、ゆらぎを押さえ込もうとし、旧来の仕組みを変えさせないようにするので、新たな仕組みを自ら創造的に作ることはしない。それに対して、自己組織的な仕組みを持つ組織は、緩やかな結合をしている要素が、現場から創造的な解を作り出し、自らの新たな構造を生成し、変化させるのである。

③ 学習する組織と持続的競争優位　ルース・カップリングの議論でも自己組織性の議論でも、ネットワーク組織に特有なメカニズムの特徴は、組織が自らの新たな構造や行動パターンを創造し、変化させ、その継続的な展開を促進することとされる。つまりこれは、ネットワーク組織が現代の企業競争において求められている組織能力を作り出す構造上の特性を持っていることを意味している。それは、企業が継続的に高い水準の組織学習を展開できることである。ワトキンスらは「学習する組織」を「継続的に学習し、組織そのものを変革していく組織」であるとしている（Watkins and Marsick [1993] 邦訳三二頁）。こうした継続的に学習できる企業組織が、継続的な革新や変革を展開するので、競争的に優位であると考えられている。

今日の企業競争は、製品やサービス、ビジネスのシステムやプロセスのイノベーションが高い付加価値を生み出しやすく、イノベーション競争の性格が強まっている。しかも、一回きりのイノベーションではなく、継続的にそれを展開することによって、ライバル企業に対して競争上の優位を確保しているのである。例えば、ライト兄弟の会社が好例である。彼らは、兄弟で会社を作り、世界ではじめて飛行機を開発したけれども、会社としてはその一度のイノベーション、すなわち十数秒間飛行機を空間に浮かせることしかできず、その後に技術革新を進められなかった。そのため、後続の航空機企業に対して競争上の優位を保てずに、わずか一〇年もしないうちに会社はなくなってしまった。

競争戦略論のティースらは、持続的に競争優位を作り出すには、環境から学習し、環境に適応できる企業の組織能力が重要だとしている（Teece and Pisano［1998］）。今日、継続的に組織学習を展開し続けて、常にイノベーションを繰り返す企業は、競争優位を継続的に構築できるとされる。したがって、ルース・カップリングと自己組織性を通じて学習を展開していくネットワーク型の組織は、競争優位を継続的に作り出しやすいと考えられている。

企業のリストラクチャリングと組織形態の変化

一九九〇年代に先進国の大企業で顕著になった企業のダウンサイジングや提携の増加といった傾向も、ネットワーク型の組織の持つメリットへの注目を高めた。一九九〇年代を通じて先進国の大手企業が軒並みダウンサイジングやリストラクチャリングを進めた結果、企業一つ一つの規模は縮小する傾向にある。とりわけ米国では、その傾向が顕著である。日本においても、事業所・企業統計の推移を見ると、全体的な企業数が減少傾向にあるが、中でも一〇〇〇〜四九九九人、五〇〇〇人以上の大手企業の数が減少している。とくに五〇〇〇人以上の企業は、一九九六年から二〇〇四年までに二

図 6-1　日本の大規模企業数の推移

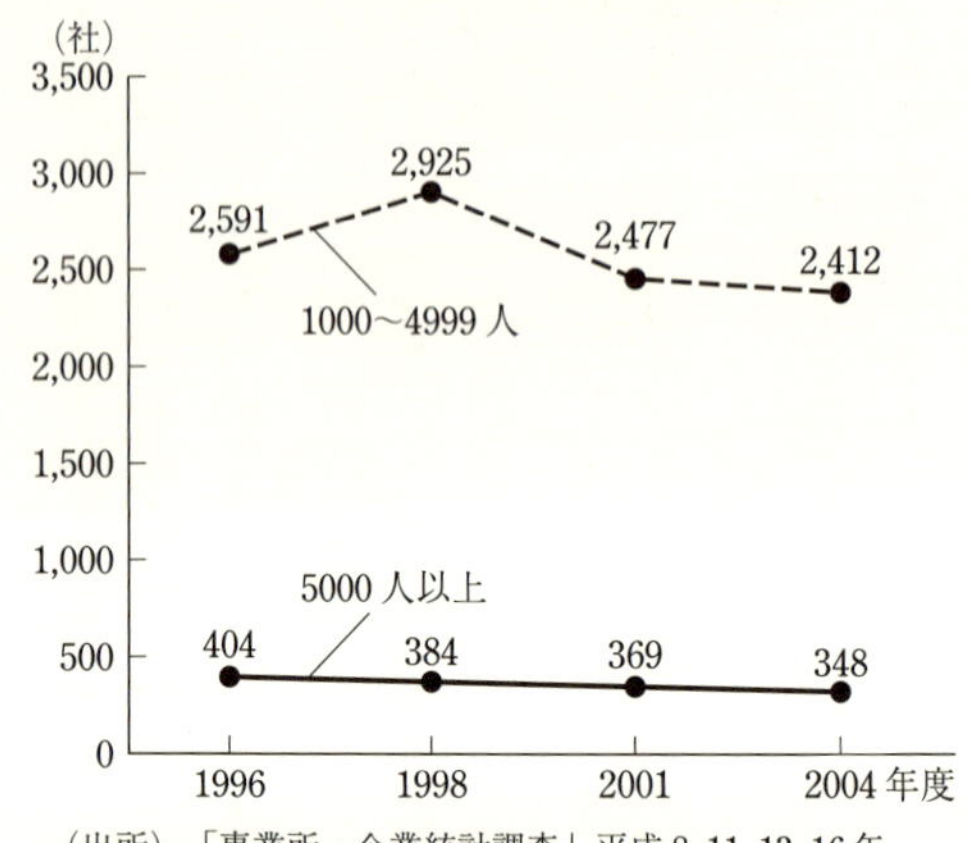

（出所）「事業所・企業統計調査」平成 8, 11, 13, 16 年。

○%近くも減ってしまった（図 6-1）。大規模企業数の減少は、ダウンサイジングやリストラクチャリングの進行を示している。

企業規模のダウンサイジング傾向は、組織構造のあり方をも変えつつある。規模が縮小してきたために、事業部制組織をとったり、それを変革するためにマトリックス構造をとったりすることは、規模的に困難になってきている。むしろ、事業システムを立ち上げるときには、企業グループ内で関連会社を設立・買収したり、新規事業チームが外部企業との提携や連携をもとに展開したりする傾向が顕著になってきた。例えば、大手家電製品量販店が新製品の売出しを行うとき、販売現場の人材として自社社員を教育し、大量動員するといったことをせず、製造企業や営業人材派遣会社に人材を提供してもらっている。しかし、こうした傾向は今や特別なことではなくなってきた。そもそも事業活動自体、今日では一つの企業や企業グループ内で完結しない仕組みになっている。

例えばトヨタ自動車においては、自動車の開発や生産は、以前からトヨタ単独ではなく、関連サプライヤー企業との緊密な連携で進められてきた。

また、中小企業やベンチャー企業が成功する領域が広がってきている。典型的な領域は、ファッション産業である。ファッション産業には、確かに「ユニクロ」ブランドのファーストリテイリングといった大企業も存在するが、市場シェア五％を超える企業は存在しない（ちなみにビールは四社が中心で、リーダー企業のシェアは二〇％を超えている）。それは、ファッション製品は、付加価値が高い割に、流行や消費者ニーズの細分化が進んでおり、規模の経済性を追求することが難しい領域であるからである。ブランド市場の規模は一〇兆円であり、ブランド企業は非常に高い利益率を示すものの、大規模化することがやはり難しい。大規模化が難しい分野には、ベンチャー企業の入り込む余地も生まれる。例えば、ＩＴ技術を用いた事業の展開や、先端的な技術を用いた商品開発においては、ベンチャー企業の方が小回りが利き有利な場合も多い。事業活動に合った企業の最適規模が、実質的に存在しているのである。そうした中小企業やベンチャー企業の場合には、不足していて少量で散在している経営資源は、ネットワークを用いて動員する場合が多い。こうした領域では、ネットワーク型の組織作りが優位となる。

ネットワーク組織として見られる組織活動のあり方は、組織内部だけの原理ではなく、むしろ組織外部との密接なリンケージを組み込むメカニズムの発達を示している。組織の外部にある人材、経営資源そして情報を内部のそれらと連結したネットワーク的な組織メカニズムへの関心が高まっているのである。こうした関心は、組織理論や経営学、社会学において、組織と外部とのネットワークに関して研究するパラダイムである「組織間関係論」という領域の成長につながった。そこで次章では、ネットワーク組織をめぐる組織論が、近年、組織間関係論を中心にしながら成長してきたことを見てみたい。

第7章

組織デザインの優位性

●1 代表的な組織論とネットワーク組織

組織間ネットワーク理論からの見直し

ネットワーク組織とは、その社会ネットワークを通じて、組織の内外の人材、資源、情報を柔軟に結合するメカニズムに強みを持つ組織である。近年の、組織を取り巻く組織間ネットワークについての研究と理論モデルが、ネットワーク組織の新たな特性を明らかにしてきた。従来の組織内ネットワーク論では、そもそもネットワーク組織が、企業の壁を越えて、伸縮自在に外部に組織活動を展開することを十分に議論してこなかった。組織間ネットワークの理論と研究の発達は、壁を越えていく存在であるというネットワーク組織独自の強みを明らかにしてきた。

企業間のネットワークを中核にする新しい組織理論は、組織間関係論といわれる領域から生まれてきた。組織間関係論は、一九七八年に当時カリフォルニア大学の教授だったフェッファーらが企業間のリンケージから企業組織の動きを見る組織理論を提案して以来、注目され発展してきた（山倉［一九九三］第一章）。つまりこの組織理論は、組織間関係や、複数の組織間関係からなる場である「組織間フィールド」のメカニズムを解明しようとするさまざまな理論を発達させてきた。そこで明らかにされた組織間でのネットワークのメカニズムが、組織の活動や内部のメカニズムに対して与える影響についての研究が進み、その重要性が理解されるようになった。これは、実際でも企業組織が、組織間フィールドにおいて、組織間のネットワークを通じて、組織外の人材、情報、経営資源を集め、活用し、行動することが増えてきたためである。

むろん、組織間関係論には、ネットワーク以外の理論もあるけれども、ここでは組織間ネットワークにかかわる新たな見方とモデルの発達を概観する。まず、個別の組織間関係から組織をめぐるネットワークの構造とメカニズムへとその分析の焦点が変わってきた。そのことを通じて、組織理論の中で、組織間ネットワークの構造とメカニズムが、企業組織の行動そして環境対応に影響することが理解されてきたことを見ていく。そこで、代表的な組織間関係の理論である①資源依存理論、②新制度学派組織論、③組織生態学、④取引費用経済学の議論に触れながら、ネットワークの持つ重要性が認識されてきたことを明らかにしたい。このことで組織における社会ネットワーク理論の発展を見ていこう。

①　ネットワークの意義——資源依存理論　まず、組織社会学者フェッファーらは、組織が生きていく上では他の組織とのネットワークこそが重要な基盤であることを明らかにし、これを解明する重要性を主張した。資源依存理論は、本格的に組織間関係の議論を切り開いたパイオニア的な理論である。これは、組織が生存に必要な資源を環境から、ことに他の組織から獲得しなければならないので、資源の交換・依存に必須のチャンネルとして組織間関係を形成すると考える理論である。これは、フェッファーとサランシックが構築した視点であり、組織にとって組織間関係が必要な理由やその管理の仕方について、はじめて体系的に述べたものである（Pfeffer and Salancik［1978］）。彼らはこの理論

を、社会学者エマーソンの社会的交換理論をもとに発展させた。

この理論は、二つの大きな前提から出発する（Pfeffer and Salancik［1978］，山倉［一九九三］三五-三六頁）。第一に、組織は、資源の希少性のために、その生存に必要な資源を外部の組織から獲得する必要があるので、他の組織との組織間関係を必ず持たねばならない。他方で、他の特定の組織との関係に強く依存してしまうと、同時に、それに影響力や権力を持たれてしまうことを意味する。そこで、第二に、組織は自らの自律性を保持しようとし、他組織への依存をできるだけ回避しようとする。逆に他の組織が自身に依存する場合には、それを強化して自らの権力の水準や及ぶ範囲を広げようとする。この二つの前提から、組織は他の組織への依存度は下げて、他の組織の自らへの依存度を上げることで、自分の権力を強める戦略を展開すると考える。

つまり、資源依存理論は、組織間関係が、組織の生存のための資源交換の必要性から形成されるが、組織のパワーを制御する上でその管理が重要であることを示した。その意味では、組織間ネットワークが持つ意義について最初に言及した理論である。けれども、古いタイプの社会的交換理論に基づくことから生じる問題点も、いくつか抱えている。一つには、二つの組織の間の関係だけ、すなわち二者関係だけを考えており、複数の組織からなるネットワークの構造的な広がりとそれが与える構造的な影響についての議論が不足していることが挙げられる。二つには、依存性を回避する戦略の有効性に注目しているが、相互協調関係や対立と協調の混在する関係の持つ意義をあまり考えていない面があることが挙げられる。従来の北米的な個人主義競争観に立つ古い視点の限界も見せているのである。

② 組織を取り巻く文化の影響——新制度学派組織論

企業や政府、NPOなどの組織の規則や行動は、それの属する社会の文化的影響を受けている面を持っている。さらにいうと、企業は、社会や、政府、他の有力な企業、団体から「社会的に正しい」仕組みを持つように、文化的な圧力を受けており、それにうまく適応することで、生き残りやすくなる。例えば、業界内でのライバル企業同士が似たような人事制度や行動をとるのは、こうしたメカニズムによる。新制度学派組織論は、近年、こうした点について、組織は他の組織や社会とのネットワークを通じて文化的な影響を受けながら生きていく存在であるとの見方を理論的に示しつつある。

本来、新制度学派組織論は、組織が社会文化的な存在であるとの観点に立ち、組織が文化環境との間での相互作用を通じて影響を受け、組織の構造や行動の様式、規則や目標が類似したものになっていくと考えた（Scott, W. R.［1995］pp. xiii-xiv）。これを「制度的同型化」（institutional isomorphism）という独自の概念で捉えている。この学派に属する主な研究者としてスコットやディマジオ、パウエル、マイヤーなどが挙げられる。

そもそも新制度学派組織論は、バーガーとルックマンの間主観的な知識社会学に理論的に依拠している。そして「制度化」、すなわち組織メンバー間や組織間における間主観的な相互作用を通じた文化的な意味の共有を進め、内面的な理解を進める社会的プロセスが、市場競争やビジネス的な協力関係においても秩序形成を進めるという重要な役割を果たすと考えている。もしも、ある組織が、社会文化的に支配的な規則や秩序、価値観、要求から外れている場合には、正統性を失い、多大な制度的な圧力を受けるために、その生存が難しくなる。例えば、社会保険庁は、情報化の進んだ二〇〇〇年代に入っても、一時間当たりのキーボード入力回数の制限を労使協定で行っていた。このことをはじめとする社会常識を外れた規則と慣行の存在は、世間からの批判と怒りを呼び、この組織の正統性を著しく損ない、解体の危機に直面させた。

ことに、組織の社会文化環境として、組織間フィールドにおいて広く共有される文化や信念の体系が与える制度的圧力の影響は重要なものと捉えられている（横山［二〇〇一］）。組織間フィールドは、組織間関係が実際に形成される場であり、そこでの文化や信念の体系が個別の組織の制度環境となっている。そして新制度学派組織理論は、ある組織が、組織間フィールドで主流になっている他の組織の構造や行動の様式の真似をすることが、その長期的な生存に役立つとする（DiMaggio and Powell［1983］）。つまり、ある企業組織が、主流となっている価値や規範、構造や行動の様式を模倣するならば、支配的な文化を受容することとなり、社会的に正統な存在と思われて、信頼される（Zucker［1987］）。このことは、特定組織の生存に貢献するので、積極的な制度的同型化が進む要因となる。例えば、フリングスタインは、米国大企業の企業戦略スタイルの流行の研究を行っている（Flingstein［1990］）。彼は、一九二〇年代の北米大企業における複数事業部制の採用拡大が、事業部制が新たな経営モデルとして制度化し普及する過程であったと再解釈した。つまり、多くの企業にとっては、それが制度的同型化の一環であり一種の流行であったことを明らかにしている。

そして、近年、新制度学派組織論は、組織間の社会ネットワークを、制度的同型化のメカニズムを担うものとして積極的に理論へ取り込んでいる。組織間フィールドにおいて、支配的な組織構造・行動・規則・価値が普及し、組織間での制度的同型化が進むチャンネルとして、組織間の社会ネットワークが重要な役割を果たすと考えている。もともと、新制度学派の代表的論者であるスタンフォード大学のスコットは、経営環境における文化や歴史が組織間ネットワークに大きな影響を与えると考えていた。そして、現代の新制度学派のリーダーであるパウエルは、ネットワークを積極的に制度学派の議論に組み込み、文化・価値・行動パターンが広まり、同型化するチャンネルとして位置づけている（Powell［1990］）。彼は、市場における企業取引の統治構造にネットワーク組織による取引という類型があることを指摘して、そこでは、経済取引に関する文化・価値・行動がネットワークを通じて共有され、発達するとしている。すなわち、近年の新制度学派組織論は、ネットワークを文化や価値の循環する回路と捉えつつあるのである。

③　企業の生き残りのメカニズム――組織生態学

組織生態学（population ecology）は、進化論に近い立場をとり、企業の多くが柔軟に変化できる存在ではないため、環境により適応的な仕組みを持つ企業が生き残りやすいとの見方を示した。これは、スタンフォード大学のハナンやキャロルらが提唱した組織間関係を分析の中心とした組織理論である。これは、ミクロな個別企業の組織を対象とする見方ではなく、マクロな視点で、複数の企業組織の群れ、すなわち「組織個体群」（population）を分析の対象とする独自のものである。そして、組織の群れのあり方が、個別の企業組織の生存に影響するという視点を提示した。組織個体群は、産業や地域産業クラスターのような組織の群れを指し、類似の機能をもって、類似の活動を行っている（Jaffee［2001］)。組織生態学は、同種の環境資源を活用する複数の組織から構成される組織個体群という場が、個々の組織の行動やメカニズムに対して与える影響を中心に分析している。主に、ＩＴ産業やバイオテクノロジー産業でのベンチャーの生存や発達、金融機関の生き残りが研究の対象となっている。

組織生態学は、従来は、組織個体群の進化のダイナミズムを中心的に考えており、個々の企業組織については、閉鎖的な存在として捉えて、あまり環境への対応をせずに、進化しないものと考えていた。つまり、組織生態学は、個々の企業組織が、従来の姿と同じものであろうとする「構造慣性」（inertia）を持っていると考えているのである。そして、個別の組織の環境適応や進化を考えるのではなく、むしろ環境による生存淘汰の効果を中心に考えてきた。そのために、ベンチャー企業の生存競争のような研究には、非常に効果的であった。

組織生態学は、そうした分析枠組みであるために、あまりにも個別の企業組織について、バラバラに孤立し、競争関係中心に行動する存在として見過ぎているとの批判がある（Knoke［2001］p. 71)。個々の組織が、組織個体群や組織間フィールドの共有している文化、制度、情報、経営資源をどのように使うかや、提携や協力関係を通じて、それをどのように共同利用するかについての分析が不足している面があったのである。近年、組織生態学も、ネットワーク概念を導入して、組織間フィールドや組織個体群において、それらの共有する知識や文化の流通メカニズムが、組織間ネットワークに媒介されるものであり、それを通じて個々の組織の生存に影響するとの考え方を示しつつある。つまりネットワークの持つ構造的な内部慣性が、組織の進化に与える影響という新たな観点が生まれつつある（Kim *et al.*［2006］）。

④　**企業間関係の経済性——取引費用経済学**　系列、提携、企業グループなどの継続する企業間関係は、経済的、効率的な仕組みがあるから、生き残ることができる。こうした継続的な企業間関係に対する経済学的な分析として、取引費用経済学によるアプローチがある。前章でも取り上げたように、取引費用経済学の論者たちも、系列取引や提携、合弁関係、企業グループなどの継続的な組織間関係が、企業と市場との間にある中間的な取引形態（中間組織）であるとして、注目して分析している。

取引費用経済学は、継続的な取引が必要であり、かつ取引の情報や条件が不完備な契約になる場合には、企業同士が継続的な協力関係を構築し、事後的に問題解決や調整を行うと考える。これには、人間や企業が、限られた時間的制約の中で取引を行う場合には、情報処理能力に一定の限界があるので、すべての選択肢について考え尽くして最善の結果を得ることはできないとする前提が置かれている（限定された合理性）。そうした関係においては、取引条件を一回ごとに細かく決めずに、長期的な取引関係を行うとする関係的契約を結び、二つの企業組織同士で事後的に問題解決や調整をする枠組みを作ることが効果的だとする。

今井賢一ら［一九八二］は一九八〇年代前半に、日本の系列取引の研究からこうした継続的な取引関係の経済性を明らかにする議論を「中間組織論」として展開した。その後、浅沼［一九八四］、Aoki［1988］は、継続的な組織間関係の経済性について、その関係の内部でのみ発達する独特の技能（関係特殊的技能）の効果や収益をもたらす独特の構造（関係準レント）という見方で説明してきた。近年はさらに、そのメカニズムを、ゲーム理論を導入し、継続的な協力ゲームとして捉えて分析している。このように取引費用経済学は、継続的な組織間関係のメカニズムの持つ経済性を明らかにしてきた。ただ、取引費用経済学は、継続的な取引関係の基盤となってそれを働かせている社会的なコンテクストやメカニズム、協力関係の質的な問題をあまり重視してこなかった。その意味では、系列や提携の関係の内容が、さらに相互作用の中で進化していく場合についてそれほど考えてこなかったといえる。

経営資源としてのネットワーク――ネットワーク理論の展開

一九八〇年代以降、社会ネットワーク理論がめざましい発達を見せた。社会ネットワーク理論は、組織のネットワークに関しても、それが組織にとって重要な経営資源であり、その活動を左右する重要なメカニズムであることを明らかにしてきた。とくに、ネットワークの数理的・計量的解析手法の発達と、ネットワークの質的分析の双方を用いて、ネットワーク組織の構造的メカニズムを解明し分析する研究が盛んになってきている。ネットワークの観点から組織を分析する理論的立場は、「（社会）ネットワーク分析」もしくは「社会ネットワーク理論」といわれる。ネットワーク分析が組織理論に与えた独自な分析視点は、情報や知識、人材、財務資源の交流するネットワーク構造のあり方が、企業経営にとって重要なネットワーク的な「経営資源」であること、すなわち、企業経営に対して社会関係からもたらされる資源である「ソーシャル・キャピタル」（social capital，社会関係資本）であることを明らかにしつつあることである（Adler and Kwon［2002］）。

社会ネットワーク理論は，ネットワーク的な組織理論を新たに発展させてきた。ネットワーク分析は，ネットワークの構造分析という観点から経済構造，市場構造，産業，産業クラスター，労働市場，企業間関係，企業組織，プロジェクト組織を分析してきている。その独自の経済構造分析の社会学的視点は，「新しい経済社会学」という理論的潮流を創り出している。社会ネットワーク理論の立場に立つ代表的社会学者グラノベッターは，その基礎的視点である「埋め込み」という概念を提唱し，多くの経済行動は，社会ネットワークにおいて行われるために，社会に埋め込まれており，ネットワークを通じて，社会文化，社会規範や社会構造の影響を受けているとした（Granovetter［1992］）。グラッティらはこれらをさらに発展させて，企業は組織間フィールドに組織間ネットワークを通じて埋め込まれているとの見方を構築した（Gulati and Gaugiulo［1999］）。企業は，そのネットワークを通じて，地域，産業，企業グループなどの共有する文化や価値，考え方そして行動パターンの影響を受けるというのである。

ネットワークという観点に立てば，企業間での経済取引活動は次の五つの社会関係的な側面を持ち，そのメカニズムが働いていることが明らかになる（Knoke［2001］pp. 65-66）。それは，①取引を通じた財やサービスという「資源交換」の関係，②それにかかわる「情報交換」の関係，そして③資源や情報交換の結果として権力関係の発生，さらに，サプライヤー・システムに顕著に見られる④企業境界を越えた相互調整の関係、そして、特定の経済活動に対する⑤感情的な結合関係の発生である。⑤としては、伝統産業への個人、家族、企業、地域のこだわりなどが挙げられるだろう。

組織理論や組織間関係論においても、一九九〇年代以降、社会ネットワーク分析の理論視点は急速に普及しつつある。代表的な論者を見ても、ミシガン大学教授のベイカーは、『ソーシャル・キャピタル』という啓蒙書を著し、①キャリア、②報酬や昇進評価、③組織内での影響力、④ベンチャーの経営資源調達、⑤組織学習、⑥口コミによるマーケティング、⑦提携、⑧合併・買収などの研究が展開されつつあるとしている（Baker［2000］）。ミシガン大学のミズルッチは、外部取締役ネットワークの分析から、現代の資本主義を動かす経済エリートの社会構造を明らかにしてきた（Mizruchi［1982］）。そして、ノース・ウェスタン大学のウッジは、「埋め込み」という概念を積極的に組織間関係の分析に導入し、継続的関係と新規取引関係をバランスよく展開するアパレル企業がニューヨークで成功していることを示した（Uzzi［1996］）。グラッティらは、戦略的提携を過去に結んでいた企業は、提携展開を行う組織能力に優れ、次々に提携関係を展開していることを、大規模な企業間ネットワークの構造分析から明らかにした（Gulati［1998］）。

ネットワーク構造のもたらす組織効果

新たに開発されるネットワーク分析の概念と分析手法を駆使して、組織のネットワーク分析は、組織間関係に対する新たな見方や発見を提供しつつある。第一に、企業間ネットワークにおける中心性という概念に基づき、ネットワークの中心的な企業がある程度の有利さを持つことを明らかにしつつある。取引ネットワークや企業間ネットワークの中心にいる企業は大きな競争優位や権力を持つと考えられているのである。次に、企業組織や企業間ネットワークの凝集性である。凝集的なネットワークは、信頼関係が発達しやすく、技術や情報の共有、そして組織活動の改善には効果的であるとされた。いわゆる「強い紐帯の強み」である。そして第三に、近年有力となっている知見として、ネットワークの中で、分断されているグループや組織をうまく媒介するブローカー的な立場に立つ個人や組織は、イノベーションや競争の上で有利であるとする。そうした企業は、他の企業が手に入れられない新規もしくは異質な情報や資源を幅広く獲得しやすいので、画期的なイノベーションを行ったり、新たなビジネス・モデルのシーズを得やすかったりするとした。グラノベッターのいう「弱い紐帯の強み」である。こうしたネットワーク上での特性が、組織や組織間ネットワークに対して、どのような効果を持つかについては、第10章で詳しく触れたい。

ネットワーク分析という新たな理論は、ネットワーク組織の持つネットワーク的な構造メカニズムとプロセスを正面から取り上げて、より深さと広がりのある理解をもたらしつつある。ノーキのいうように、ネットワーク分析の視点が持つ優れた点を三つ挙げられる（Knoke［2001］p. 63）。第一に、ネットワークという観点からは、ネットワーク組織で問題になるように、集団内部、企業内部、企業間、産業という単位を越えた複雑なネットワークのつながりを整理しやすい。さらに、こうしたネットワークが、多層的になっており、全体としてネットワーク間システムを構成しているとの見方ができる。こうした点で、組織間ネットワークという見方で組織間関係の全体構造とメカニズムを記述、分析しやすい。第二に、個人や企業という個々の点ではなく、関係ネットワークの構造や内容そのものを直接に分析単位にするところ、つまりネットワークそれ自体を分析するところである。第三に、個人や集団、企業の経済行動における認識、態度、行為のあり方は、それらが埋め込まれている個別のネットワーク構造が持つ文化、価値、行動パターン、感情、権力関係によって左右される。つまりネットワーク構造そのものが、個人や企業の思考や行為の方向づけに影響すると考える点である。

●2 ネットワーク組織の優位性の説明

ネットワーク組織の持つ優位さ

ネットワーク組織という組織形態が注目されてきたのは、ある側面では、垂直統合された大企業よりも優位な面を持っているためである。これまで見てきたように、経済学、経営学、社会学などという複数の学問領域にまたがりながらも、ネットワーク組織の持つメカニズムの優位さに関して、学問の壁を越えて研究がなされてきた。その優位さについては、従来の経済学、経営学、社会学の理論の研究の積み重ねを見てみると、多品種少量生産への対応の容易さ、柔軟性の高さと環境対応の早さ、多様な資源へのアクセスによるイノベーションの起こりやすさという面で、その独特の有利なメカニズムが分析され、理論化されてきた。前章と本章のここまで、産業社会論、情報社会論、産業・企業の経済学、組織社会学、そして組織理論における、ネットワーク組織の議論の流れを検討し、そこで明らかにされてきた特徴について整理してきた。本章の最後に、大きく経済学、経営学、社会学各々の視点から、ネットワーク組織の優位な面が、どのようなコンセプトとして理論化されてきたかについて改めてまとめてみたい。

経済学的な分析

経済学的な分析は、ネットワーク的な特徴を持つ組織間構造には、経済取引に関して、規模の経済性とは異なる独自の産業組織の経済性の進化が見られることを明らかにしようとしてきた。これは、ピオーリとセイブルの「柔軟な専門分化」の議論が初期の典型である（Piore and Sabel［1984］）。つまり、垂直統合を進めた大規模官僚制組織による経済取引は、確かに少品種大量生産においては規模の経済性を実現し、重化学工業のように大規模な資本集積を用いて展開する産業活動には有利であった。けれども、石油危機以降の、成熟した先進国市場や発展度を高めた途上国市場においては、消費者の嗜好の多様化や激しい変化があるので、多品種少量生産への対応や市場志向のイノベーションが求められる。その場合には、大規模官僚制組織の構造をとる企業は、組織的に不利で、より分権的で柔軟で水平的な結合をしているネットワーク組織の構造をとっている企業の方が有利だと考えられてきた。

こうしたネットワーク組織の有する独自の経済性を説明する基本的な概念として、「範囲の経済性」と「ネットワーク外部性」がある。

① 範囲の経済性　ネットワークの持つ多種多様な資源を小さな範囲でうまく組み合わせると高い経済性を生ずる。これが範囲の経済性である。これは、規模の経済性とは明確に異なる、ネットワーク型の経済組織が持つ経済性の仕組みを示した有力な考え方である。範囲の経済性は、そもそも多品種少量生産や事業多角化を行う企業や企業間システムの経済性を明らかにした概念である。範囲の経済性は、企業が事業展開する製品市場において、その個々の事業規模が規模の経済性を達成するには小規模な場合でも、異なる製品の生産に使用する部品の共通化を図ったり、生産資源の共通利用を図ったり（多能工の育成や汎用機の導入）することで、複数の事業活動を一定の範囲内にまとめれば、そこで規模の経済性を達成することができるというものである（Milgrom and Roberts［1992］邦訳一一一頁）。

つまり、複数事業部制や企業グループ、提携、系列などのように、複数の組織単位の間をネットワークで結合して、多角的な製品生産や事業活動を展開するために緊密なコーディネーションを行う一定の「範囲」の事業活動は、新たな規模の経済性を成り立たせていると考えたのである。このことを踏まえて、宮澤は、ネットワーク的な産業組織の経済性について、これをさらに発展させた「連結の経済性」を提唱した（宮澤［一九八八］）。それは、すでに述べたように、業際化が進み、異なる産業分野にいる複数の経済主体もしくは企業同士が情報ネットワーク上で連結すると、規模的な面での経済性だけではなく、シナジー効果も生ずるとした。そのために、よりイノベーションも進みやすくなるとした。

② ネットワーク外部性

ネットワークは広がると、その広がりが強みになる。ネットワーク外部性は、ネットワークが市場で示すこうした経済性のメカニズムを明らかにした概念である。この概念は、ある財を利用しているユーザーの数、もしくはあるネットワークの規模が大きくなると、もたらされる便益が増大するというメカニズムを示している（依田［二〇〇一］）。もともとは、通信ネットワークの発達メカニズムから導き出されてきた概念であるが、ネットワークの発達が持つ利用者サイドにとっての経済性を明らかにした見方である。ユーザー数の増加もしくはネットワークの成長がもたらす経済性は、クリティカル・マス（一定の規模）を超えると飛躍的に伸び、収穫逓増的に高まることが明らかになってきた。

このように、範囲の経済性とネットワーク外部性は、ネットワーク組織の持つ経済性を説明する最も基本的な概念である。つまり、複数の経済主体をネットワークすると、一つ一つは小規模でも、範囲の経済性が得られるので有利になる。提携が有利であることの基本的な説明となる。それでは、なぜネットワーク組織は拡大するのであろうか。それはネットワークする経済主体が多ければ多いほど、そこでの便益が飛躍的に向上するからである。ただ、こうした経済性を得るには、ネットワーク内での活動の調整、すなわち「コーディネーション」がうまくいく必要がある。

経営学的な分析

経営学からは、環境適応やイノベーションにあたって組織活動のメカニズムに柔軟性を有するゆえに、ネットワーク組織が大規模官僚制組織よりも有利であることが指摘されている。一九七〇年代以降の成熟した先進国市場では、消費者の嗜好の多様化や急速な変化が進み、多品種少量生産への対応やイノベーションでの競争が激しくなってきている。そのため、経営学では、より市場を志向し、イノベーションを行いやすく、環境に合わせた適応を機動的に展開できる組織のメカニズムに関心が持たれた。すでに、バーンズとストーカーの「有機的組織」の議論が提起したように、分権的な仕組み、水平的な調整関係、柔軟な結合を持っている組織は、イノベーションが行いやすく環境対応において柔軟さを持つと考えられている。それに対して、機械的組織すなわち官僚制組織は、集権的な仕組み、垂直的な階層関係、堅固な結合関係を持っており、一定パターンの組織活動を安定的に繰り返すには向いているが、イノベーションには不向きであるとされる（Burns and Stalker［1966］）。こうした組織のメカニズムを考える基本的な概念として、すでに述べたように、ルース・カップリングと自己組織性、そして学習する組織がある。

① 自己組織的な組織構造　ネットワーク組織は、ルース・カップリングな構造を持ち、自己組織的に構造変革しやすい構造であると考えられている。つまりネットワーク組織は、官僚制組織と異なり、組織の中の個人や組織単位が緩やかに結合しており、水平的で自律的な関係を持つ多元的な構造を持っている。そのため環境の変化に応じて、組替えがしやすいということである。さらに、その変化の仕方が自己組織的である。すなわち、自らの環境を分析し、未来の組織構造を主体的にデザインし、それに向けて自ら構造転換を進めていくメカニズムを持っている。そのために、市場志向的に

自らの構造を変えやすく、イノベーションも行いやすい。

② **継続的な学習の強み**　そしてネットワーク組織は、継続的に組織学習を展開しやすい組織である。今日の企業競争は、イノベーション競争の面が強くなってきた。一つの優れたビジネス・モデルを一度考えついただけでは、優位を長期に保つことは難しい。その最悪の例は、すでに述べたライト兄弟の株式会社であり、たった一度のイノベーションの光を見せて、あっという間に会社としてはなくなってしまった。反対に、好例として挙げられるのは、キヤノンだろう。デジタル化や新たな市場ニーズを常に検討しながら、カメラ、電卓、コピー機、プリンター、デジタル・カメラと新たな市場成長を見越した事業多角化を展開し成長を遂げてきた。

持続的に競争優位を保つためには、組織学習を継続的に展開することが重要である。その第一が、業務や事業の改善を連続的に展開し、新たなノウハウを創り出し、それを組織のメンバーが積極的に学習・共有することである。全社的品質管理は、まさにこの手法である。定期的に、業務活動に関する問題点とその解決策について、会社全体として情報交流し、全社的な業務プロセスで顧客満足度を上げて、品質を高めるのである。営業、生産、開発、間接部門などの各部門からなるプロジェクト・チームで展開するのが一般である。

第二が、まったく異質で新規な情報を集めたり、そうした人材や集団、組織と連携し、シナジーを起こしたり、まったく新しい業務活動や製品、ノウハウを創り出したりするラジカル・イノベーションである。これには、むしろ積極的に既存の結合関係を切り替え、異質な主体との新規の結合関係を創り出す方が有効であるとされる。その意味では、従来の組織や企業グループ、系列の枠を越えたネットワーク組織の新たな組織化がキーになる。例えば、燃料電池自動車におけるトヨタ自動車とパナソニックの連携のように、新たな組合せが燃料電池という新技術の開発にはより効果的であるとされる。日本企業はこの点が弱いとされ、もっと積極的に、従来とかかわりのない企業や業種との連携を進めた方がよいといわれる。

社会学的な分析

社会ネットワーク分析の議論を導入する組織社会学は、ネットワーク組織の持つ独自性をネットワークがもたらす効果から考えている。むろん、水平的な有機的結合や自己組織性は、社会学的な分析でも重要な意味を持っている。そもそも、新しい社会運動論の示唆を受けて、ネットワーク組織においては個人の自律性や主体性の回復が行われやすいので、官僚制組織における個人の疎外を緩和するとも考えられてきた。だが、それだけではなく、経済主体の相互調整の社会的基盤を考えたり、学習する組織の社会的条件を検討したりする議論も見られるようになってきた。ことに、ネットワーク組織の優位さを社会学的に考える場合には、ネットワークのもたらす社会的効果に注目する。その意味では、経済取引関係における「信頼関係」と組織活動を促進する「ソーシャル・キャピタル」は、基本的な考え方である。

① 信頼関係　まず、ネットワーク組織における信頼関係はその活動の重要な促進要因である。

組織内部においては、参加する組織メンバーたちが、相互に高い信頼関係を築けないと、協力関係がぎくしゃくしてパフォーマンスは低くなるだろう。そのために、協力するメンバー間における信頼関係を短期に熟成させることが重要となる。これには、適切な社会化、コミュニケーションや文化作りが重要である。他方で、企業間関係における信頼関係は、経済取引関係を円滑に展開させる社会的な基盤である（Milgrom and Roberts［1992］）。市場において、基本的な信頼が成り立たないところでは、経済取引は消極的になる。通常では、企業間での提携関係、系列関係の取引における中長期的な経済取引関係は、不完備契約であり、関係的な契約という側面が強い。つまり、取引について十分な情報があり、取引条件について完全に明確化でき、問題が起きた場合の対応が明確にできることは少ないのである。

例えば、取引の信頼関係がない場合には、企業間の取引は、リスクを押さえるために小分けになり、またその監視のために莫大なコストを払い、ともすればビジネス・チャンスを失うことがある。その場合には、取引条件を完全に明確にするのではなく、取引における紛争処理が事後的にも行える関係の枠組みについて合意を結ぶ関係的契約となる。そして、関係的な契約にある企業間取引関係においては、信頼関係が高いと協力関係が深まり、共同の開発や相手に合わせた自社の体制作りをする互恵的な行動が強まる。自動車部品の生産のようなハードな分野においても、映画・テレビなどのコンテンツ作りのようなソフトな分野おいても、信頼関係が重要だとされる。

② ソーシャル・キャピタル　次に、ネットワーク組織の活動を促進する効果を持つネットワーク

の構造やプロセスのパターンが一定以上形成されていることである。ネットワーク組織にとっての経営資源となる構造特性を持つネットワーク、すなわちソーシャル・キャピタルがどの程度発達しているかが重要な要因となる。例えば、品質管理活動を行う上で、その暗黙知の共有を進め、改善活動の質を深めていくには、チームや組織の凝集性を高めることが重要である。関係者の間に、濃密で相互に緊密に結合したコミュニケーション・ネットワークが発達することで、現場の暗黙知の共有が進み、認識の共通性が高まる。それは、改善活動を行いやすくする基盤となる。他方、米国でよく指摘されるのは、ハリウッド映画産業のように、大型で新機軸の映画を作っていくには、幅広い人脈を持ち、いくつかの映画人グループの橋渡し（ブリッジ）を行い、異能の新顔同士の結合や、資金や資源の動員がしやすい人々の結合関係が原動力になるといわれる。こうしたネットワーク特性を持つ人材を揃えることが、ハリウッド映画プロジェクトの重要なソーシャル・キャピタルとなる。そして、近年、社会ネットワーク分析の発達とともに、経済活動を行うときに資源・情報の獲得を促進・阻害するネットワーク構造の分析が進みつつある。

ネットワークの持つメカニズムの分析へ

ネットワーク組織の研究は、その経済性やイノベーション効果だけではなく、それをもたらすネットワーク構造特性の研究に進みつつある。つまり、そうした経済効果や経営効果をもたらすソーシャル・キャピタルの研究である。ネットワーク組織に関するこれまでの、産業社会論、情報社会論、産業組織論、組織理論、組織間関係論は、ネットワーク組織が共通して持ついくつかの優位性について議論してきた。それは、経済学的には、範囲の経済性やネットワーク外部性であり、経営学的には、適応とイノベーションをもたらしやすい自己組織的な構造と学習しやすい組織構造であった。そして社会学的には、信頼関係の高さと、組織パフォーマンスを上げるソーシャル・キャピタルの発達である。ことに、ある種のソーシャル・キャピタルは、経済性や適応能力、イノベーション能力を高める社会的な条件を提供する。そこで、次章以降では、社会ネットワーク分析と組織理論の共進化について見ながら、どのような社会ネットワークの構造特性がネットワーク組織の活動を高めたり、抑制したりするのかを考えてみたい。

第8章 社会ネットワーク理論から見た組織像

●1 経済やビジネスの社会への埋め込み

ネットワークの中で動く経済と企業

企業やビジネスパースンは、経済活動をその人的ネットワークの中において行っている。こうした観点から経済と企業を捉える見方が発達してきている。つまり、社会ネットワーク理論という新たな考え方が、企業やNPOなどの組織行動を、社会ネットワークに影響されその中で展開しているものとする独自な見方を発展させて、より活き活きした組織の姿を明らかにしている。これが社会ネットワーク理論の提唱する「社会的埋め込み」（social embeddedness）という視点である。

社会ネットワーク理論を用いたネットワーク組織の研究においても、経済的、ビジネス的な関係や活動が、社会ネットワークの中で展開し、そこに共有されている行動パターンや価値、文化、規範、知識から強い影響を受けていると考える。そして、近年めざましく発達してきたネットワーク科学の理論とその構造分析手法は、ネットワーク組織の持つ構造的メカニズムを理論的な面だけではなく実態的な面でも解明しつつある。

さらに、ネットワークの視点の影響を受けた組織理論や経営学は、経済活動や企業活動に対し効果的な社会ネットワークを重要な経営資源として捉えつつある。すなわち、企業経営や組織活動に効果的な社会ネットワークは、組織の重要な経営資源すなわち「ソーシャル・キャピタル」（社会関係資本）

である。そして、ビジネスパースンは、こうした経営に効果的なソーシャル・キャピタルを熟知し、主体的に効果的なネットワーク作りを行い、使いこなす、「スマートなネットワーキング」をしようという発想も生まれてきている。こうした考え方はまた、関係性マーケティングや、ナレッジ・マネジメントの分野にも大きな影響を与えつつある。

本章では、社会ネットワーク理論が組織論にもたらした新たな視点の意義について触れていきたい。構造分析の結果、明らかになってきた個別のネットワーク効果の代表的なものについては、次章で取り上げる。なお、国際的には、こうした社会ネットワーク理論に関するアプローチは、「社会ネットワーク分析」の理論といわれているが、ここでは、わかりやすくするために「社会ネットワーク理論」と呼ぶ。

経済の社会への「埋め込み」

ネットワーク分析に基づく組織理論は、経済活動や企業活動が社会の構造や文化に強い影響を受けていること、すなわち「社会への埋め込み」を受けていることを前提にして議論を出発させている。経済が社会の構造や文化の影響を受けているとの指摘は、もともとは、経済人類学者カール・ポランニーが打ち出した考え方である。ポランニーは言う。「人間の経済は、経済的な制度と非経済的な制度に埋め込まれて」いるので、経済的な市場制度だけではなくそれをめぐる社会制度である「非経済的な制度」の経済現象への影響を理解することは重要な意義を持つ（Polanyi *et al.*［1957］邦訳二六八頁)。ポランニーは、経済活動が、社会構造や社会文化、信頼や社会的連帯を基盤に成り立っており、価値観や道徳意識、社会規範、実際の権力関係などの影響を受けて展開していると指摘した。例えばバザールのように、近代以前の社会に発達した市場を動かす社会的な論理があることを指摘した。

経済の社会への「埋め込み」とは、経済現象についてそれを取り巻き、支え、動かしている社会制度の働きをいわば一体化して捉える視点である。例えば、英国と日本では盗難保険の保険料の設定のされ方が違っていた。英国では、窃盗犯罪の多さで何段階にも地域を区分して、犯罪の多い地域には、高い保険料を設定していた。筆者の住んでいた英国のある都市は、犯罪が統計的にかなり多かったので、保険料が農村に比べるとはるかに高かった。日本では、盗難の多い地域を地図で特定することは、そうした地域の差別をあおることになるので、こうした保険料の設定の仕方はあまりしない。ただ日本にも、厳然として統計的に犯罪率の高い地域はあるし、調べればすぐわかる。その面では、個人主義的かつ経済的に見ると、英国の方が合理的である。犯罪率の多い地域に住む人は、リスクを選択しているコストを払う必要があると考え、それがいやならば他の地域に移り住むべきだと考える。日本の方が、地域の差別を排除し、平等にしようとする社会的価値観に基づいた盗難保険制度を作っている。

つまり日本の盗難保険制度は日本社会の明確な区別をしたがらない価値観に埋め込まれており、完全な市場合理性で動いてはいない。他方で、英国では、個人主義が強く自分のリスクだけを考えるのが一般的で、犯罪地域に住む他人のリスクをとるのを好まないし、そうした制度だと顧客のクレームがつきやすい。また階級社会的な見方がはっきりしており、貧困地域、犯罪地域という地域区別の見方も割合明確に共有している。その意味で、犯罪率の多い地域を区別した保険制度は、英国社会の価値観に合っている。

経済社会学者グラノベッターは、ポランニーらの経済人類学的な議論を受けて、一九七〇年代に、「埋め込み」の概念を再定義し、それを理論的な基礎としてネットワーク理論を駆使した「新しい経済社会学」(New Economic Sociology) を新たに展開した(渡辺[二〇〇六])。ポランニーは、市場の発達していない前近代的な社会においては、経済の社会的な埋め込みの傾向が強く見られるものであり、近代化するにつれて経済の分離が進むとした。けれども、グラノベッターは、近代的な市場の発達した社会においても、社会構造や文化などの経済への影響は、社会ネットワークを媒介にした形で、一定程度、どこにでも見られるとした(Granovetter[1985])。

グラノベッターは、市場化された経済において個人や組織が経済的な取引をする場合、新古典派経済学が前提にするように、完全にバラバラに独立した意思決定を行う状態(過小社会化の論理)ではないとする。他方で、旧来の社会学者のいうように、経済行動が社会の道徳や倫理、価値観に完全に支配されているわけでもないとする(過剰社会化の論理)。つまり一般的な道徳や倫理ではなく、経済活動にとっては、それが行われている「社会関係」こそが「信頼を生み出す源泉」となっているのであり、「関係のネットワーク」が経済的な秩序を実際に支えているとした。そして、経済活動は、それを行う個人や企業の属するネットワークの社会的な利益や効用の最大化という経済的な目的だけで行われているのではなく、むしろ、経済活動も「社交性、是認、地位、勢力」などの非経済的な動機づけによっても行われていると考える（渡辺［二〇〇六］）。例えば、業界内での地位向上のために、業容以上に新たな投資を行ったり、業界での付合いのために、特定の業者との取引を控えたりすることもある。

新しい経済社会学は、組織理論へ次のような新たな理論的な考え方を吹き込んだ。すなわち、企業やNPO、政府などの組織が、それを取り巻く社会ネットワークを通じて社会に埋め込まれており、経済的な面を含めた組織活動もまた、ネットワークを通じて社会的な影響を強く受ける。組織内の社会ネットワークや組織間のネットワークが組織の活動に対して、一定の構造的な影響を与える。すなわち、ネットワークを通じて、集団、組織、地域、社会の事情がある組織の経済的な面を含めた行動に強く影響するということである。

ネットワークへの埋め込みという視点は、もう一つの新たな見方を生み出した。それは、社会構造の影響や文化の共有がネットワークを媒介して起こるという見方であり、そのためにその影響と共有の仕方が、ネットワークごとに微妙に異なり、影響のされ方も異なり、その発達も異なるとの視点である。つまり、ネットワークの持つ個別性の見方である。例えば、同じ業界内に属している企業であっても、具体的に、どのネットワークに属しているか、どのように関係しているかに応じて、共有している経済行動に関する社会文化の内容も異なるだけではなく、影響の受け方も異なっていると考える。トヨタ自動車のサプライヤー・システムと日産自動車のサプライヤー・システムでは、取引の仕方も、協力関係も、共同行動も微妙に異なっている。従来の画一的な経済合理化論や文化決定論と異なり、ネットワークの持つ個性を重視している。

ネットワーク・ガバナンス

ネットワーク組織は、複数の組織の間での協力や取引の関係において、中長期的には、環境に柔軟、効率的かつ精妙に対応する、優れた調整の枠組みであるとの議論がある。これは、ネットワーク組織独自の活動の統治構造の特徴を指摘する「ネットワーク・ガバナンス」の議論である。これには、経済社会学的な議論と、行政学的な議論の二つがある。それは、経済的な取引関係の制御の枠組みの議論の系譜と、行政的な政府とNPO、民間企業との協力による社会サービス供給枠組みの議論の系譜である。

まず経済社会学的な議論を紹介しよう。ネットワーク組織の方が、企業間の経済的な取引においても有利な場合があるというものである。企業間の取引におけるネットワーク組織は、ネットワークが創り出す経済的な取引関係を柔軟で相互発展的に調整できる独自の仕組みを持っている。すなわち、独特な「ネットワーク・ガバナンス」という仕組みを有している（Powell［1990］）。ネットワーク・ガバナンスとは、独立し水平的な関係を持つけれども強く相互依存している組織同士が、社会ネットワークを媒介にして経済的な取引や行動の相互調整を行う仕組みのことである。その仕組みは、継続的で互酬的な情報のコミュニケーションと資源の相互交換を通じて展開される。

ネットワーク・ガバナンスは、取引費用経済学者であるウィリアムソンの市場／階層組織という経済取引の二大取引原理の図式への批判から生まれた。それらの中間形態にも有用性があるとの議論である。市場は、契約関係を土台に、価格をシグナルにして、独立した経済主体同士が、その都度需要と供給の動きを見ながら取引に関する意思決定を下す。ただ、すでに述べた自動車産業のように、中長期的な取引関係を基盤とする産業活動にとっては、市場という場は、時期ごとに統一性のない取引（機会主義）、計画性のない非効率的な情報交換、長期的な投資を回避する傾向などの問題を生み、長期的な発展を阻害することもある。その問題を避けるために、継続的な取引関係を結ぶ会社をすべて買収して、一つの大企業組織にまとめることが、「階層組織」という取引のガバナンスの仕組みである。しかし他方で、大規模階層組織は、大企業病を引き起こしたり、過大な資本を持つためのリスクを抱え込む面も有する。大きい会社はその体を維持するために、大きな売上を必要とし、短期的な需要の低下が非常にこたえる。

これらの中間的な取引形態として、組織社会学者パウエルは、ネットワーク組織があり、ネットワーク的なガバナンスがあるとする。ネットワーク・ガバナンスは、ネットワークを通じたコミュニケーションや相互作用によって、長期的で期間の限定されない経済取引関係が柔軟で精妙に制御される仕組みである。そして、取引におけるコンフリクト解決は、価格交渉でもなくボスによる上下支配でもなく、まず継続的で互酬的な相互作用で行われる。さらに、評判の上昇・下降を通じても行われる。期待以下の取引をすると、その会社の技術や性能、水準についての評判が下がり、期待以上のことを

表 8-1　ネットワーク組織のガバナンスの特徴

主たる特徴	形　態		
	市　場	階層組織	ネットワーク
規範的基礎	契　約 所有権	雇用関係	補完的な強さ
コミュニケーション手段	価　格	ルーティン	関係的
コンフリクト解決の手段	価格交渉 ～司法の強制，訴訟	管理的決定 ～監督	互酬性の規範 ～評判での影響
柔軟性の程度	高	低	中
当事者間のコミットメント量	低	中から高	中から高
雰囲気の特性	精密的かつ／または猜疑的	公式的 官僚的	制約が少ない 相互利益
行為者の選好・選択	独立的	依存的	相互依存的
形　式	反復的取引（Geertz［1978］） 階層的文書としての契約（Stinchcombe［1985］）	非公式組織（Dalton［1957］） 市場的な特徴：利益センター，移転価格（Eccles［1985］）	多元的パートナー 公式規則

（出所）Powell［1990］p. 300, tab. 1.

すると評判が上がる。このようなネットワーク取引のガバナンスの特徴は、表8-1に示している。

つまり、ネットワーク組織は、継続的な取引関係が有効な経済活動の領域では、市場および官僚制組織よりも効率的にそれを調整できる。なぜなら、長期の不確実性を削減する上で効果的であるからである。中間組織論も経済学的に、こうしたネットワーク・ガバナンスの有効性を指摘している。継続的で期間が限定されない取引関係は、きちんと取引条件が確定できるスポット契約の関係と異なり、「関係的契約」の関係になるといわれる。関係的契約とは、これまでも触れたように、長期的だったり、取引条件を明確にできなかったりする場合に、取引関係を相互にきちんと調整し合おうという契約関係である。系列取引や長期的な提携関係などはこれに当たる。こうした関係的契約は、取引当事者同士の持つ社会ネットワークでの相互作用を通じて行われる場合が多い。例えば、多くの提携契約では、問題があったときには、「相互に誠実に話し合う」ことになっている。不測の事態を共同解決する枠組みが紛争解決メカニズムとして合意されているのである。そこでは、大なり小なり互恵性の原則が働く。その意味で、社会ネットワーク理論を用いた分析が有効な面がある。

第二に、これとは別系統の政治学や行政学でも、別のネットワーク・ガバナンスの議論がある。いわゆる公共サービスの民営化の進展に伴い、公共セクターにおいて、政府と民間（企業、NPOなど）が協力してサービス供給する枠組みとその調整の仕組みが、「ネットワーク・ガバナンス」として議論されるようになってきた（Goldsmith and Eggers［2004］邦訳第一章）。

現代においては、政府の公共サービスは、ますます、現代社会のニーズに合わせた形での現代化と専門化が求められている。つまり、その供給に対して、時代環境の変化に合わせた柔軟な変化と専門家の活用が必要とされている。このような状況に対して、従来のヒエラルキー的な政府は、うまく対応できない場合が増えてきた。そうした場合には、政府自体もネットワーク型の政府形態をとり、政府外部の専門人材、企業、非営利団体などのキープレーヤーに政策決定やサービスの供給に参加や関与を求める。そして市場や社会の求める公共サービスを提供できるように資源を集めた供給体制を作り、その柔軟な調整を行うとともに、その現代化を行う体制作りが求められている。公共セクターも、民間企業セクターのネットワーク組織を見習いつつ、ネットワーク型の政府作りが求められているのである。

ネットワークの持つ構造効果の検討

ネットワークの持つ構造的な個性が、経済的な行動や取引関係のあり方やその展開に対して実際に影響することについて、進化する社会ネットワーク分析の解析手法を用いて、分析されるようになった。実際の現象の計量分析やその意義の解釈分析から、その理解が深まりつつある。従来のネットワーク論が、ネットワークの観念的な議論にとどまっていたのに対して、これは独自な観点を示している。例えば、ウッジは、実際のニューヨークの企業データの研究から、理念的には望ましいと考えられていた継続的ネットワークを多く持ちすぎると、倒産確率を高めるので、一定程度新規な取引を持つ方がよいことを明らかにした（Uzzi［1996］）。長期的で継続的な関係にある企業とだけ取引をしている企業は、マンネリとなりイノベーションを起こしにくくなるので、倒産しやすい傾向になると説明した。こうした実際のネットワークの構造的な特性や効果のあり方を検討することで、組織の状況に応じてどのようなネットワーク特性が望ましいのかがわかってきた。

ネットワークの構造的な分析の手法は、計量的な面でも、その関係の質的な理解の面でも、近年急速に発達してきた。そうした分析手法が、さまざまなネットワーク組織の構造特性とそのパフォーマンスへの影響を明らかにしてきている。中でも、ネットワークの計量的な構造分析手法として発達してきたのが、数学的なグラフ理論を用いた「社会ネットワーク分析」である。これは、新しい経済社会学を理論的な基礎としながら、米国を中心にして、組織理論に対しても導入されつつあり大きな成果を上げつつある。他方で、ネットワークの関係内容の質的な理解を深める分析手法が、欧州を中心にアクター・ネットワーク理論として展開している。これは、ネットワークにおける相互作用やそこで共有される意味、そしてそれが構造的に生成する意味構造を質的に分析しようとしている。

ネットワークの計量的な構造分析は、多様な構造形態の分析を行い、そのさまざまな効果を明らかにしつつある。例えば、次章で中心的に検討するような構造特性の数々、すなわちネットワークの中心性の高さ、紐帯の強さ、凝集性の高さ、構造的に相似な存在、バラバラに存在する個人や組織を媒介するブリッジ的な存在などが個人や組織の業績に与える効果について、実証的に明らかにしつつある。現実的にも、中心的な位置にいる個人や企業は、ほかよりも情報に多く触れるので、有利な行動をとったり、権力を持ったりしやすい。また、ブリッジ的な存在が多い場合には、新規で異質な情報が出会いやすいので、ラジカルなイノベーションが起きやすいということがわかってきた。

質的な分析も、個々のネットワークの中で共有される意味の世界やその構造を明らかにしつつある。もともと、個々の関係ネットワークにおける信頼の質や発達メカニズムについての検討が進んでいたために、こうした研究は欧州で根強い。例えば、イタリアの地域的なブランド産業の水平的なネットワークとそれを支える独特の信頼構造の研究は、その代表例である。ブランド製品を作る企業ネットワークは、その背後にある地域における深い交流を基盤に、信頼関係が築かれている。近年は、さらに、こうした信頼の研究をより発展させた形で、ラトゥールの提唱したアクター・ネットワーク理論というアプローチがある（Law and Hassard［1999］）。この理論では、あるネットワークにおける相互作用の仕組みとそこに作られる意味世界の研究が進められている。その代表的な応用例が、病院の看護をめぐる研究であり、ある病棟の医者、看護師、医療技術者、患者の織りなすネットワークにおいて、治療の現場が持つ独特の意味の世界とその変容のプロセスを明らかにしつつある。

●2 社会ネットワーク理論と組織理論

その発達と組織理論への影響

社会ネットワーク理論は、数学的な起源を持ち、心理学、社会学、人類学の研究の中で発達を遂げるとともに、組織理論にも一九八〇年代以降に導入され、大きな影響を与えるようになった。社会ネットワーク理論は、数学的なグラフ理論の発達をもとにしつつ、ネットワークに関する理論的知識の拡大と解析手法の発達に伴う形で成長した。社会ネットワーク分析という社会ネットワークに関する理論パラダイムの成長は、金光淳の『社会ネットワーク分析の基礎』（金光［二〇〇三］）の第二章に詳しいので、ここではそれに基づき、その成長と組織理論への導入について、簡単に触れたい。

社会科学分野における社会ネットワークの分析理論は、一九三〇年代のレビンやモレノらのグループ・ダイナミクス研究の頃から発達を見せ始めた。ミシガン大学にグループ・ダイナミクス研究センターが一九四八年に設置された後、カートライトらの主宰するグループ・ダイナミクス研究が発達した。グループ・ダイナミクスは、集団における人間関係の力学を研究する社会心理学的な領域である。そこにおいて、人間関係のネットワークを解析するソシオメトリーが発達し、これが数学的なグラフ理論を導入しつつ、社会ネットワーク分析の基本的な理論モデルと解析手法の発達を促進した。

他方で、一九六〇年代におけるイギリスの「マンチェスター学派」といわれる社会人類学が、社会構造を捉える分析手法として社会ネットワークを積極的に用いた。そして、一九七〇年代にハリソン・ホワイトが中心となり、米国ハーバード大学社会関係学部において、「ハーバード・ブレークスルー」といわれる、社会ネットワーク分析のパラダイムにおける「ビッグバン」のような急展開が見られた。ここに、現代の著名な社会ネットワーク理論の研究者が集まり、理論と解析手法の急成長を推し進めた。そうした人たちに、グラノベッター、ウェルマン、ボナチッチ、シュワーツ、ユジームなどの研究者がいる。

こうした社会ネットワーク研究者たちの一部が、一九八〇年代から、発達した社会ネットワーク理論を積極的に組織論に導入しようとする動きを展開する。いわゆる社会ネットワーク理論の「組織論的展開」である（金光［二〇〇三］五〇頁）。スタンフォード大学のグラノベッターのような組織社会学者だけではなく、シカゴ大学のバート、ミシガン大学のベイカー、クラックハートなど、米国の著名ビジネス・スクールにおいて組織行動論を担当する研究者たちが、社会ネットワーク理論を用いた組織研究を展開するようになる。

数学的な進化をした社会ネットワーク理論は、現代の組織理論の研究を活性化しつつある（Kilduff and Tsai［2003］pp. 61－64）。社会ネットワーク理論は、まず、組織のコンティンジェンシー理論の考え方をふまえ、組織をめぐる状況に応じてネットワークの最適なタイプは異なるという考え方を示している。例えば、品質管理活動を活性化するにあたって、チームの同質化を図る場合には、チーム内部でのネットワークに強くて凝集的な紐帯を形成した方が高業績を上げやすい。クラックハートのいう「強い紐帯の強み」という議論である（Krackhardt［1992］）。他方で、弱い紐帯が広く展開するネットワークは異質で新規な情報の交流が活発になるので、ラジカルなイノベーションに向く。グラノベッターのいう「弱い紐帯の強み」という議論である（Granovetter［1974］）。

社会ネットワーク理論はさらに、一九七〇年代に組織理論において、関係ネットワークを中心的に考察しつつ発達した資源依存理論の知的遺産を受け継ぎ、それを大きく発展させた。組織間関係が組織行動にとって重要なチャンネルだという資源依存理論の議論を引き継ぎ、焦点組織がいかに資源供給者とのネットワークを展開し、最適化しているかとの観点を示した。それ以外にも、先に紹介した代表的な組織に対する見方である「組織生態学」や「組織進化論」、「社会学的新制度学派」組織理論といった異なる理論との融合と協働も展開している。産業やクラスターのような組織の群れにおける進化では、ネットワークは重要なチャンネルとして機能している。そして、制度学派は、組織の文化や制度の変容においてネットワークが重要な要因となることを示しつつある。このように社会ネットワーク理論は、組織理論にとっては、新たな閉鎖的な理論パラダイムではなく、むしろ他のパラダイムと融合し、複合的に発達するパラダイムとして成長してきている。

組織が社会へ「埋め込まれている」影響

社会ネットワーク理論は、「新しい経済社会学」という独自の経済組織モデルを前提として発展してきた。その第一の前提は、「組織の埋め込み」である。つまり企業も政府もNPOも、経済組織として行う活動は、社会ネットワークを通じて社会へ埋め込まれている。これは前述のように、カール・ポランニーの「埋め込み」という考え方を、グラノベッターが発展させた考え方である。グラノベッターは、組織はネットワークを介した社会との相互作用を通じて、社会の持つ価値、文化、規範、行動パターンのあり方を共有し、影響されるため、その相互作用を分析することの意義があるとした。ただ、彼は同時に、近代市場社会において、「埋め込み」は、歴史的に見れば弱いものにとどまり、組織の自由な行動の範囲は相当あるとする。

ノース・ウェスタン大学のウッジは、継続的な経済的取引ネットワークの検討を行うと、こうした埋め込みの意味がよくわかるとする（Uzzi［1996］）。彼は、新しい経済社会学の代表的な概念を用いて、二つのタイプの経済的な取引関係を対比する。一つは、容易に解消可能な取引関係である「距離を隔てた紐帯」（arm's length ties）であり、もう一つは、継続的な取引関係である「埋め込まれた紐帯」（embedded ties）である。確かに市場取引において容易に解消可能な関係を増やすことは、別の面から見ると、次々に新しい取引相手と関係を容易に結ぶことができるので意味がある。一方、継続的な取引関係つまり「埋め込まれた紐帯」は、長期的に協働すると成果の出る産業活動や経済活動においては、大きな意味を持つとした。とくに、映像コンテンツ産業やファッション産業のような文化・価値・知識を共有・共創する産業活動では重要な関係資源であるとした。

ウッジは、ニューヨークのファッション産業の研究を通じて、生き残る企業が独自に持つネットワークのポートフォリオ戦略を見出した。高品質のファッション・デザインの製品を作っていく上では、「埋め込まれた」継続的な取引関係が重要であり、他方で、イノベーティブな製品作りには、「容易に解消可能な」すなわち短期的で浅くなりがちな取引関係を多数持つ必要があることを明らかにした。

例えば映画「プラダを着た悪魔」（二〇世紀フォックス映画、二〇〇六年）で描かれたように、ニューヨークのファッション業界では、業界内の価値や情報を共有するネットワークが、高級ブランドのデザインや製品生産、その情報発信にとっては重要である。他方で、映画のヒロインのようなファッション世界に関心のなかったまったくの新参者が、そのネットワークに参加して、新しい視点やモードを提案してくれることもそのダイナミズムの源泉となっている。そして、高級ブランドのマネジャー、デザイナー同士は、ファッション・ショー、イベント、バー、クラブなどを通じて、顔見知りとなり、協働と離反を繰り広げる。そもそも、ニューヨークのファッション界という場におけるネットワークの内部で生きていること自体が大きな意味を持つのである。

マクロ／ミクロな埋め込みと経済的ネットワークの重層性

「埋め込み」という観点から見ると、社会構造や社会的な事情が、社会的ネットワークを介して個人や組織の経済行動とつながり、影響を与える。その影響の仕方には、主なものが四つあると考えられている（DiMaggio and Zukin［1990］）。

第一に、個人や組織が、認知面においてネットワークの共有する見方や価値観に影響される（認知的埋め込み）。何が望ましい経済行動かという捉え方やブランドに対する感覚がそうである。第二に、経済的な目的や行動に関する価値や信念などの経済文化が、ネットワークを通じて個人や組織の経済行動にも影響を与えることである（文化的埋め込み）。例えば、日本での買収や合併の際に、売却者が暗黙の内に買収先に従業員全体の雇用保障を求める傾向がそうである。第三に、社会ネットワークの構造形態が経済行動に直接に影響する（構造的埋め込み）。例えば、狭い社会集団で相互に緊密に結合している凝集的なネットワーク構造の場合は、集団内部での価値観の同質化を進めやすいとされる。第四に、よりマクロで政治的な面に注目する見方であるが、経済的な制度や意思決定に対して政治的な勢力関係や意思決定が影響する（政治的埋め込み）。例えば、中央銀行の利上げや資金供給の意思決定は、「独立性」の原則がある。けれども、総選挙が近づいてくると、政治家、官僚のエリート・ネットワークを介して、政権与党の意向の影響が見られることがあることはままある。

埋め込みの影響に対しても、その範囲に応じてマクロな埋め込みとミクロな埋め込みの二つの水準に分けられる。認知的、文化的、政治的という三つの埋め込みは、社会的な文化、価値観、仕組みや事情が、組織や個人の経済的な行動に対して幅広く影響するという点で割合にマクロな捉え方である。それに対して、個人や組織が直接に属している社会ネットワーク単体が持つ構造形態、プロセス、価値や文化、ネットワーク資源のあり方が、個人や組織の経済行動そのものに直接に影響することに注目するのは、よりミクロな捉え方である。マクロな埋め込みとミクロな埋め込みというのは、まだまだ新しい見方である。これは、個人、組織、組織間、産業間、経済セクター間、国際市場など、個人のミクロな経済的次元からよりマクロな次元へと、それぞれの経済的なネットワークが存在し、それらが重層的な構造をなしているとの見方を示している。つまり、個人、組織（企業、政府、NPO）、経済制度、社会システムを結合・編成する重層的なネットワークとそれを統治する仕組みがあるとし、そのメカニズムを考えることで、経済社会学的な資本主義経済分析を独自に行うアプローチを示している。

ただ、社会ネットワーク理論による組織理論は、「埋め込み」を「構造的な埋め込み」という側面で中心的に捉えており、社会ネットワーク自体の構造形態やプロセスが直接に組織や個人の経済行動に対して与える影響に注目している（Uzzi［1996］）。ここでも、そういう局面に注目しながら、構造的な埋め込みを中心に考えてみたい。

社会ネットワーク理論の独自な視点

社会ネットワーク理論は、科学論的に見ると、ネットワークという中間水準のレベルの構造形態の面から分析するところに、その視点の独自性があるとされる。その視点の独自性は、従来の一般科学の分析や説明と多少異なるので注意しなければならない。金光の議論に従いながら、社会ネットワーク理論家ウェルマンが示した、その六つの基本的な思想的傾向について大まかに紹介していきたい（金光［二〇〇三］二八-三八頁、Wellman［1988］）。それらは、①社会的構造主義、②関係主義、③多重文脈主義、④階層的な世界観と非還元主義、⑤分析単位の非独立性、⑥構造的な因果説明である。

まず、社会的構造主義とは、社会ネットワークという構造が個人や組織の行動、相互作用に対する重要な社会的制約として影響するという考え方である。個人や組織の行動に関する意思決定と実践に、行動のフリーハンドは与えられておらず、むしろ社会の仕組みや文化が行動を制約すると考える。第二に、個人や集団の関係を分析単位とし、個人や集団を個別的に分析単位としては捉えない傾向がある。その意味で、関係第一主義である。第三に、何重にも折り重なった個人や組織のネットワークは、彼らの意思決定や行動、相互作用に対して、重層的な社会的文脈として影響するという考え方である。例えば、社会における個人や集団の網の目のような所属関係が、彼らの行動に影響する。いわゆる、人脈論的な発想であり、学閥、派閥、出身地域、経験した職務などでの人間関係が、個人や組織の行動に影響すると考える。

第四に、社会構造をネットワークの重層的な階層構造として捉えて、そうした階層構造の影響を考える視点を持ち、さらに、それらの構造的な効果に注目し、安易に個別要素に分解しない考え方である。これを受けて第五に、ネットワークの結合関係に含まれている人々や組織は、そうしたネットワ

図 8-1　社会ネットワーク理論の説明図式

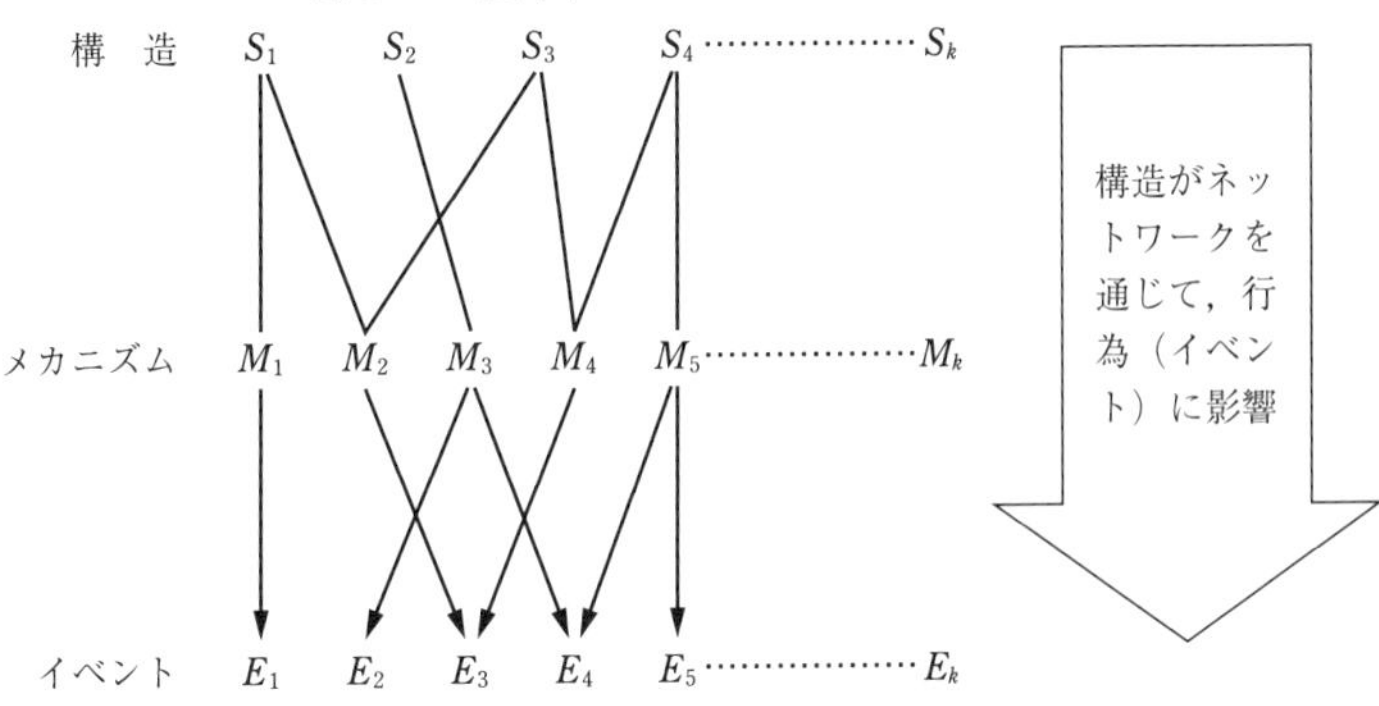

（出所）　金光［2003］36 頁，図 1-15 を筆者一部改変。

ークの全体構造からの影響を受けると考える。つまり分析単位は、個人や組織ではなく、それらがなすネットワークでであると考えられており、その分析対象は、ネットワークの構造メカニズムである。これはネットワーク分析が、個別のネットワークの持つ個別の構造のメカニズムを事例的に分析するという、きわめて事例研究志向的な研究姿勢をとっていることを意味している。また、ネットワーク分析手法の数理的な特性からも影響を受けている。そして最後に、こうした事例研究志向から、その分析結果も安易に普遍化するのではなく個別のネットワークの持つ社会構造が全体として持つ因果メカニズムを明らかにし、説明しようとするという姿勢が見られる。社会構造が、行動や意思決定という個別の行為現象（イベント）に対して、ネットワークという中間水準のメカニズムを通じて働きかけるという独自の構造的な視点をとる（図 8-1）。その意味では、ネットワークのきわめて個別的な事例を志向し、その説明の仕方は、中範囲の理論の立場をとっているのである。

第9章

組織へのネットワーク効果

●1　組織とキャリアにおけるネットワーク効果

幅広く展開される研究

ビジネスでのネットワークのあり方は、企業等の組織やビジネスパースンの行動・業績に対してどのような影響を与えるのだろうか。組織理論は、社会ネットワーク理論を幅広く導入しながら、近年、企業、NPO、政府などの組織におけるこうした効果研究を広範に展開しつつある。ことに、個人や組織の業績に対して、好影響を与えるネットワークの持つ資源としての価値に対する関心が高まっている。南カリフォルニア大学教授のアドラーらによれば、組織に関連したネットワークは、そうした組織の「ソーシャル・キャピタル」として、企業や団体などのイノベーションや付加価値を高める活動の上で重要な経営資源になるものであると注目されつつある（Adler and Kwon［2002］）。

アドラーによると、社会ネットワーク理論の視角から見ると、企業組織やビジネスパースンにとって有用な社会ネットワークの働きを明らかに確認できる領域として、次の六つが挙げられる。それらは、①ビジネスパースンのキャリアに対する人脈の効果、②企業間での取引関係への効果、③イノベーションに対する促進効果、④組織の統合を進めて業績を上げる効果、⑤ベンチャーの活性化と成功への影響、⑥社会サービスの供給に対する効果である。その代表的な研究例を見ながら、どのようなネットワークの効果が重視されているのかを考えてみたい。

キャリア研究

個人間および組織間のネットワークは、ビジネスパースンのキャリアの発達に影響を与えている。この効果は、組織に関する研究において、社会ネットワーク理論導入の初期から精力的に取り組まれてきた課題である。代表的なものとしては、グラノベッターの転職の研究や、バートの昇進への影響の研究がある。

① 転職への弱い紐帯の効果　ビジネスパースンの転職については、彼らが広い社会ネットワークを持つとうまくいきやすいという傾向がまず確認されている。グラノベッターは、一九七四年に出版した『転職』という本の中で、転職の際には、普段は薄い付合いである「弱い紐帯」からもたらされる新しい仕事に関する情報が、実際の転職活動に効果的であることを明らかにしている（Granovetter [1974]）。

彼は、ボストン市およびその周辺地域にいるホワイトカラーの転職行動の研究を行った。そして求職および採用に関する情報は、経済学の伝統的なジョブ・サーチの理論が想定しているほど、市場では広く伝播せず、むしろ社会ネットワークを通じて広がることを見出した。日常的に頻繁に会っている人々のネットワークではなく、友達の友達などのような薄く間接的なネットワークからもたらされる採用情報が、よい仕事であったり、よい条件であったりする場合があり、実際の求職者と採用者のマッチングに効果的であることを見出した。彼は、こうした弱い紐帯のネットワークが広く広がっており、そこで循環している情報がまったく新しい職務や人を探し出す上で効果的であるとした。これ

図9-1　構造的空隙とその効果

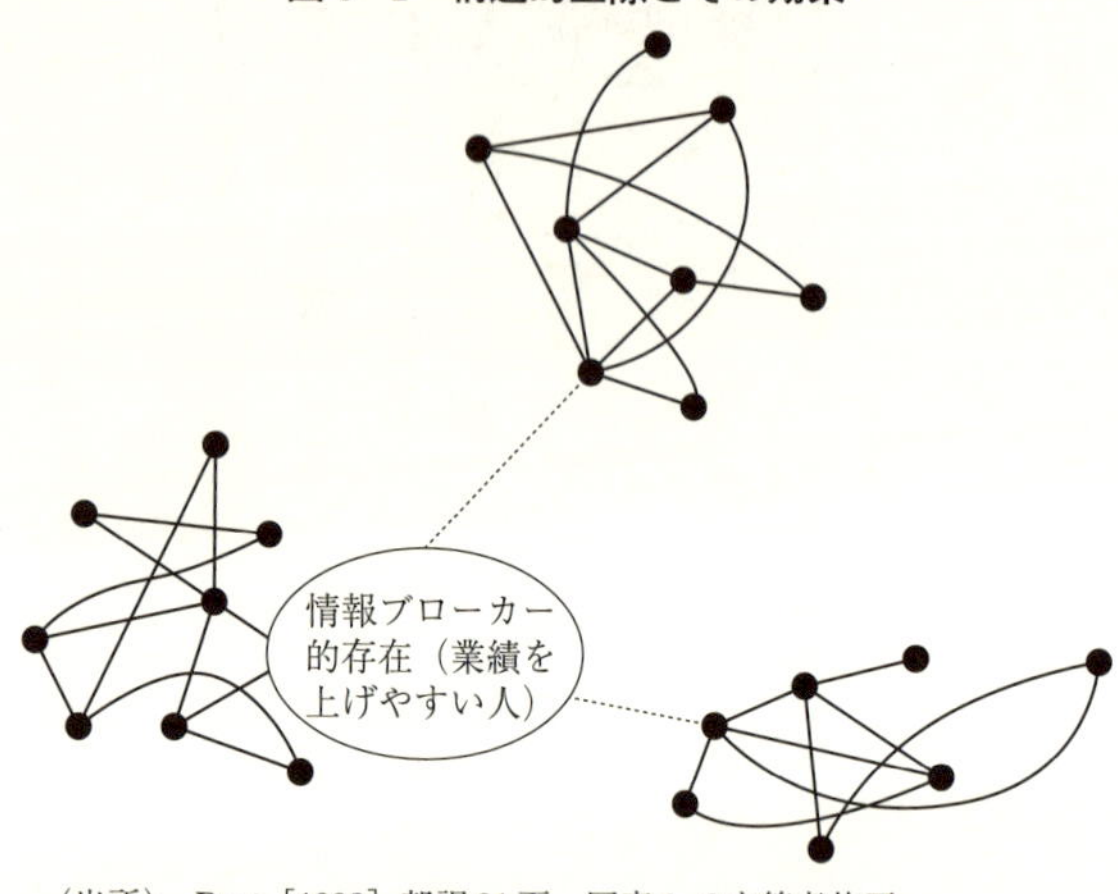

（出所）　Burt［1992］邦訳21頁，図表1-6を筆者修正。

を彼は、「弱い紐帯の強み」という逆説的なネットワーク効果として定式化した。

この弱い紐帯については、日本においても一九九〇年代のバブル崩壊以後、転職が増えるにつれて、場合によっては転職に好影響を与える傾向が渡辺の研究で認められるなど、状況の変化が見られつつある（渡辺［二〇〇二］）。このように、社会ネットワークの構造や発達は、キャリアの変化に対して大きな影響を与える。

② 昇進への効果　一方で、社内で顔の広いネットワークを持つ管理職が出世しやすい傾向も見出されている。バートは、あまり接点のない、異なる社内のグループ同士をネットワーク上で結合する位置にいる管理職が、出世しやすい傾向にあることを見出した（Burt［1992］）。彼は、グラノベッターの弱い紐帯の強みを発展させて、比較的接点のない下位ネットワーク同士を媒介するブローカー的な立場の持つ競争的な優位を、「構造的空隙」（structural holes）と呼んだ（図

9-1)。彼は、そうした立場にいる管理職が、そうでない管理職に比べて、ビジネスの上で有利な情報に接することができたり、それを通じて権力を獲得しやすかったりするので、昇進競争で有利であることを、実際の調査分析から明らかにしてきた。

③ キャリア・ネットワーク研究への展開

そのほかに、ネットワーク上での有利な地位が、経営者の給与を高くしたり、効果的なメンタリングを受けやすかったりするなど、キャリア開発への成果があると見られている。さらに、シリコンバレーやバイオテクノロジーの集積地域においては、企業研究所、大学、研究機関の間で転職する際、よい仕事やよい人材の移動には、人的ネットワークの発達が好影響を与えることも認められている。例えば、第5章の図5-5で触れたように、米国においては従業員紹介制度が存在し、とりわけシリコンバレーにおけるIT企業でのIT技術者の採用に関しては六割前後が現在の従業員の紹介を受けており、社会ネットワークを通じて採用されていることがわかる。質のよい人材とよい仕事に関する情報は、マスメディアでもインターネットでも入手しづらく、現在でも意外と人と人との間にある情報に依存している。

企業間取引関係への効果

取引関係や協力関係、資本関係などのさまざまな企業間取引関係において、社会ネットワークは、重要な役割を果たしていると考えられている。企業間関係においては、一九八〇年代頃から、二つのタイプのネットワークが、資本主義経済に対して大きな影響を与えているとの議論が展開された。一つが、欧米における兼任取締役ネットワークであり、もう一つが、非欧米型資本主義モデルとしての日本の系列研究である。そして近年、大きな研究テーマとなっているのが、サプライヤー・システムや提携関係の研究である。日本の系列が国際市場で成功したことをふまえて、垂直統合する単独大企業よりも、発注企業とサプライヤーとの緊密な分業システムを発展させるサプライヤー・システムの方が、自動車産業や電機産業のような製品革新と品質改善を継続的に行う産業では有利であるとの議論が出てきた。

以下では、企業間関係と社会ネットワークのかかわりに関する研究として、代表的な五つの領域、すなわち①兼任取締役ネットワーク、②系列、③サプライヤー・システム、④提携、⑤産業集積もしくはクラスターの研究例を紹介しよう。

①　兼任取締役ネットワーク　欧米の資本主義社会では有力企業同士は、企業間に広がる外部取締役を交換しているネットワークを通じて意外と結合しており、相互に戦略的な見方を共有したり、似たような意思決定を行ったりすると考えられている。近年、日本でも定着してきた外部取締役という制度は、欧米では、早い段階から普及していた。ある企業の経営者が他の企業の取締役を兼ねることで、経営者交換のネットワークが主要企業間で発達していた。最も代表的なものはドイツ銀行であり、この銀行は、融資している企業の数多くに外部取締役を派遣している。そうした企業間の経営者ネットワークに注目して「兼任取締役ネットワーク」の研究が進められている。この研究は、株式市場に上場している主要企業間の経営者ネットワークが、企業戦略の決定や方向性に対して大きな影響を与

えると考える。そして、そのネットワーク的な視点から、現代の資本主義経済においては、兼任取締役のネットワークが一定の権力を有しており、経済活動全体のあり方に大きな影響を与えると考えられている。

代表的な研究としては、米国に、ミンツらのグループやミズルッチのアメリカ上場企業における兼任取締役ネットワークの研究がある（Mintz and Schwartz［1985］, Mizruchi［1982］）。ミズルッチは、一九六〇年代までは、企業間の兼任取締役ネットワークの密度が低下していたものの、一九六〇年代後半からは、再びそのネットワークが密になり、企業間の結びつきが、ことに金融機関を中心に強くなっているとする。ミンツらも、同じくネットワークの緊密化が進むとともに、金融機関がその中心的な位置を占めている傾向を指摘している。

② 系列　日本経済の発展は、欧米のパターンといくらか異なるパターンをたどってきたが、ことに、企業系列という独特な固定的企業間関係の存在が果たした役割は大きいとされる。日本経済論における系列研究という領域で、カリフォルニア大学のリンカーンらのグループは継続的に、日本の系列についてネットワークとしての特徴とその変動の研究を行ってきた（Lincoln and Gerlach［2004］）。系列とは、下谷［一九九三］の議論をもとにすれば、ある大手有力企業を中心に、長期的で継続的な取引関係を持つ複数の企業が、物財、サービス、資金、情報の交換を行う固定的な経路を形成し、中核の大手企業から一定のコントロールを受ける関係と考えられている。金融機関を中心とした融資系列、大手メーカーを中心にした生産系列、および流通系列などがある。

図 9-2　日本の４つの企業集団の企業間での株式所有／取引ネットワークの時系列変化（1962～97 年度）

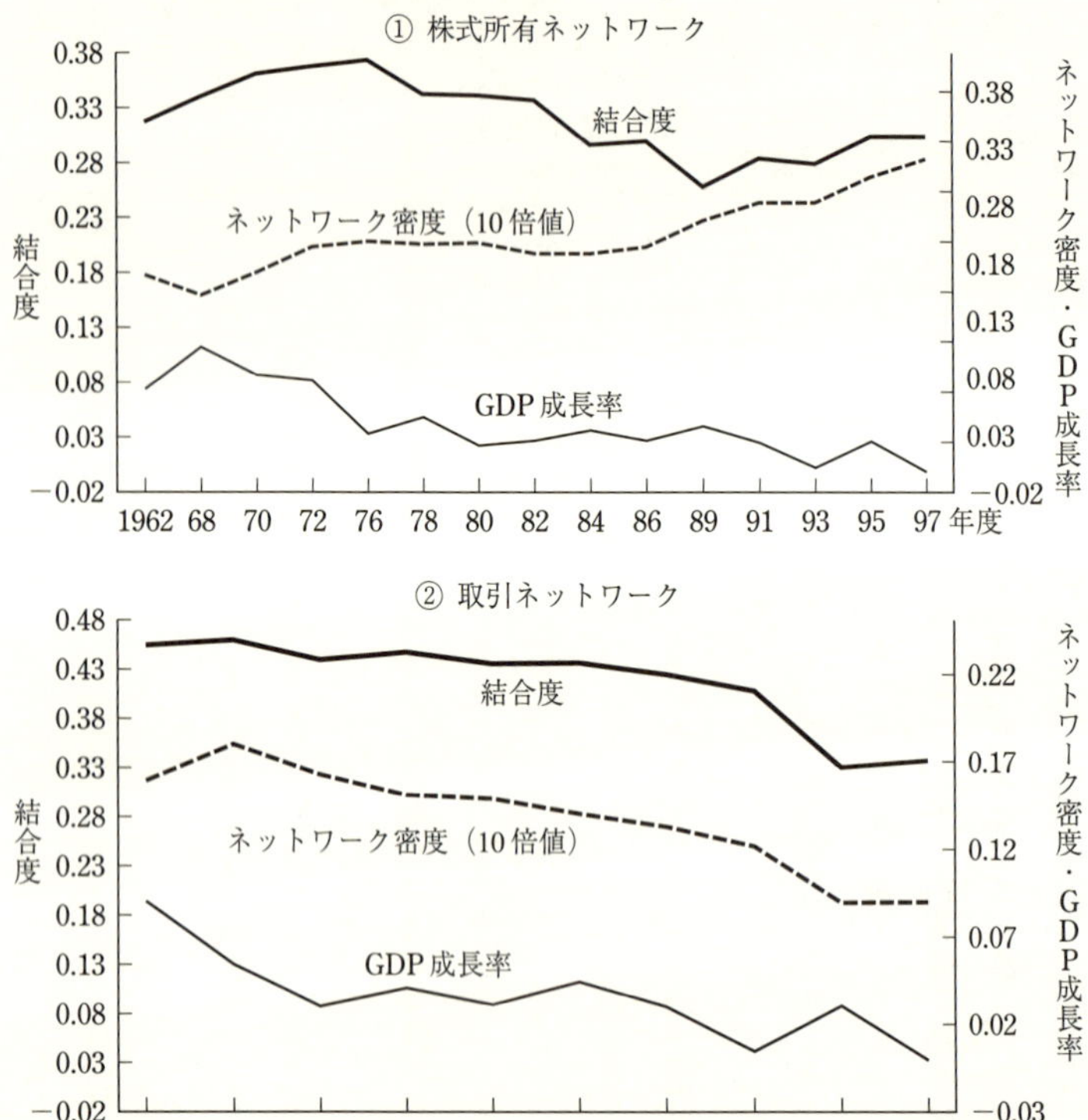

（出所）　Lincoln and Gerlach［2004］ p. 101, fig. 3. 1 を修正。

リンカーンらは、日本の主要二〇〇社の融資や取引の関係を時系列的にネットワーク分析して、その系列取引の一九七〇年代から九〇年代までの変化を捉えている。その代表的な研究結果として、三井、三菱、住友などの有力企業が融資と株式持合いでつながった六大企業集団のうちの四つ（水平的系列）は、ネットワーク密度（第10章で詳述）の変化に注目すると、資金的なつながりが高まっているのに対して、取引関係や経営者派遣の関係においては関係が薄れてきている傾向を指摘している（図9-2参照）。すなわち、いわゆる六大企業集団においては、従来の旧財閥系の企業集団の関係は弱まってきており、むしろ、求心力は資金的なつながりに変わっていた。現在もリンカーンらは、一九九〇年代の脱系列化の議論をふまえて、日本の系列の変化を追究している。

③　サプライヤー・システム　現在の企業の競争力は、その企業の持つ生産能力、技術能力だけではなく、外注企業との協力関係をうまく進める能力も重要な要素となっている。その意味で、発注企業が継続的な関係を結ぶ主要な外注企業との取引関係のシステムは、「サプライヤー・システム」と呼ばれ、そのメカニズムが競争力の重要な源泉と考えられている（藤本ほか［一九九八］）。サプライヤー・システムにおいては、適切なサプライヤーとのネットワークを形成すると高業績につながると考えられている。

サプライヤーとの協力関係についてのネットワーク分析の代表的な研究は、ウッジによる、ニューヨークのアパレル産業における発注企業と外注企業との取引関係の研究である（Uzzi［1996, 1997］）。彼は、アパレル企業における外注企業との取引関係、すなわち短期的に切り替える取引関係（arm's length ties）と、継続的な取引関係（embedded ties）の構成比率を調べ、双方のバランスがとれている企業が生き残りやすいことを明らかにしている。継続的な関係が少なすぎる場合も、多すぎる場合も、会社の倒産確率が高くなることを明らかにしている。

④　提携　近年、企業は、他社との協力関係すなわち提携関係を結ぶことで、自社内部の経営資

源に限らず他社や外部の経営資源を用いて機動的にビジネスを展開している。そうした提携関係の形成、進化そして解消には、企業間の提携をめぐるネットワークでの情報や資源の動きが、大きな影響を与えているとされている。グラッティらによれば、提携関係を形成する場合には、二つの面で、企業間でのネットワークが重要な働きをするという（Gulati and Gaugiulo［1999］）。まず、企業間の社会ネットワークにおける情報のやりとりを通じて、提携候補となる企業の正確な組織能力を知ることができる。第二に、そのネットワークを通じて、相手企業の現在の信頼度も理解できる。例えば、真剣に提携に取り組んでくれるかといったことや、提携における約束遵守がどの程度期待できるかといったことである。

ノース・ウェスタン大学のグラッティらは、提携ネットワークの分野でパイオニア的な研究を行っている。彼は、新素材、自動機械、自動車の三産業における日欧米の主要二〇〇社の約一〇年間にわたる提携関係のネットワークを研究し、新たな提携の形成に対して、以前の提携ネットワークにおける企業の立場や関係のあり方が大きく影響する傾向を見出した。彼らは、提携ネットワークにおいて、提携関係の多い企業、他の企業と何度も提携した経験を持つ企業、および相互依存関係の強い企業が、提携ネットワークの形成を活発に行う傾向を見出した。さらに、提携ネットワークは①中心部分と②周辺部分の二つに分けられ、こうした特性を持つ企業が中心部分にいる場合には提携形成をより活発に行う傾向が強化されることを見出している。

⑤ 産業集積や産業クラスター　地域企業やベンチャー企業が集積している産業集積や産業クラス

図 9-3　ボストン地域のバイオテクノロジー・クラスターのネットワーク

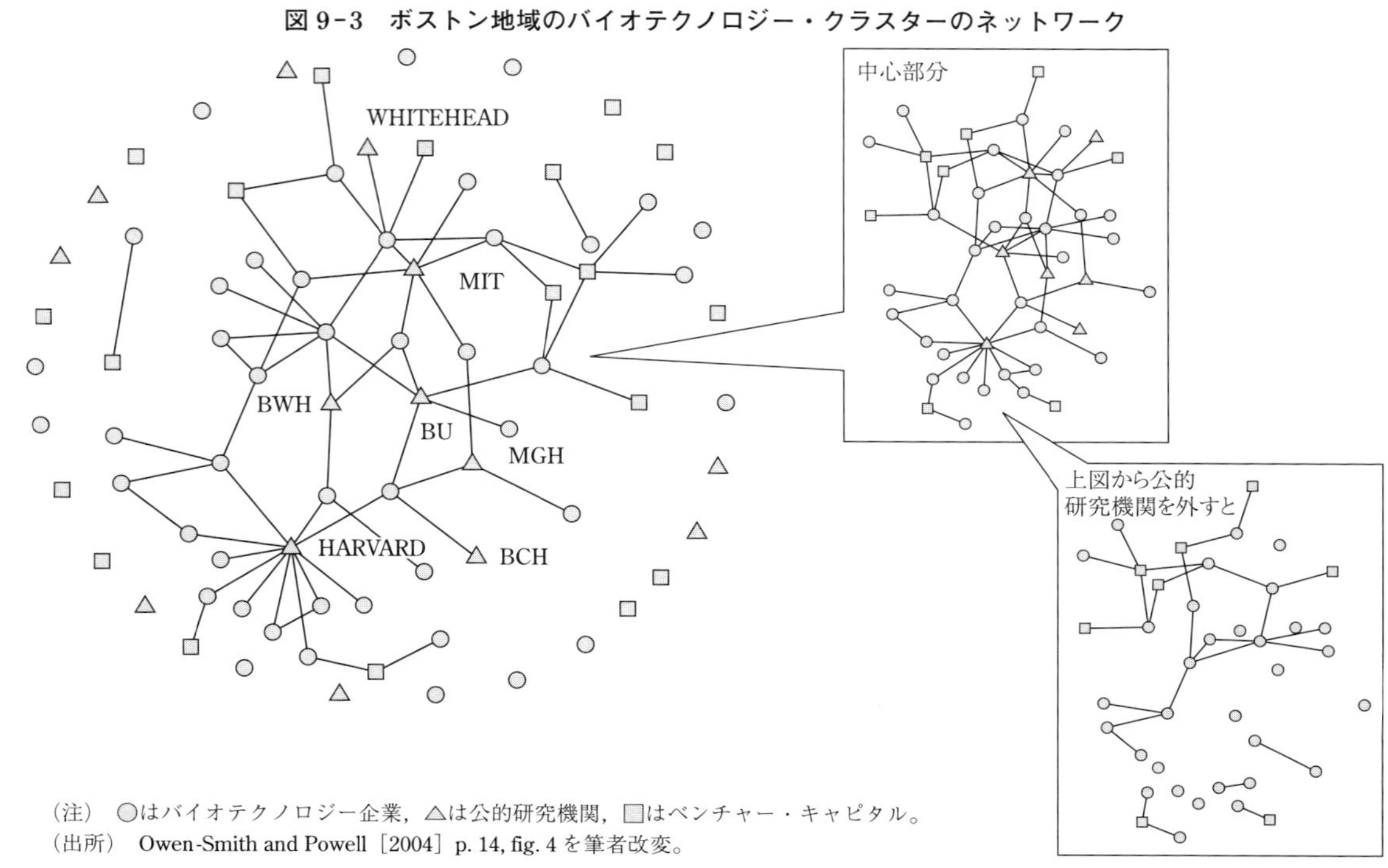

（注）◯はバイオテクノロジー企業，△は公的研究機関，□はベンチャー・キャピタル。
（出所）Owen-Smith and Powell［2004］p. 14, fig. 4 を筆者改変。

ターにおいては、地域の経営者や技術者、ビジネスパースンの内部に発達したネットワークが、技術革新、生産、販売活動における中心的な役割を果たしているといわれている。こうした傾向をネットワーク理論の観点から指摘したのは、シリコンバレーとボストンの対比を行ったサクセニアンである（Saxenian［1994］）。そうした問題意識を受けて、ネットワーク分析を用いた研究も行われている。

オーウェン-スミスとパウエルは、ネットワーク分析を用いて、一九八八〜九八年のボストン地域のバイオテクノロジー・クラスターにおける、バイオテクノロジー研究企業のネットワーク構造とその時間的な成長を研究している（Owen-Smith and Powell［2004］）。彼らは、ボストンおよびそこと関連するバイオテクノロジー研究企業が、研究開発、ファイナンス、商業化、ライセンス供与などで公式な合意をした関係のネットワークを研究した（図9-3参照）。まず、ボストン地域でこうした企業のネットワークが次々に成長していることを時系列的に明らかにした。そして、ボストン地域の内部における凝集的な企業間ネットワークとつながりを持っている企業が、特許数において高いパフォーマンスを示していることを明らかにした。さらに、こうした地域内のネットワークにおいて、多くの企業と近しい関係（高い媒介中心性）を持つ企業もまた、高いパフォーマンスを示していた。このように、バイオ・クラスターにおいては、有力な企業、機関との密接なネットワークを持つ企業ほど、高いパフォーマンスを示していたのである。

イノベーションへの効果

組織の内部や外部において、発達したネットワークが情報と知識の共有、交流や創造を進めることができた場合には、イノベーションが促進されると考えられている。組織における学習を促進する特性を持つネットワークは、イノベーション競争の只中に置かれている現代企業にとっては、重要な能力を与える（Nahapiet and Ghoshal［1998］)。現代の企業は、他社よりも高い利益を得るには、他社の製品よりも消費者の生活を便利にしたり豊かにしたりする製品を開発して、消費者の支持を集めなければならない。そうした開発を行うには、企業内にある情報や知識を活用したり、外部にある必要な資源にアクセスする必要がある。

組織の内部や組織間で、関係する人々が情報や知識の共有や創造を促進することを、組織における学習という。組織内部の学習や組織間での学習を促進するネットワークは、イノベーションを促進しやすいと考えられている。

① 組織内部での学習　多くの人とのつながりを持っていたり、外部とのつながりがあったりする人たちは、新しく多様な情報に触れる機会が多いので、組織学習においても高いパフォーマンスを示す傾向にあると考えられる。クロスらは、経営戦略コンサルティング企業でのコンサルタントという知的な職務に携わっている人の業績を調べた際に、業績の高い人は、多くの人とネットワークがある立場にいること（次章で説明する次数中心性の高さ）や、職場・組織の外部とのつながりが多いことが特徴的であることを明らかにしている（Cross and Cummings［2004］)。コンサルタントの人事での業績評価は、担当しているプロジェクトにおける、各自の仕事の革新性、品質の高さ、効率性などに

ついての①上司の評価と、②同僚の評価によって行われている。こうした知的職務での業績の高さは、彼らのネットワーク分析によると、多くの人をつなぐ立場にいること（媒介中心性の高さ）や、職場・組織の外とのつながりの多さによってもたらされていることが確かめられた。

② 組織間での学習　複数の組織の間で学習を進めることで、共同で環境の変化に対応したり、問題解決を行ったりすることができる。組織間での学習を活性化する組織間ネットワークの例として、イングラムらのホテル産業での研究がある。彼らは、オーストラリア・シドニー市のホテル産業において、集積している複数のホテル間でのマネジャーのネットワークを調べて、直接にライバルであるホテルのマネジャーとのつながりが多いマネジャーのいるホテルの方が、そうでないホテルに比べて一部屋当たりの収益が高いことを明らかにしている（Ingram and Roberts［2000］）。同じような格付けで、直接に競合しているホテルは、競争環境も同じであり、顧客層も同じである。そうしたライバル・ホテルのマネジャー間でつながりが多く、親密であると、経営環境や顧客の動向についての情報を交換、共有でき、顧客ニーズについての解釈を共有しやすい。そのために、相互にサービスを向上させやすく、また世界の顧客に対しても共通のアピールができる。したがって、ホテルの一室当たりの収益力が上がると考えられている。

組織の統合効果

組織やネットワーク組織の内部において、協働している人たちの間にネットワークが発達すると、社会統合が進み，彼らの組織への帰属意識や活動へのコミットメントが高まる傾向が見られる。本来，従業員間のコミュニケーション・ネットワークを開発すると，相互に情報の交換がなされるようになるだけではなく，考え方や価値観，行動の仕方についての交流が進み，組織としてのまとまりや連帯感も高まると考えられている。いくつかの研究でも組織内部でのコミュニケーション・ネットワークが発達すると，従業員同士の親近感が高まったり，共通の社会化が進むために，離職率が抑えられる傾向が確認されている。ここでは，従業員同士の社会ネットワークの発達が，組織への参加と帰属意識を高める効果を持つため，組織の成員の統合を促すということについて考えてみたい。

① 組織参加の促進　社会ネットワークが発達していると，組織の成員は，所属する組織に対して参加を継続し続けるようになる。例えばマクファーソンらは，全米社会調査（GSS）の結果を用いて，ボランティア組織へのボランティアの参加に対するネットワークの影響ついて研究し，ボランティアが組織内で他メンバーとの間に有するネットワークが多かったり接触頻度が高かったりすると参加継続に好影響を与えることを見出している（McPherson *et al.*［1992］）。つまり，あるボランティア組織において他のメンバーとのつながりが多い人は，その組織への参加を続ける傾向にある。けれども，その組織以外の人とのつながりが多い人は，割合参加し続けない傾向が見られる。そして，あるボランティア組織の他のメンバーへの接触頻度の高い人もまた，参加を続ける傾向がある。

② 組織帰属意識の強化　インフォーマルなネットワークが発達すると，組織の成員は，自分の組織に対する帰属意識を高めるようになる。組織への帰属意識の高さを測る指標として，組織コミッ

トメント指標が挙げられる。この組織コミットメント指標を用いて、モリソンは、組織内部での友人ネットワークでのつながりの強さや広がりが、組織帰属意識の高さに対して一定の影響を与えることを見出している（Morrison［2002］）。彼女は国際会計事務所の新入社員一五四人を対象にして、彼らのエゴセントリック・ネットワーク（各自のネットワークについての申告）をもとに、そこでのつながりが強く、他部門の人とのつながりが多いと、事務所への組織帰属が高まる傾向を確認した。つながりの強さや広さは、新入社員に組織に関する知識を持たせ、その規範や価値観に対する同化を進める効果がある。

ベンチャリングへの影響

多くのベンチャー研究者が認めるように、ベンチャー企業とその成長には、社会ネットワークが重要な社会的基盤となっている（Aldrich［1999］邦訳第四章）。ベンチャー企業は、一般に社会的な信用が乏しいので、金融機関が起業資金の全額を融資することは少なく、また他の企業から経営資源を得ることも少ない。求人をしてもなかなか人が集まらないことが多い。ベンチャー企業を立ち上げるときの資金、資源、アイディア、販路は、多くの場合には、ベンチャー企業経営者が自らの人的ネットワークを用いて準備する。日本では、超人的なベンチャー経営者の才覚一つで独立で経営・成功するイメージが強いが、実際には、経営者はさまざまな人的ネットワークを頼って事業を展開している。オルドリッチも、創業期の起業家たちが、実は、強い紐帯の狭いネットワークの中で、情報を獲得し、資源を集めて、販路を確保している場合が多い傾向にあることを指摘している。ただ、それ以上に成長しようとした場合には、ネットワーク自体を拡大することが多い。

① スタートアップへの影響　スタートアップ企業は、強い紐帯をもとに展開する場合が多い。ウォーカーらは、全米のバイオテクノロジー産業でのスタートアップ企業の企業間関係について調べて、特定のパートナー企業との多様なつながりを高密度で数多く持つスタートアップ企業の方が、それ以降の展開においても他の企業との関係が広がりやすいことを確かめている（Walker *et al.*［1997］）。すなわち、他のベンチャー企業やパートナー企業との関係の密度の濃い下位ネットワークにいるバイオ・ベンチャー企業の方が、それ以降の発展において、取引関係やその他の関係も増加させやすい傾向が見られた。したがって、スタートアップ企業の発展においては、他の関連する企業との関係を高い密度で、数多く持つことが重要である。

② 起業チームの形成　会社を興すとき、強い紐帯は重要な経営資源である。米国におけるベンチャー企業の調査でも、スタートアップ企業の経営者の半数が、平均二・二人の起業チームを形成している。そして、複数で起業した人たちの多くは、結婚相手か、親戚、かつての同僚たちなどと組んでいる（Aldrich［1999］邦訳第四章）。強い紐帯を使っているのである。さらに、スタートアップ企業は、多くの人材を雇えないので、技術アドバイス、法務、会計等の専門サービスや、その他の事業活動のアウトソーシングについても、よその専門家や専門企業との強いつながりを持ち、信頼感のある協働関係を保つことで補っている。

社会サービスの供給

組織をめぐる社会ネットワークは、社会全体に対しても重要であり、公共サービスや社会サービスを供給する社会全体の仕組みを支えている。近年、よりよい地域コミュニティ社会を目指して社会開発をする上では、社会ネットワークは重要な資源であるとの議論がある。これは、いわゆる政治学的なソーシャル・キャピタルの議論であり、パットナムがその重要性を大変重視している。

福祉、教育、医療、文化、治安などのさまざまな分野の社会サービスを供給する上で、関係する組織の間での緊密な協力関係とそこでの相互学習の展開は、欠かせないものとなっている。ただ、これに関連するNPO、ボランティア組織、地方自治体、政府組織についての議論においては、まだまだ社会ネットワークを用いた計量分析は乏しく、ソーシャル・キャピタルの社会的な意義についての理念論だけが先行している。そのために、以下では、実態研究が行われている中から、①社会サービスを提供する機関・団体の地域的なネットワークの研究と②伝統的な社会的サポートのネットワークの研究を取り上げる。

①　生涯学習サービスを供給する機関・団体の地域的なネットワーク

近年、先進国では、生涯学習社会の充実が共通に重視されており、学校を卒業したあとの成人に対する地域的な教育の仕組み作りが重要視されている。しかし、政府や地方自治体は、財政改革の必要から、そうしたサービスのために公共機関を拡張せずに、むしろ民間の企業や団体（NPOやボランティア団体）などとの協力を広く発展させながら展開する官民パートナーシップという形態をとる場合が多い。生涯学習の地域的な体

図 9-4　北ドイツのある地方の生涯学習機関のネットワーク

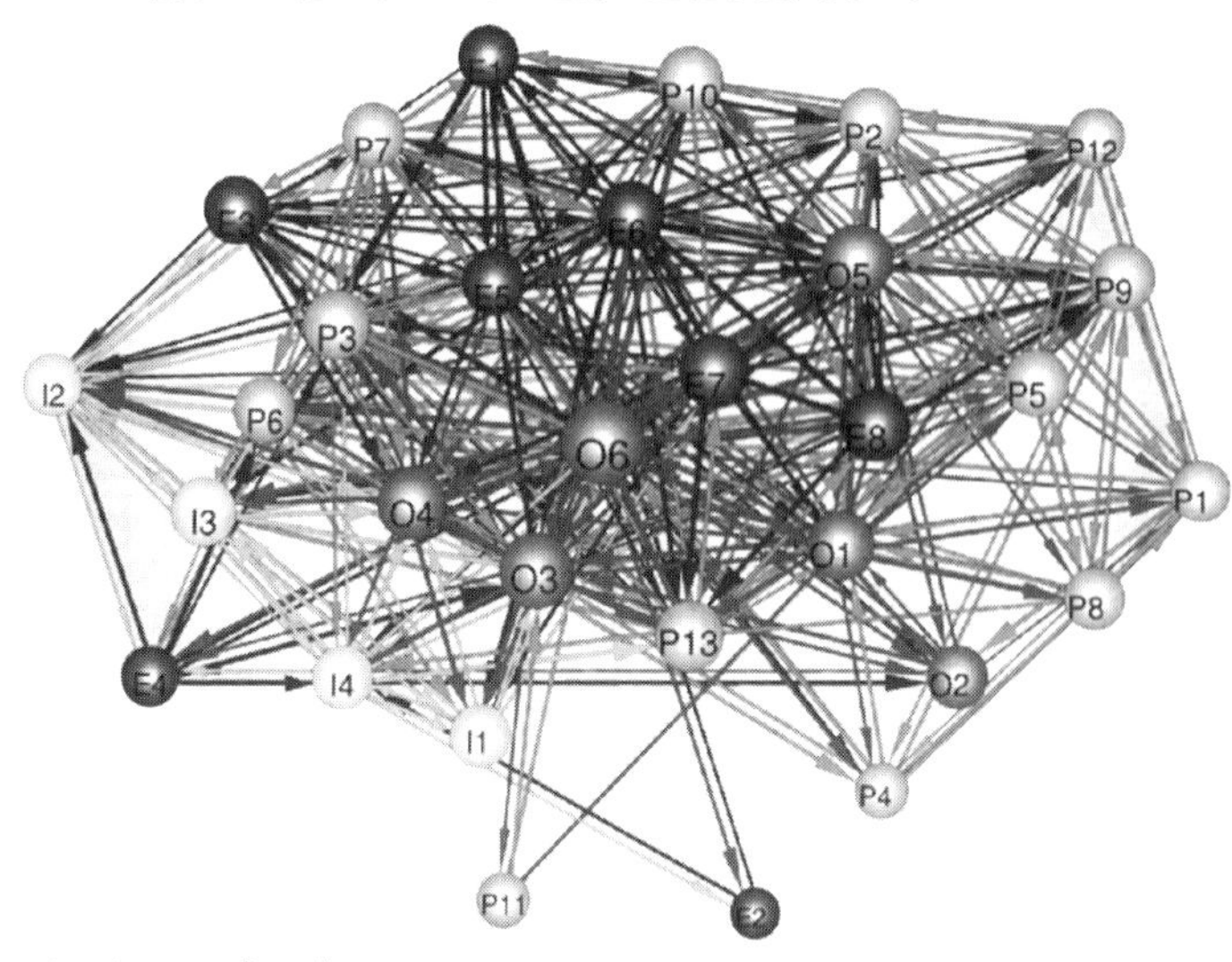

（出所）　Jütte［2007］p. 104, fig. 8.2.

制作りもこうした政策の視点から行われる場合が多い。

ユッテは、北部ドイツにおいて、生涯学習の地域的な仕組み作りを担っている三一の公共機関や民間団体の間での組織間の接触や協働についてのネットワークを計量分析している（Jütte［2007］）。その結果、十分な情報資源を持っている機関がこのネットワークの中心になっていることがわかった（図9-4参照）。他方で、少数民族の生涯教育といったニッチ分野を担っている団体やワンマン経営の団体は、あまり他の機関・団体とのつながりを持たずに、周辺部分に点在している傾向が見られた。そして、ユッテは、ネットワークを分析した図から、中心と周辺の組織を選び出して調べ、周辺の組織は、中心の機関や団体とは異なる環境にあり、異なる見方をしていることを示した。このように、地域的な社会サービス供給体制の実際の動きを知る上で、それに携わる公共機関や民間の団体・企業のネットワークの研究は重要な手がかりを与えてくれる。

② 社会的サポートのネットワーク

日本ではあまり知られていないが、社会的サポートにかかわる社会ネットワークの研究は、国際的には最も代表的で古典的な領域である。生活上の支援、育児支援、介護やドメスティック・バイオレンスからの保護を含めて、社会生活を行う上での援助である「社会的サポート」がどのような社会ネットワークから誰によってどのように供給されているかは、社会サービスの分野ではきわめて大きな問題である。よくいわれるように、核家族化が進む現在、親戚からの社会的なサポートは減少してきており、また、地域のつながりが希薄化しているために、コミュニティからのサポートも乏しくなってきている。その分、福祉サービス機関や民間ボランティア団体、NPO等からの供給が広がってきているものの、実際にどのように社会的なサポートがなされているかという実態は、今後も調べられねばならない大きな問題である。

日本では日本型福祉社会論以来、家族、地域、福祉国家が「しなければならない」義務と理念についての議論がまだまだ主流である。しかし、少子高齢化の進む現在、誰が実際に社会的なサポートを提供してくれるのだろう。もはや、解決のためには理念論だけでは苦しくなってきている。実際に誰がどのようなネットワークを通じて、社会的な支援を得ているのかについての研究が必要である。

ウェルマンらは社会的サポートを提供する社会ネットワークの代表的な研究者である。彼らがカナダのトロント市周辺を対象に行ってきた研究を見てみたい（Wellman and Frank［2001］）。確かに親や子供からの援助は多いものの、親や子が近辺にいない人もいる。親や子が近所にいない人に統計的に注目して見てみると、社会的サポートを供給する社会ネットワークにはいくつかの傾向が見て取れる。まず第一に、接触頻度が多かったり関係が深かったりする強い紐帯がその供給源である。次に、同僚とのネットワークが重要な供給源になっている。やはり、ある一定の範囲のネットワークにおいては、互酬的な関係であると、そこでの援助が受けやすい。ただ、ネットワークの規模は大きくても、あまり関係ない。このように、社会的サポートのネットワークは、現代の社会生活の質を上げる上で重要な役割を果たしており、その実証分析は基礎的かつ重要な政策情報である。まさしく人は一人では生きていけないのである。

2 組織理論へのネットワーク理論の影響と融合

「ネットワーク」を核にした組織理論の進化

近年の組織理論は、ネットワークという見方を中心にしてダイナミックな進化をしてきている。ネットワークが現在の企業やNPO、ボランタリー・アソシエーションなどといった組織のメカニズムを考える上で重要な要素であるからである。これは、ダイナミックにクロスオーバーしながら展開している現代の社会科学の理論における、典型的な発達のあり方を示している。現代においては組織理論に限らず、どの分野の社会科学理論も、他の領域の面白そうな概念や使える概念、ファッショナブルな概念を貪欲に取り込んで、急成長しようとしている。そのために、ネットワーク理論に基づかない他の学派の組織理論もまた、基本概念としてネットワークを取り込みながら、その見方を進化させている。

例えば、米国経営学会の研究雑誌『アカデミー・オブ・マネジメント・レビュー』(経営学の先端的な研究動向を追う雑誌)は、二〇〇六年七月号において、「ネットワーク理論の新たなフロンティア」という特集を掲載している。ネットワーク理論の最先端にいる研究者だけではなく、資源ベース理論、新制度学派組織理論、組織生態学、組織進化理論などの他の組織や経営戦略の理論パラダイムの代表的な研究者たちもネットワークという概念を取り込んで、自らの組織に関する理論がどのように進化しているかについて議論している。経営戦略について扱う同じく米国の主要企業戦略研究雑誌『ストラテジック・マネジメント・ジャーナル』でもたびたび、ネットワークを用いた新たな経営戦略の見方についての議論が出てきている。つまり、現代の組織をめぐる経営学、経済学、社会学の諸理論は、ネットワークをキーに交流し、融合しながら、進化を遂げつつあるのである。

組織理論とネットワーク理論の交流と発展

このように、ネットワーク理論を組み込んだ組織理論は近年著しく発達してきているものの、ネットワーク理論が組織活動や組織経営に対する理解を本当に深める役割を果たしているのかについては疑問の声も出てきている。米国の経営学者サランシックは「組織についての良質なネットワーク理論を」というエッセイにおいて次のようにいう（Salancik［1995］）。なるほどネットワーク理論を通じて「私たちは社会関係自体の重要さを知り」、その豊かな描写を堪能してきたけれども、「ネットワークそのもの」の働きを理解することはできなかった。そのため今やネットワークにおける組織のメカニズムの解明が求められている。なぜ、組織の中心にいる人は権力を持ち、なぜ強い紐帯を持つ組織は資源をうまく動員できるのだろう。こうした組織のメカニズムに対しては、例えば、組織の文化に関する理論、権力に関する理論、進化に関する理論、能力に関する理論の方が、よりよい説明の仕方を用意している。その意味では、ネットワーク理論自体もやはり組織の分析に関しては、他の組織理論と協力しながらでないと成長できない面を持つ。

先に挙げた、米国経営学会の特集号でも、他の組織理論の代表的な研究者たちが、自らの理論パラダイムにおいて、実際にどのようにネットワークという概念を取り込みながら、理論を進化させているのかを紹介している。例えば、組織の文化と制度にかかわる「新制度学派」の議論では、社会の文化や価値が組織間に循環し、制度化していく重要な回路として「社会ネットワーク」を積極的に自らの理論に取り込んでいる。パウエルらの新制度学派の研究者たちも、ネットワークの議論を取り込みながら、バイオテクノロジー・クラスターにおける企業間ネットワークを通じ、新たな科学技術やベンチャリングの方法が実際にどのようにして学習され、制度化されているのかを議論している。戦略論における資源ベース理論でも、ネットワークの議論を取り込んで、ネットワークを企業の固有な利益の源泉（レント）である、重要な経営資源として位置づける動きもある（Lavie［2006］）。また組織の進化や組織個体群の進化に関しても、組織間のネットワークの発達の程度がそれに大きな影響を与えると、組織の進化論者や生態学者たちは考えている（Aldrich［1999］邦訳第四章）。

むしろ組織のネットワーク理論は、ネットワークの構造形態やプロセスの分析と理論化を通じて、組織の動きのより豊かな見方や描写を、他の組織理論に対して提供する基盤となっている。次章では、オーソドックスな社会ネットワーク理論に基づく組織分析を検討しながら、どのようなメカニズムを分析できるかを考えてみたい。

第10章 組織のネットワーク分析

●1 ネットワークとは何か

ネットワーク分析の手法的発達

ビジネス上の人や組織のネットワークは、現代のネットワーク科学の道具により、その結合の数量的な程度や具体的な結合構造が明らかにされつつある。企業内部や企業間の人的なネットワークにおける特別な質や形のつながりは、企業やビジネスパースンの行動や業績に影響を及ぼす。強い人的ネットワークにおいては、その内部でつながる人々は頻繁に会い、深い知識まで共有している間柄となる。そうすると、細部まで互いを理解して仕事がしやすく、協力関係も深くなりやすい。結果として、職場でのコンフリクトを少なくするだろう。

クリエーターが、いろいろな企業の人と幅広く知り合い、広くオープンな人的ネットワークを持っていると、新しいデザインのアイディアやビジネスの話が入りやすくなってくる。このように、企業活動やビジネス活動を促進する人的ネットワークは、重要な経営資源と考えられるようになってきており、企業活動やビジネスに関する社会関係資本（ソーシャル・キャピタル）と見られている。そして、現在では、こうした人的ネットワークの質や形態を計量的に測ってみて、具体的にどれくらいの効果があるかを考えるようになってきた。ネットワーク科学の道具を使ってネットワークの持つ構造を計量的に分析する手法とその理論を「社会ネットワーク分析」と呼ぶが、その発達が近年著しい。本章では、そうした分析手法を使って明らかになってきた人や組織のネットワークの質や構造形態を簡単に示し、その基本的な効果をどのように数量的に捉えているかについて見てみたい。

グラフで捉える

ネットワーク分析は、人同士や組織同士のネットワークを、数学的には「グラフ」と呼ぶ点と線の結合関係として捉えて、それをソシオマトリックスという行列に表現して分析する。まず、ネットワークは、人や組織という「点」と、そのつながりである「線」の構造として捉えられる（安田［二〇〇一］）。これら「点」と「線」の結合関係の構造を、グラフ理論という数学を用いて図式化したものが「グラフ」である。グラフ理論における専門用語では、点のことを「ノード」（node）といい、線を「紐帯」（tie）という。

例えば、図10-1は、アフリカのある工場の一職場における人間関係のネットワークを「グラフ」として図式的に表したものである。一つ一つの点が人間を表しており、その間に引かれた線が各人の間に友人関係や仕事関係といった交流関係のあることを表している（金光［二〇〇三］一〇頁）。グラフでは、点は行為者を表している。分析の目的に応じて、点の表す水準は個人にも企業にも国にもすることが可能である。ただし、原則として、点は同じ次元の行為者を表さなければならない。つまり、点を人間とするのであれば、すべての点を人間として揃えなければならない。企業とするのであれば、点は基本的にすべて企業である必要がある。

図 10-1　ソシオグラフの例

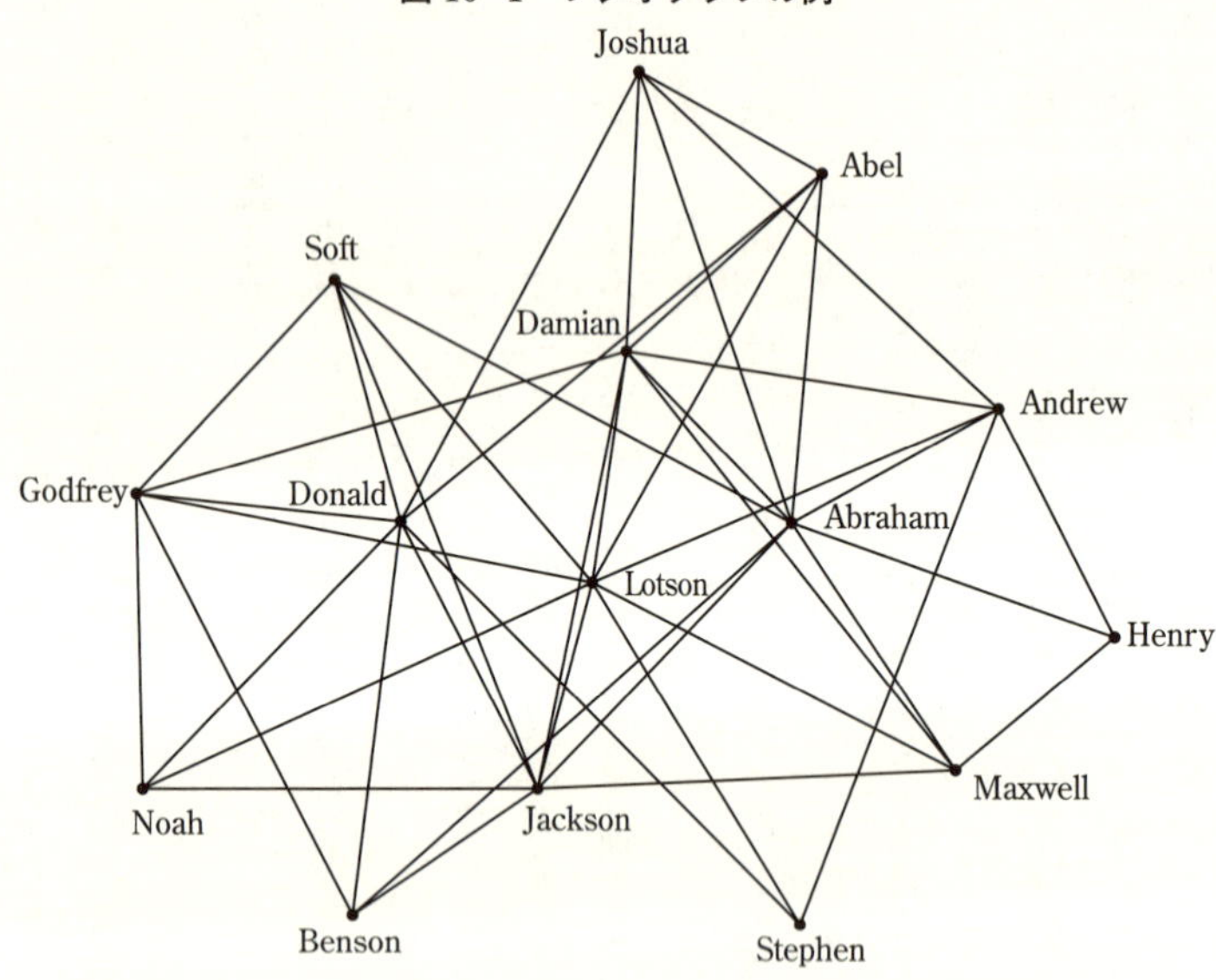

ネットワークすなわちグラフは、数学的に分析されるために、社会関係構造の行列すなわちソシオマトリックスで表現される（金光［二〇〇三］第二章）。ネットワーク分析は、基本的にこの行列を数学的に分析するものである。それでは、どのように行列が作られるのだろうか。最も簡単なものでは、行為者のリストを二次元的に、タテの一列目とヨコの一行目に同じものを並べて、タテの行為者がヨコの行為者に関係があるかを数字として1か0かの二種類のコードで表現する。例えば、行為者pが行為者qに対して、関係があると、1で表現され、関係がないと0で表現される。このように、ある行為者のグループ全体について、行為者間の関係構造を全部行列に書き出したものがソシオマトリックスである。

表 10-1　あるソシオマトリックスの例

行為者番号	1	2	3	4	5	6	7	8	9	10	11	12	13	14	15
1 Damian	0	1	0	1	1	1	1	0	1	1	1	0	0	0	0
2 Godfrey	1	0	1	1	0	0	0	0	0	0	0	0	1	1	1
3 Soft	0	1	0	1	1	0	0	0	0	0	1	0	0	0	1
4 Lotson	1	1	1	0	1	0	1	0	1	1	0	1	1	0	0
5 Jackson	1	0	1	1	0	0	0	0	0	1	1	0	1	1	1
6 Joshua	1	0	0	0	0	0	1	0	1	0	1	0	0	0	1
7 Andrew	1	0	0	1	0	1	0	1	0	0	1	1	0	0	0
8 Henry	0	0	0	0	0	0	1	0	0	1	1	0	0	0	0
9 Abel	1	0	0	1	0	1	0	0	0	0	1	0	0	0	1
10 Maxwell	1	0	0	1	1	0	0	1	0	0	1	0	0	0	0
11 Abraham	1	0	1	0	1	1	1	1	1	1	0	0	0	1	0
12 Stephen	0	0	0	1	0	0	1	0	0	0	0	0	0	0	1
13 Noah	0	1	0	1	1	0	0	0	0	0	0	0	0	0	1
14 Benson	0	1	0	0	1	0	0	0	0	0	1	0	0	0	1
15 Donald	0	1	1	0	1	1	0	0	1	0	0	1	1	1	0

（注）　工場のある職場での労働者の社会ネットワークの例である。
（出所）　金光［2003］13 頁，表 1-1。

こうしたソシオマトリックスの例が表10-1である。ヨコの一行目とタテの一列目は、行為者を表し、同じ行為者名が同じ順序で表記されている。二行目、二列目以降の各セルが、行為者間の関係の有無を示す。例えば、行為者1のダミアンが行為者2のゴドフリーと関係がある場合は、次のように表現する。左側の第一列にタテに並ぶ行為者名のリストの、上から二行目の行為者1ダミアンの行の右に並ぶセルは、行為者1～15との関係の有無を示している。そして左から三つ目の行為者2との関係を示すセルに数字の1が入ると、行為者1が行為者2と関係のあることを示す。そうでない場合には0が入る。逆に上から三行目の行為者2ゴドフリーから見ると、彼の人間関係を示す三行目を横に見ていき二列目の行為者1の列と交差するところにも1が入り、関係があることを示す。このように、人間関係の構造を、表10-1のグレーの枠で囲んだ部分のように行列で表現しながら分析するのである。

関係の強さ

このように、行為者間の関係については、最も簡単な場合には、関係があったかないかを0／1の二段階で表現する。けれども、関係の強さを見る場合には、より多段階の表現をする。なお、関係の強さのことを、専門的には、「紐帯強度」という。これを表現する場合には、0／1ではなく、もっと多くの値をとるようにする。例えば筆者は、ある企業に協力している下請企業四三社が、品質問題について一年間に何回くらい連絡を取り合うかということについて調べたことがある（若林［二〇〇六］）。このとき、連絡を取り合った回数は、〇回から二〇〇〇回の間でばらついており、平均は、八二・六一回であった。ほぼ毎日連絡を取り合う企業間の関係から、まったく取り合わない関係までさまざまな関係が見られたのである。このように、企業の結合関係においても強さにはさまざまなものがある。

さらに、行為者間の関係は、一つの間柄に関するものだけではない。例えば、職場での人間関係を考えてみよう。当然、仕事における上司、部下の関係がある。さらに、同じ社宅に住んでいれば、近隣関係という関係もある。子供が同じ学校に通っていれば、同じPTAへの所属という子供を通じた関係も生じるだろう。それから、映画「釣りバカ日誌」のようであるならば、社長と平社員が釣り友達であり、さらに釣りの上では職場と逆に、平社員が師匠であり社長が弟子であるという、趣味上の特別な関係もありうるだろう。

つまり、行為者のつながりには、さまざまな次元でのつながり方があり、さまざまな次元でつながっている関係を「多重的結合」という（安田［二〇〇一］三八頁）。ネットワーク分析では、こうした関係性を「多重送信性」のある関係といい、非常に深い間柄と捉える。互いについていろいろなことを深く知り合う機会が多いからである。逆にインターネット上の共通趣味サイトだけで交流しており、近所でもなく、友人でもなく、同じクラブでもなく、オフ会などの対面的な会合の機会を持たず一切会わない関係というのは、きわめて一面的な結合関係である。こうした一つの次元だけで関係があるのを「単一送信的」な関係という。

さまざまなネットワーク

これまでは、ごく簡単に1／0の関係で捉えたグラフの話を中心にしたが、ネットワーク分析には、行為者間の結合関係をさまざまな角度から検討するためにいろいろなグラフの作り方がある。その基本的なものをいくつか見ていこう。

① 二値グラフと多値グラフ

まず、前項で説明したように、関係のあり方については、0／1で捉える「二値グラフ」と、複数の値で表現する「多値グラフ」とがある。二値グラフの場合には、関係のあるなし、すなわち0か1かで捉える。それに対して多値グラフには、使いたい値を入れることができるが、基本的には0、1、2、3、4、5……という関係の強さを表現する整数値を三つ以上使う場合が多い。例えば、表10‐2は、ある五人の職場グループにおいて、ある一週間の中で電話を通じて話し合った回数に関するソシオマトリックスである。田中さんと山本さんのように八回も話し

表 10-2　多値グラフ例——ある職場グループにおけるある1週間の電話回数

行為者名	田　中	井　上	山　本	佐　藤	鈴　木
田　中	0	2	8	0	1
井　上	2	0	4	1	3
山　本	8	4	0	2	0
佐　藤	0	1	2	0	2
鈴　木	1	3	0	2	0

合った関係もあれば、山本さんと鈴木さんのように〇回という関係もある。

だが、実際に分析を行う場合について考えると、二値グラフに修正して分析するのが最も初歩的な方法である。多値グラフに対応した基本的な分析プログラムや手法で一般的なものはいまだに少ない。そのために、多値グラフも二値グラフ化して簡便に分析する場合が多い。例えば、関係の強い弱いに二値化する場合である。表10-2のグループでは、五人の間には、全部で一〇個の関係（紐帯）があることになる。一〇個の関係についての平均的な電話回数を計算すると、二・三回になる。そこで二・三回以上電話をしている関係を強い関係であるとして「1」と表現し、二・三回より少ないのは弱い関係すなわち「0」（強い関係ではないという表現）とする。また、多値グラフについて、とっている値によって場合分けして分析する場合もある。すなわち、二番目の場合として値が3をとっているものとそうでないもの、三番目の場合として値が4をとっているものとそうでないもの等の区別をして、実際は二値的に分析するのである。

②　無向グラフと有向グラフ　これまでの結合関係は、関係があるかないかについてしか考えてこなかった。このように関係の方向性を考えないものは、「無向グラフ」という。それに対して、「有向グラフ」は、ある関係すな

表 10-3　有向グラフ例
——ある職場グループでの年賀状交換のソシオマトリックス

送り手＼受け手	田　中	井　上	山　本	佐　藤	鈴　木
田　中	0	0	1	0	0
井　上	1	0	0	0	1
山　本	1	1	0	1	1
佐　藤	0	0	0	0	0
鈴　木	0	1	1	0	0

わち紐帯において、誰から誰へと情報やものが送られたかという方向性を考えるものをいう。有向グラフなら、AさんからBさんにものが送られたが、Bさんからは何のお返しもなかったという関係も表現できる。この場合、A→Bの関係は1、そしてB→Aの関係は0と表現する。無向グラフでは、とりあえず、AさんとBさんの間で何かのやりとりがあったということを表現するだけである。

図 10-2　ソシオグラフの例

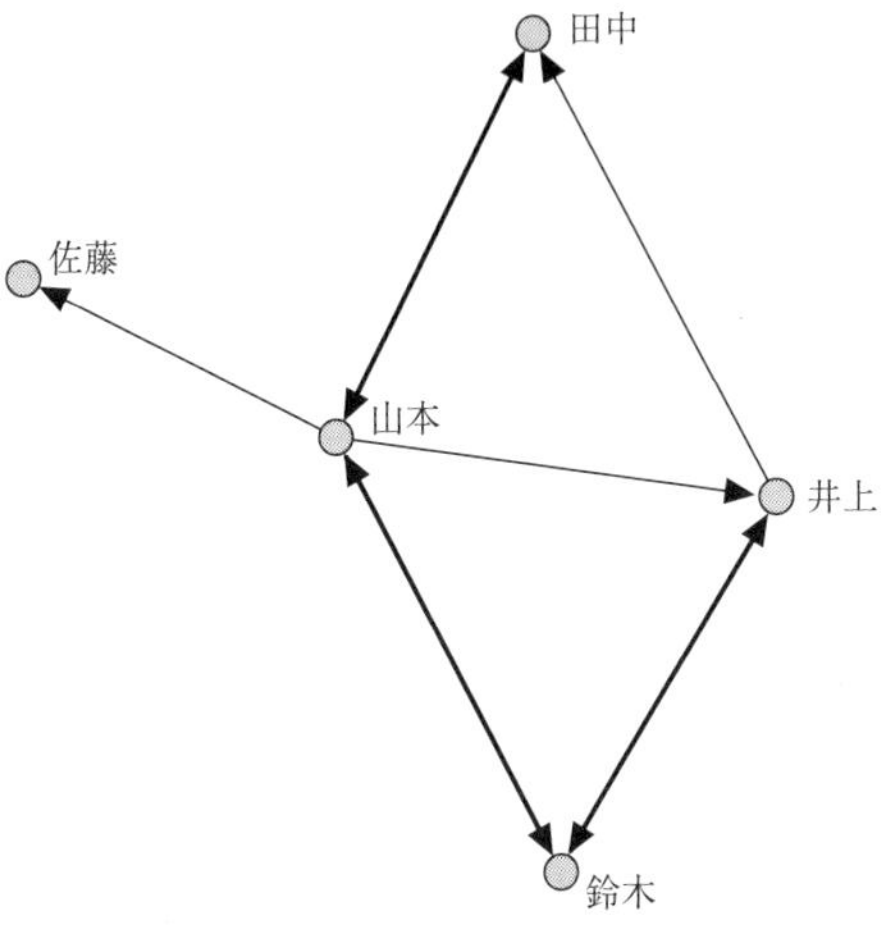

例えば表10-3のように、ある職場グループの年賀状の交換関係を見るとする。山本さんは、グループのみんなに出す付合いのよい人である。佐藤さんは、虚礼廃止で誰にも出さない考え方を持っている。あとの人は、それぞれの考えで、出したり出さなかったりであ

図 10-3　映画製作企業と映画プロジェクトの二部グラフ

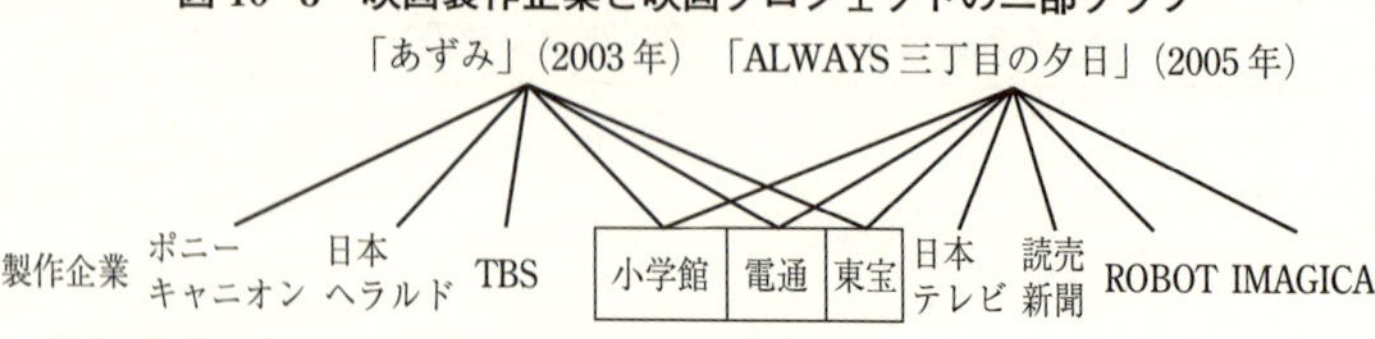

（注）製作企業はすべてではなく主要なものに限った。

る。このような関係は、表10-3のようなソシオマトリックスで表現される。それを図にしたのが、図10-2である。太線で示した紐帯は、両方に矢印があり、相互にやりとりしている関係である。これは、社会学的には互酬性と表現される、相互に交換する強い関係である。細線は、矢印が片方しかなく、一方向的に送っている関係である。互酬的な関係と一方的な関係の対比をこのように浮彫りにできる。

③ 所属関係と二部グラフ　これまでは、同じレベルの行為者同士の関係についてのグラフを見てきたが、ネットワーク分析の重要なテーマとして、行為者が、会合、プロジェクトなどのように行為者同士を組織化する出来事に出席したり、あるグループ、部門のような組織単位に所属したりすることを通じて間接的に媒介される所属関係について、独特の分析をすることがある。こうしたネットワークを所属ネットワークという。所属ネットワークは、①行為者と、行為者が所属する②イベント（会合のようなイベントや、クラブ、部門、組織のような組織単位など）という二つの次元の要素からなるネットワークである。所属ネットワークは、行為者とイベントとの二次元の要素の関係を示す「二部グラフ」と専門用語ではいわれる。

図10-3に掲げるのは、二部グラフの例である。これは、二本の映画という

イベントの製作にかかわった、主要企業の所属関係を表したネットワークである。行為者が企業であり、イベントが映画すなわち映画製作プロジェクトとなっている。これを見てもらうと、「あずみ」と「ALWAYS三丁目の夕日」という漫画を原作に映画化した二本の作品の所属ネットワークでは、原作を提供する小学館（出版社）、映画配給を行う東宝（映画会社）、広告を行う電通（広告会社）が共通に所属していることがわかる。だが、製作のリーダーであるテレビ会社がTBSか日本テレビかによって、微妙に他のパートナー企業が異なっていることもわかる。このように、所属ネットワークからは、イベントを媒介にした、行為者グループの共通のつながりを見出すことができる（安田［二〇〇一］）。

④ エゴセントリック・ネットワーク　エゴセントリック・ネットワークとは、ネットワーク全体の観点から見るのではなく、ある特定の行為者を中心（ego）として、それと直接に紐帯で結ばれている行為者との結合関係だけから構成されるネットワークのことである（安田［二〇〇一］一二一頁）。これは、ある行為者と直接につながる他者とのネットワークの特徴を測ろうとするものである。エゴセントリック・ネットワークは、ネットワーク全体のデータからも測ることができる。

また別の使い方としては、不特定多数の人々に、それぞれの持っている人脈の特性をアンケートすることにも使える（表10-4参照）。例えば米国では、全米の国民調査において、標本抽出した人々に対し、自分が直接に結合している人を数人挙げてもらい、さらに、回答者から見たその数人の間の人間関係を答えさせている。これによって、回答者のエゴセントリック・ネットワークを尋ね、米国人

表 10-4　エゴセントリック・ネットワークの測り方

問い　あなたがよく接する職場の方を5人まで思い浮かべて下さい。そして，それぞれを，A, B, C, D, Eとして下さい。そのA, B, C, D, Eの人たちは，お互いに知合いですか？　知合いとお思いでしたら，その関係に○をつけて下さい。例えば，AさんとBさんが知合いだとお思いでしたら，AとBとの交わるセルに○をつけて下さい。

	A	B	C	D	E
A	／				
B	／	／			
C	／	／	／		
D	／	／	／	／	
E	／	／	／	／	／

の平均的なネットワークについての測定を継続的に行っているのである。このように、エゴセントリック・ネットワークは一定の範囲のネットワーク全体を測る手法と異なり、広く一般的なアンケートで、標本抽出した人々の人脈の特徴を測り、比較するときに有効である。ただし、それぞれの回答者の答えたエゴセントリック・ネットワーク同士がどのように重複しているかや、それらが結合しているかはわからない。つまりこのやり方には、ネットワーク全体の特性を知ることはできないという制約がある。

グラフの基本特性

次に、組織にかかわるネットワークの基本特性を測る代表的な指標を紹介しよう。ここでは主に、代表的な指標の基本的な内容とその代表的な効果の現れ方について触れていきたい。また、代表的な指標の定義や計算方法については、イリノイ大学のワッサーマンらがケンブリッジ大学出版局から出しているテキストや安田雪の『実践ネットワーク分析』などに詳しいので、それらも参考にするとよい（Wasserman and Faust［1994］，安田［二〇〇一］）。

① **関係特性**

（1）紐帯強度——結合関係の特性を考える上で、個々の関係においてはまず、紐帯の強さ、つまり「紐帯強度」が代表的な概念である。紐帯の強さは、接触や交換の頻度で測られるのが一般的である。またほかに、交換される財やサービスの貴重さ、複数の次元において結合関係があること、親密さの程度やその紐帯への感情的なこだわりの強さなどで測定するという考え方もある。そして、強い紐帯においては一般に、濃厚な社会交換が行われており、情報の共有度、価値や知識の同質性が高く、感情的な結合が強いという関係がある（Krackhardt［1992］）。

（2）クリーク——次に、「クリーク」（派閥）という概念を考えてみよう。クリークは、ネットワークにおいて、直接に結合関係を持っている複数の行為者たちの下位ネットワークを指す。これは、直接につながり合う強い関係を持つグループに注目する概念である。こうしたクリークという分析方法で明らかになった関係の範囲内で結合している行為者は、他と比べると相互作用が直接かつ濃密、また頻繁であり、顕在的で強くなる傾向にある。そのために、クリーク内では同じような考え方、価値観、行動パターンが持たれやすく、集団としてのまとまりも強くなりがちである。こういう特性を指して、クリークは、社会的凝集度の高い集団であるとされる。クリークは、ある行為者に直接結合している行為者を探索して、一つのグループとして抽出する。そのやり方に応じてクリーク、*n*-クリーク、*n*-クランなどといったいくつかの捉え方がある。

② グラフの規模と密度　ネットワークの規模やそこでの紐帯密度の高さは、構造全体の特徴を捉える上で、最も基本となる指標である。ネットワークの規模の測定は、まず行為者間の距離を測ることから始まる。行為者間の距離は、ある人Aが、同じネットワーク内にいる人Bにいくつの紐帯を介してつながるかによって測られる。一つの紐帯を介するとは、つまり直接つながっていることであり、二つの紐帯を介することは、一人を介してつながっていることである。このように、あるネットワークにおいて、すべての行為者間の距離を測り、その最大のものをとったのが、グラフの直径といわれ、ネットワークの規模を示す一つの指標である（Wasserman and Faust［1994］p. 111）。

グラフの密度は、あるネットワークにおいて紐帯がどれだけ濃密に存在するかを示す指標である。一般に、密度の高いネットワークにおいては、そこにいる行為者の間にある数多くの紐帯を通じて直接・間接に情報、知識、財が交換されているので、全体としての結合度が高いと見られる。これは、ネットワーク内のすべての行為者間に存在しうる最大の紐帯数を分母に、実際にある紐帯数を分子にし、割り算をして出したものである（安田［二〇〇一］一七五頁）。

密度（D）＝r／${}_nC_2$

例えば、五人からなるネットワークがあるとする。無向グラフの場合には、五人から二人ずつを選ぶ組合せをすべて計算すると、可能な最大紐帯数が出てくる。その上で密度は、次のように計算される。つまり、nのノード（主体）に実際に見られた紐帯の数rについて、n人に可能な紐帯数${}_nC_2$で割る。この例の場合は${}_5C_2$と計算されて、一〇通りである。実際にそこには、五本の紐帯しかなかったと

表 10-5　中心性の公式（無向グラフの場合）

(1)　次数中心性　$C_D(n_i) = \sum_j x_{ij}$

$*C_D(n_i)$は，行為者 i の次数中心性。x_{ij}は，行為者 i と jの間の紐帯の数。

(2)　距離中心性　$Cc(n_i) = (g-1) / \sum_{j=1}^{g} d(n_i, n_j)$

$*Cc(n_i)$は，行為者 i の距離中心性。$d(n_i, n_j)$は，行為者 i と行為者 j の間の距離。

(3)　媒介中心性　$C_B(n_i) = \sum_{j<k} g_{jk}(n_i) / g_{jk}$

$*C_B(n_i)$は，行為者 i の媒介中心性。g_{jk}は，行為者 j とkの全測地線の数。$g_{jk}(n_i)$は，それに行為者 i が介在する測地線数。

（出所）　Wasserman and Faust［1994］ch. 5.

すると、一〇分の五で〇・五の密度ということになる。

③ **中心性**　ネットワークの中心にいる行為者は、そのネットワークで最も重要な行為者である。こうした見方に基づき、「中心性」は、行為者がネットワークの中心にどの程度位置しているのかを測ろうとする（安田［一九九六］八三頁）。ネットワーク中心性は、行為者がどの程度多くの結合関係を持っているかによって測るのが基本である。その指標として代表的なものが三つある（Wasserman and Faust［1994］ch. 5，表10-5参照）。

第一に、「次数中心性」（degree centrality）である。これは、行為者の持つ紐帯の数で示され、単純に結合関係の多さを基準にする。有向グラフの場合には、入ってくる方向の紐帯数（入次数）、送り出す方向の紐帯数（出次数）というように、それぞれに別々の中心性（入次数中心性および出次数中心性）が測られる。

第二に、「距離中心性」（closeness centrality）である。これは、ある行為者が他の行為者に距離的に近く、すぐに相互作用できる存在であれば、中心的な存在であるとの考えに基づく。距離中心性は、ある行為者が、他のすべての行為者に対する距離を総計したものの逆数で表される。これは、誰とでもすぐにつながる中心的な行為者は、すべての行為者への距離を総計してもその数は小さいので、逆数をとって相手となる行為者総数で割ると、1に近づく。それに対して、誰に対しても距離のある周辺的な行為者は、距離合計が大きく、逆数をとって相手となる行為者総数で割ると、0に近づく性質を持たせている。

第三に、「媒介中心性」(betweenness centrality)である。これは、ある行為者が他の行為者たちを結ぶ紐帯を数多く媒介していると、それらの紐帯における相互作用を統制しやすく、中心的な存在となるとの見方である。媒介中心性は、次のように計測される。ある行為者iの媒介中心性は、他の行為者たちを結んでいるすべての経路において、行為者iが媒介している比率で測られる。ある行為者が、他の人たちを結ぶ経路において、高い比率で介在していると、彼らの相互作用を統制しやすくなる。

④ ブリッジと連結効果

あるネットワークにおいて、互いにかかわりのない何人もの行為者たちや、いくつもの集団を橋渡ししている行為者は、仲介をするという意味でブローカーという重要な役割を果たす。こうした行為者が持っている橋渡しをする紐帯のことを「ブリッジ」という。ネットワーク分析においては、ブリッジとは、ネットワーク内部で結合を増すように橋渡しをする特別な紐帯を指し、その紐帯がないと、多くの行為者の他との結合を減少させてしまうようなものである。

ブリッジという紐帯が注目されるのは、ブリッジが、結合が少なく他との交流が少ない複数の行為者や集団を結合しているからである。そのブリッジ紐帯を持つ行為者たちは、そのように他の行為者たちや集団間の相互作用を媒介しているので、彼らを統制しやすい優位性を持つ。そして、ブリッジを流れる情報、知識、資源は、他の行為者や集団にとっては、普段の交流では接することの少ない異質で新規なものであるので、その資源的な価値も高いとされる。そのために、ブリッジを持つ仲介的な行為者であるブローカーは、ネットワーク上では競争的に有利であると考えられている（Burt［1992］）。

ブリッジのような媒介的な位置づけを測る考え方には、いくつかの考え方が存在する。第一に、「媒介中心性」であり、他者の相互作用を数多く媒介する行為者は、ブリッジであり、中心的な存在と見る考え方である。次に、第三者媒介という考え方である。第三者媒介とは、ある行為者が他の行為者たちを第三者として媒介することで、間接的に結合させることである。これは、ネットワーク内部での間接的な結合を増大させて、情報や資源の循環を促進する。

第三が、バートのいう「構造的空隙」（structural holes）という見方である。これは、ネットワークの全体的な分断傾向が強い場合には、そうした傾向ゆえに、その分断を結ぶブリッジ紐帯の持つ価値が非常に高まることに注目する考え方である（Burt［1992］ch.1）。構造的空隙という用語自体は、複数の行為者もしくは集団が直接に結合している紐帯がなく分断されている状況における、そうした結合関係の欠損部分を指している。この状況では、ネットワークにおいて、関係が欠損している行為者たちや複数集団を結合したり、ブリッジしたりする行為者が、ブローカーとして重要な役割を果たす。つまり、ネットワーク全体においてブリッジ紐帯の欠落が多く、分断されている構造である場合には、そうしたブローカーの持つブリッジ的な紐帯の持つ価値が、市場競争という局面で高まってくると考える。すなわち、多くの者が分断されている状況では、数少ない貴重なブリッジを持つブローカーが他者の相互作用を統制できるので、競争で有利になる。ただ、あまり分断されていない場合には、ブリッジの価値はさほど高まらないと考える。

● 2 ネットワークのもたらす組織効果

関係特性と構造特性

代表的な指標に示されるネットワークが持っている個々の関係における特性や構造形態の特性は、組織やネットワーク組織の行動や業績に一定の効果を与えるということが、ネットワーク分析を用いた研究から明らかになってきている。こうした特性を「関係特性」と「構造特性」との二つの次元に分けて考えてみたい。そして具体的に、企業やネットワーク的な事業組織に対して、こうした特性が与える影響とそのメカニズムについて、代表的なものを見ていこう。関係特性として①紐帯強度と、②凝集的なグループの効果について、構造特性として①密度の高さ、②中心性の高さ、③スモール・ワールド、④構造的空隙の効果について取り上げる。

関係特性の持つ効果

①　**紐帯強度の影響**　紐帯の弱さ・強さは，組織活動に対して二つの代表的な異なった効果を生み出す。それらは，「弱い紐帯の強み」と「強い紐帯の強み」である。

（1）弱い紐帯の強み――弱い紐帯の強みは，グラノベッターが提唱した著名なネットワーク効果である（Granovetter［1974］）。これは，弱い紐帯の方が，強い紐帯よりもむしろ広い範囲に展開し，結合するので，そのネットワークを伝わる情報や資源もまた広範囲に流通する。このため，行為者たちは弱い紐帯を通じて，新規で異質な情報や資源に出会いやすい。それにより，なかなか他が得にくいビジネス上の機会が得られ，画期的なイノベーション（ラジカル・イノベーション）が起きやすくなる。

グラノベッターが実際の効果として示したのは転職におけるものである（Granovetter［1974］）。彼は，転職する場合に，よい仕事が普段深い付合いをしている人から来ることは傾向として少なく，むしろ浅い付合いをしている人から来ることが多いとする結果を明らかにした。これは，弱い付合いの方が，深い付合いよりも広範囲に広がっているので，チャンスが大きくなるためである。つまり，仕事探しに親友は役立たないことが多いのである。また，この効果の議論を展開すると，組織においてイノベーションを起こす場合のナレッジ・マネジメントについても，ネットワークを広くオープンに展開している者が，弱い紐帯の強みの持つ革新効果を活用できるという議論に発展した。

さらにバートは，この効果を広域の紐帯の広がりとそこにおけるブリッジ紐帯の持つ働きの複合効果であると再解釈し，後に挙げる「構造的空隙」の議論に展開している。

（2）強い紐帯の強み――これに対して強い紐帯も一定の組織活動への効果を持つ。クラックハートによると、ネットワークが強い結合関係を数多く持ったり、凝集的であったりすると、その中で濃密な相互作用が展開する。そのため、①行為者たちの暗黙知の共有を進めたり、②同質性を高めたり、③相互信頼を高めたり、④リーダーへの関係を強化したりしやすくなる（Krackhardt［1992］）。それは、品質管理活動のような漸進的な改善活動を組織的に展開したり、危機的状態に強い団結でもって対応したりすることを可能にするといわれる。強い紐帯は、暗黙知共有に効果的なので、伝統的な産業や文化を継承・発展させるコミュニティの基盤にふさわしい。

（3）複合的な紐帯強度の効果――組織の発展に対して、強い紐帯の強みと弱い紐帯の強みは影響する。マクファーソンらは、あるボランティア組織における会員の参加状況についての調査、回帰分析をして、メンバーの継続と新規加入には紐帯の強みと弱みの複合効果があることを見出した（McPherson *et al.*［1992］）。第一に、ボランティア組織においてある会員が、組織内部の別の会員と強い紐帯を持っている場合には、さらにそれ以外の会員との結合関係を強めて、組織への参加継続が促進される傾向があることを確認した。第二に、逆に、会員がさらにそれ以外の会員と弱い紐帯しか持たない場合には、脱退しがちであることが判明した。第三に、会員が組織外の非会員と弱い紐帯を持っていた場合には、そうしたつながりを持つ非会員を新規加入させる傾向があることも確認した。このように、組織内部においては、会員同士の強い紐帯は結合度合を高めて、組織の継続と発展を促進する効果がある。それに対して、弱い紐帯は幅広く外部の新規会員をリクルートする上で効果的であるとした。

図 10-4　ある電機メーカーと外注企業のネットワークとクリーク

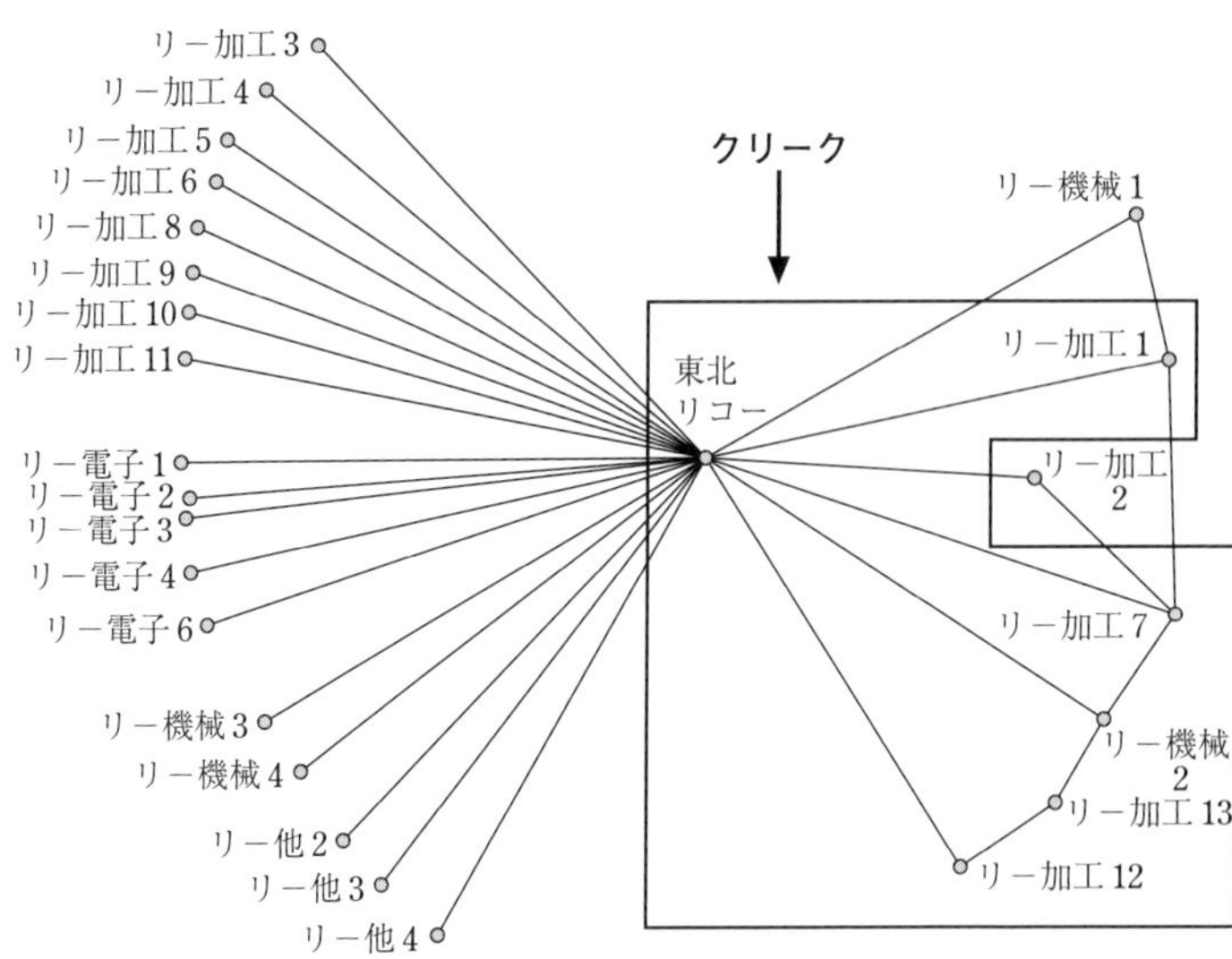

② **クリークと凝集性**　紐帯の強さが個別の関係の強さを示すのに対して、クリークは一定の範囲の行為者の間に凝集性があることを明らかにする。凝集性のある下位ネットワークは、個別的にではなく、一定の範囲の行為者の間で、直接に強い相互作用があるので、そこでは知識、情報、価値の共有が進み、暗黙知の深い共有や互恵的な信頼性の発達が見られる。

筆者は、クリークの手法を用いて、系列取引において、外注企業の凝集性の高いグループを同定して、そうした交流が互恵的な意味での信頼感を高めることを確かめた（若林［二〇〇六］第五章）。ある電機メーカーとそれらと取引する外注企業の間での、品質管理活動に関するコミュニケーション・ネットワークを調査して、そのネットワークの形態を図10-4のように明らかにした。そして、そこにおけるクリークを抽出して、外注企業の中にも、品質改善に関する情報交換を外注企業同士のヨコの関係においても多角的に行う凝集的なグループと、発注企業としか情報交換しない「二社関係限定グループ」とが存在した。この二つのグループで、発注大手企業に対する信頼感を聞いてみたところ、二社関係限定グループよりも、凝集的なグループの方が、平均的に高い信頼感を示していた。

構造特性の持つ効果

① 密度

(1) 効果——ネットワークにおいて紐帯の密度が高くなると、平均的には人々や企業の間で張られている紐帯の数が増えるので、情報や資源へのアクセスの機会が増え、その流通を促進する効果が認められる。密度が高くなると、ネットワーク内部の紐帯が増える。つまり、内部の行為者同士が直接・間接に結合している関係が多くなるので、直接・間接の相互作用の機会が増していく。これは、いくつかの効果をもたらす。

まず、前述したように、人々や企業の間での相互作用が頻繁になることで、ネットワーク内部にある他所の情報や資源へのアクセスが増えて、その流通が活発になる。これにより、ネットワーク内部にいる人や企業に関する能力や成果への評判情報も流通しやすくなり、それらを通じてその人や企業

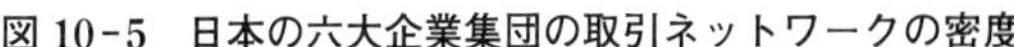

図 10-5　日本の六大企業集団の取引ネットワークの密度

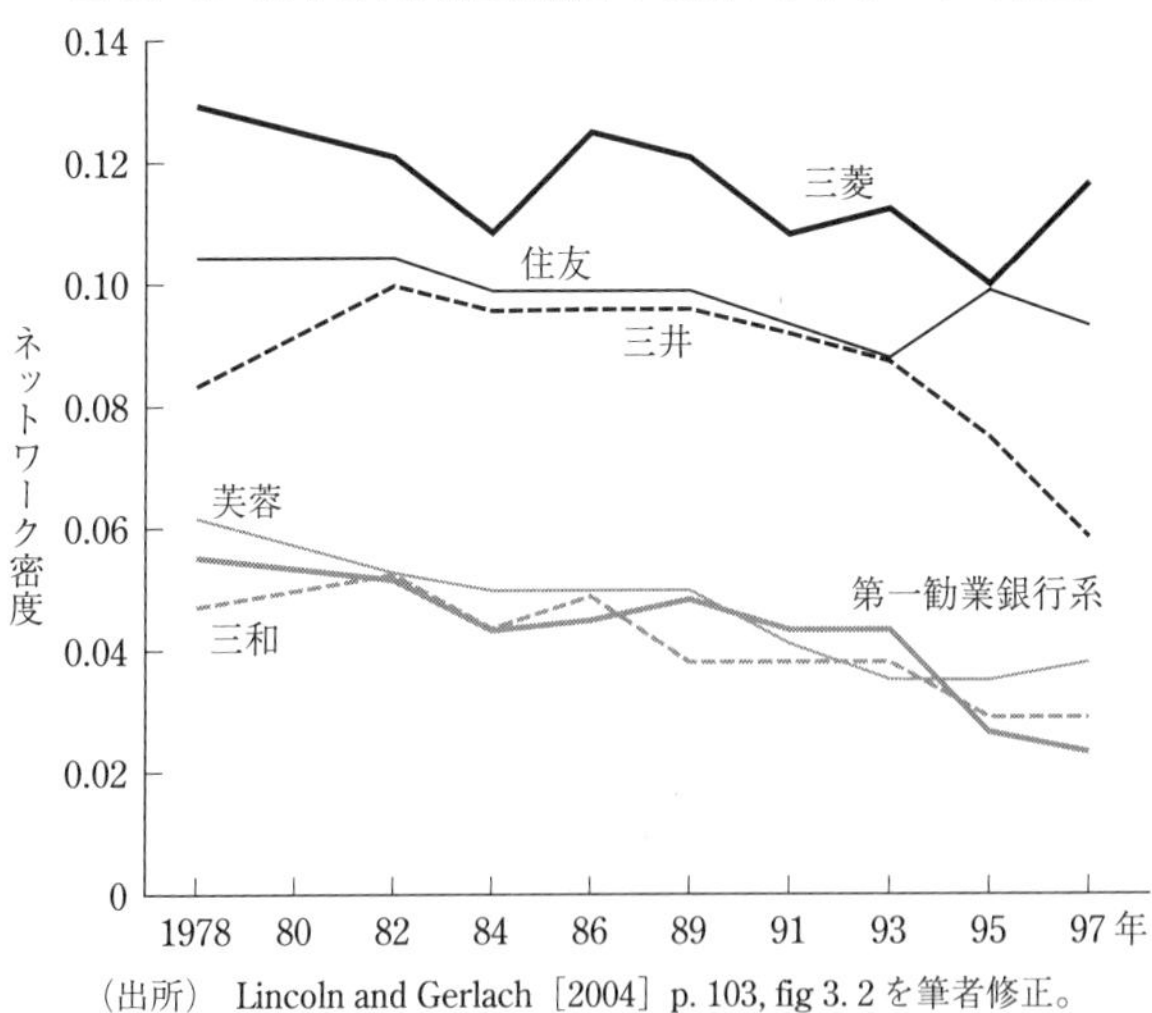

（出所）Lincoln and Gerlach［2004］p. 103, fig 3. 2 を筆者修正。

のビジネスの能力の現状を把握しやすい。ネットワーク内部にいる人々や組織の評判がわかったり、考え方も理解できるようになるので、信頼感を得やすくなる面もある。ただし、密度の数値はネットワーク規模によって意味合いが違ってくるので、同一規模のネットワークでないと比較はしづらい。

（2）密度から見た企業系列の解体傾向――カリフォルニア大学のリンカーンらは、日本の企業系列のネットワーク研究を長らく展開してきた。彼らは、ヨコの企業系列といわれる六大企業集団に注目した。そして一九八〇年代から九〇年代にかけての六大企業集団における長期的な変化を分析して、ヨコの系列のネットワーク密度が低下してきていることを明らかにしている（Lincoln and Gerlach［2004］pp. 101-103）。

　彼らは、いわゆる六代企業集団（三井、三菱、住友、芙蓉、三和、第一勧業銀行を核とする有力企業集団）において、それぞれの集団の内部での有力企業の間での、株式保有および取引のネットワークにおける一九七八〜九七年までの変化を検証している（図10-5参照）。ここに図示はしていないがいわゆる株式持合いのネットワークを見ると、住友、三菱が〇・三〇前後と高いものの、六つとも、一九八〇年代から密度低下の傾向にあり、持合いのネットワークは緩いものになってきている。同様に、図10-5に示されているが、取引ネットワークでも住友、三菱は〇・一二前後を維持していたものの、バブル崩壊後の一九九〇年代半ばから三井、芙蓉、三和、第一勧業銀行は水準および密度の低下が進んでいる。このように、日本の有力企業集団は、株式保有や取引関係が高密度なグループと低密度なグループがあり、しかもそのつながりは一般に弱くなる傾向すなわち脱系列化の傾向を示している。

② 中心性　組織論では、ネットワークにおいて中心的な行為者は、情報や資源も得やすく、他者の相互作用をも統制しやすいと考える。それゆえ彼らは権力を持ち、競争優位にあり、より高い確率で、イノベーションに成功し、高業績を獲得するという効果があると考える。そうした見方から、ネットワークでの中心性の高い人々や組織が、どのように高い成果を出しているかについての研究がなされている。こうした研究で代表的なものを二つ挙げたい。第一に、媒介中心性の研究である。媒介中心性は、仲介的な立場に立つブローカーの特性を表す指標として、かなり早い段階から、業績に対する効果が注目されていた。第二に、外部取締役ネットワークの研究である。ミズルッチやスコットらによるこの研究は、中心性についての最も古典的な組織論研究であるといえよう（Mizruchi [1982], Scott, J. [1986]）。現代の欧米先進国において有力企業の間で外部取締役を兼任する人々のネッ

トワークを探ることで、現代の経済エリートのネットワークの構造を解明し、どのような企業が資本主義システムにおいて権力を持っているかを明らかにしようとしたものである。

（1）　知的プロフェッショナルの媒介中心性と個人業績――コンサルティングや技術エンジニアリングは、専門知識を活用する知識集約型の職業である。こうした職務に携わるコンサルタントやエンジニアなどの知的プロフェッショナルは、常に最新・最先端の知識の吸収や活用が求められている。彼らは、組織内での特定の集団という閉じた固定的な情報交換のネットワークに依拠しているよりもむしろ、組織規模、もしくは必要に応じて組織を越える規模で、そうしたネットワークを持っている方がよいだろう。そうすれば、組織の内部もしくは外部に偏在する最新・最先端の情報や知識へより簡単にアクセスできる、各分野の専門家と接触ができるからである。

クロスらは、彼らの媒介中心性が高業績につながるとする。このような知的プロフェッショナルが、あるグループの内部に閉じこもらず、自分のグループや組織を越えてネットワークを持ち、かつそこでの媒介中心性が高いと高業績が実現すると考えた（Cross and Cummings［2004］）。すなわち、媒介中心性の高さが、情報交換の経路の多くに彼らがかかわっていることを意味しているので、ひいては彼らの個人業績を高めるだろうと考えたのである。コンサルティングやエンジニアリングのプロジェクト終了ごとに行われるプロジェクト・リーダーによる個人業績評価などをもとに、これに媒介中心性が影響するかどうかが重回帰分析で検討された。その結果、媒介中心性の高さや自分のグループ外部への紐帯を持っていることが、個人の業績評価の高さに一定の効果を与えることが認められた。

（2） 現代の企業経済のエリート・ネットワーク――中心性を用いた企業間ネットワークの分析で、代表的なものの一つに、大企業における兼任取締役ネットワークの研究がある。現代の先進国では、証券取引所に上場している大企業を中心に、複数の会社の取締役が兼ねられることが制度化されている。そうした兼任取締役を通じて、現代の大企業のビジネス・エリートの持つネットワークの広がりと働きがわかる。取締役の兼任は個人的な動きであるが、彼（女）らを介して大企業の間のネットワークを見ると、どの企業が中心的な位置に立っているかがわかってくる。そういった企業は、経営情報だけではなく、経営戦略や金融、技術開発などで重要な情報や意思決定の動きを知ることができるという点で有利である。そして情報面での優位にとどまらず、一定の影響力を持っているのではないかという見方もある。

シュワーツやミズルッチらは、こうした兼任取締役ネットワークの研究に適したボナチッチ中心性という独自の中心性指標を応用して研究を行った（Mizruchi [1982], 金光［二〇〇三］第六章）。企業と取締役の所属に関する二部行列を作成して、それを企業間での取締役共有関係の行列に変換し、さまざまな企業のボナチッチ中心性を計測している。その結果ミズルッチらは、例えば一九六〇年代後半から七〇年代にかけての米国では、大手金融機関がこうしたネットワークにおいて中心的な位置を占めるようになっていったとした。このことで、金融機関は一定の力を持つようになったのではないかと示唆している。ほかにも兼任取締役ネットワークについては、スコットらの欧州における比較研究もあり、それぞれの国のコーポレート・ガバナンスの制度をふまえて、中心的な位置に立ち影響力を持つ企業の特性を明らかにしている。

③　スモール・ワールド

（1）　効果——行為者がよく結合し合った小さなネットワーク（スモール・ワールド）にいる場合には、その行為者はむしろ、その小さく密なネットワークを介して、遠くの他のネットワークとのつながりを持ちやすい。スモール・ワールドではこのように、超ミクロと超マクロという大きくかけ離れた次元の現象が結びついている。ネットワーク論におけるスモール・ワールドの議論はもともと、すべての人間は六人以内に結びつくというミルグラムが提唱した理論的研究から始まる。社会ネットワーク研究者ワッツは、スモール・ワールドの持つこの面白いメカニズムの特性の検証を行い、新しいネットワーク効果を見出した（西口［二〇〇七］第一章、Watts［1999］）。ある行為者が直接に接する行為者との紐帯を介して結合する小さな範囲のネットワークを、クラスターと呼ぶ。互いによく結合したクラスター同士が結びついていると、その中にいる行為者同士は非常に短い距離で結ばれやすくなる。この考え方を敷衍していくと、そうした高密なクラスター同士が密接に結合していると、平均的なネットワークよりも、より短い距離でいろいろな人を結合することになるのである。

こうしたスモール・ワールド効果は、知的生産には大変効果的であるとされる。例えば、科学論文の共著関係を調べたところ、多くが密なクラスターの中にいることがわかった。このことから、スモール・ワールドにいた方が新しいアイディアを流通させやすく、そのために、知識の生産やコンテンツの製作に効果的であると議論された（Uzzi and Spiro［2005］）。

（2）　スモール・ワールドとブロードウェイ・ミュージカルの成功――ウッジらは、スモール・ワールドが、一定程度に密接で効率的な結合関係を作り出すと、商業活動での創造性やオリジナリティを高め、業績を上げる効果があることを明らかにした（Uzzi and Spiro［2005］）。そのために、ブロードウェイ・ミュージカルにおける制作者たちの共同制作のネットワークを分析した。そして、制作者の属するクラスターが一定の高い密度で結合し、かつそうしたクラスターを通じてより多くの制作者同士が全体に短距離で結びつく場合には、あるクラスターで作られたまったく新規で創造的な作品のエッセンスもすぐに他のクラスターに伝搬しやすく、またその内容への理解や支持も得られやすくなるとした。

ウッジらは、制作者の持つスモール・ワールド指標を、他のすべての行為者との平均距離に対するそれぞれのクラスターの集積度の比率で表現した。これは、クラスター外の人々への距離が短くクラスター集積度が高いほど、大きな値をとる指標である。値が大きいほど、スモール・ワールド、すなわち密なクラスターにおり、しかもそれを通じて別のクラスターの制作者へすぐにアクセスできる状態にあると考える。彼らはこのスモール・ワールド指標が中くらいの高さであると、ミュージカルが斬新で興行成績が高くなることを分析から見出した。むしろ、この指標があまりにも高いと、クラスターが高密になりすぎて、内部で非常に濃密な交流がなされる反面、外部の新規なコンテンツの情報が受け取りづらくなる。つまり内部の情報だけに集中し、外部の動きがわからなくなって逆効果であることも見出した。

④　**構造的空隙**　複数の分断されたグループの間で仲介的な位置に立つことは、新しい技術、ビジネス・モデル、経済活動についての情報や知識、資源を獲得する上で有利である。すでに述べたようにバートは、「構造的空隙」の観点から、分断されている程度の高いグループの間では、数少ないブリッジ的な紐帯を持つブローカー（仲介者）が、こうした経済やビジネスにかかわる情報や資源の交換、取引関係において、それらを獲得しやすく競争的に有利な位置を占めると提唱した。バートは、構造的空隙の程度を計測する上で、「構造的拘束」という計測指標を提唱している（Burt［1992］，安田［二〇〇一］）。

構造的拘束というのは、ある行為者がネットワークから受ける拘束の度合を意味する。複数のグループが分断されており、ブリッジ的紐帯は少ない状態のことを考える。この場合に、ブリッジ的紐帯をあまり持っていない行為者（個人や組織）は、他の持つ情報や資源のアクセスについての自律性が下がり、一定の制約を受ける。つまりブリッジ的紐帯を数多く持つブローカーに仲介されるので、自分たちのアクセスややりとりが統制される。一方、他のグループとのブリッジ的な紐帯を持つ行為者は、自律性が高くあまり統制されない。こうした考え方から、個人のネットワーク内部でのこうした制約度について指標化されたのが、「構造的拘束」という指標である。これは、①グループ間の直接的な結合関係の程度、②グループ間の間接的な結合関係の程度、③行為者が属するグループの内部の結束度の三つに基づいて算出される（安田［二〇〇一］一〇九頁）。

近年、構造的空隙の影響は、組織論や経営学で大きなテーマになっている。それだけ、仲介者的な位置に立つ行為者は、イノベーションや競争において有利であり、高業績を出すと考えられているのである。バート自身も、構造的拘束度の低い管理職は、分断されたグループの間で、情報交換を仲介する立場に立っており、組織内部の情報収集や意思決定、管理活動の展開に有利で、昇進が早くボーナスも高くなる傾向を指摘している。他方で、イノベーション研究の隆盛とともに、構造的空隙がイノベーションにもたらす促進効果への関心が高まっている。

（1）昇進・賞与への影響――バートは、構造的空隙の観点から見ると、管理職がブリッジを持ち構造的拘束度が低い場合には、さまざまな異質な集団や個人との人脈を持つことで、他人が入手しにくい独自の情報や知識を手に入れる。したがって、他の人と違った独自の斬新な観点で判断ができ、組織を動かしていけるので、彼らの業績も高くなるとする。バートは、ある大手電機メーカーの購買マネジャー六七三人を調査した。そして、彼らの中では、構造的拘束度の低い人たちが、個々人の業績において高い評価を得て昇進も早いことを、回帰分析を用いて統計的に明らかにしている（Burt [2004]）。さらに彼は、仕事上のアイディア作りへの影響を調べて、よいアイディアが出るとしたマネジャーは、構造的拘束度が低く仲介的な立場にいる傾向にあることも検証している。

（2）テレビ番組の面白さへの効果――テレビ番組作りにおいても、制作スタッフの間に構造的空隙が高く見られる場合は、番組が個性的で面白く人気が出ることにつながる。ソーダらはイタリアにおけるテレビ番組とその人気（視聴者の多さ）について研究して、番組ごとの制作スタッフの間にある構造的空隙の程度の高さが番組の人気の高さにつながっていることを明らかにした（Soda *et al.*

［2004］）。他の番組制作プロジェクトのスタッフと分断されていて、ブリッジの少ない状況が、つまりそれぞれの間に構造的空隙があることが、その番組独自の個性的な面白さを生み出し、人気の高さにつながっていることを明らかにしたのである。彼らは、番組プロジェクトごとに、そこに属している制作スタッフ全員の構造的拘束度を総計、平均し、それにマイナス1をかけて、マイナスの指標に転換した。そうすることで、これを番組の自律度の指標に転換し、番組プロジェクトの人的ネットワークに他の番組との分断があること、つまり構造的空隙の指標とした。その結果、制作時点において番組制作スタッフが他番組とあまりつながりを持たない番組ほど、視聴者数の多いことが明らかになった。

このように、構造的空隙がある方が、イノベーションを生み出しやすいと考えられている。分断された状況で、それらを結合するブリッジを持つ行為者は、他の人々の相互作用を統制できるため、新しいアイディアを生み出す上で有利な位置にあるとされる。したがって、他のプロジェクトとの断絶をうまく作り出せるプロジェクトは、独創的で革新的なものを生み出しやすいと考えられる。イノベーションを促進するネットワーク特性としてブリッジの効果を考える上で、構造的空隙は、現在非常に重視されているネットワーク論的な視点である。

ネットワーク的な資源と組織能力

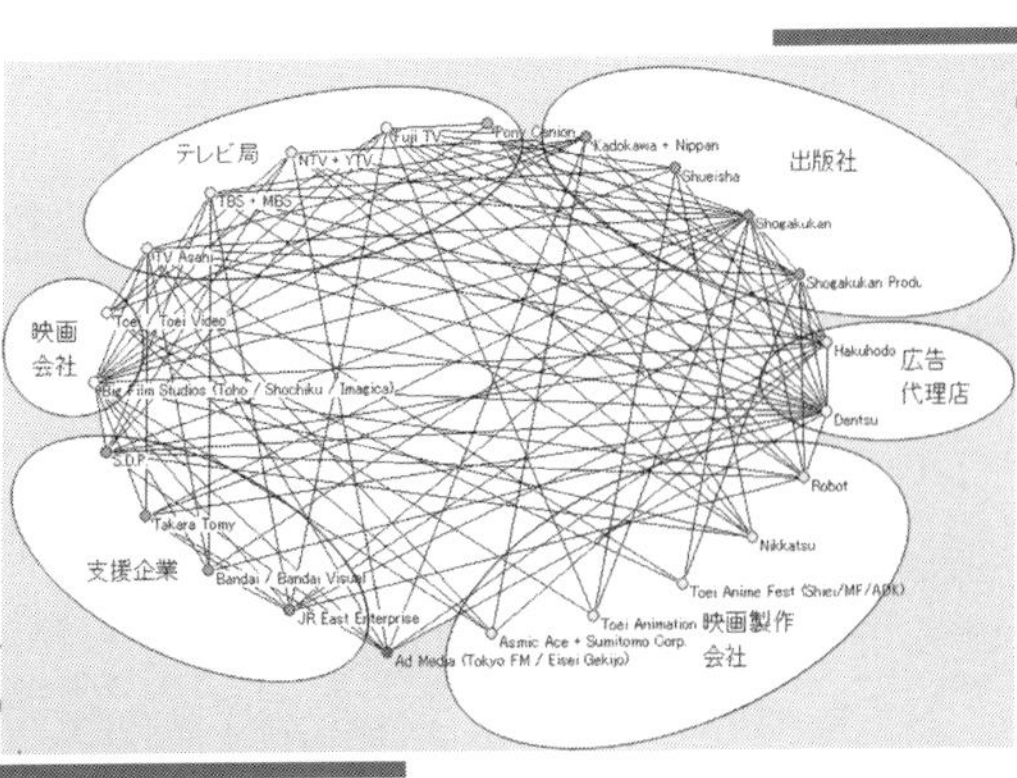

部扉図版：日本のヒット映画作りの企業間提携に見るメディアミックス

（出所） 若林直樹ほか［2009］「日本映画の製作提携における凝集的な企業間ネットワークと興行業績」京都大学大学院経済学研究科ワーキング・ペーパー，No. J-70，21頁，図表6。

第11章
組織のソーシャル・キャピタル

●1 会社や個人の能力を生み出すネットワーク

なぜ鉄道会社はパスモを作るのか

ビジネスにおいて、なぜネットワーク組織が使われるのだろうか。その典型である戦略的提携のように、一つの会社だけでは競争力が乏しいけれども、複数の会社が協力すると飛躍的に競争力が高まる場合がある。その身近な例として、二〇〇七年にサービスを開始した関東地方の鉄道・バス会社が共同で展開するICカード乗車券「パスモ」(PASMO)を挙げることができる。これは、二六の鉄道会社、七八のバス事業者が加盟するPASMO協議会が運営会社パスモを設立して事業を展開しているものである。

パスモは、この会社が発行するICカード乗車券であり、これを使うと、切符を買わずに自動改札機や料金支払機を通すだけで、二六の鉄道会社、七八のバス事業者の運営する交通機関を利用できる便利なものである(二〇〇九年現在)。つまりパスモは、これら関東のバス会社やいわゆる私鉄系鉄道会社の提携サービスなのである。こうした提携は、広域に数多くの鉄道・バス会社が加盟したネットワークを作ると利便性の高いサービスが供給できて、メリットが増大する。二〇〇八年には八〇〇万枚が発行された。同様のサービスは、関西、名古屋にもある。さらに、ICカード乗車券は電子マネーとして、スーパーマーケット、商店街、各種の店舗などとの提携ネットワークを通じ、現金を持ち歩かなくてもよい便利な買い物空間を作り出している。

パスモのような会社間の提携ネットワークは、一社で行うよりもはるかに高いビジネス上の能力を生み出すことにつながっている。パスモの例は、まず、「ネットワーク外部性」の効果を示している。ネットワーク拡張によりビジネスの場が広がったことが効果を生んでいるのである。さらに、こうしたパスモによるキャッシュレス・ショッピングの場が広がったために、それぞれの鉄道会社が駅ナカのショッピングやビジネスを開発することになれば、いわば駅という空間をショッピングモールとしても活用できるようになる。これは、鉄道会社の工夫次第では、新たな事業活動を行う能力を生み出すことになる。

むろん、パスモのネットワークは、情報技術の生み出した提携ネットワークである。けれども、この章では、特別な仕組みを持つ組織同士や人同士のネットワークが、企業や個人がビジネスを行う上でのインフラや資源として事業活動の能力の発展に結びつくことについて考えてみたい。

会社や個人のビジネス能力を作るネットワーク

ネットワーク組織の持つビジネス上のネットワークは、一つの会社や一人の個人の働きでは作り出すことのできない事業活動の能力を生み出す。パスモは、その一つの典型であり、一社のICカード乗車券では、こうした便利な生活空間は生み出せないだろう。二六の鉄道会社、七八のバス会社が加盟したネットワークだからできるのである。そして、こうしたネットワークは、ビジネスの上での競争力を生み出す。パスモができた理由の一つは、東京や関東地方一円に都市型鉄道ネットワークを展開して、私鉄系鉄道会社のライバルであるJR東日本が提供、二〇〇〇万枚を発行しているICカード乗車券サービス「スイカ」に対抗するためである。私鉄各社はパスモの開始により、IC乗車券サービス分野ではJR東日本と同程度に利便性の高いサービスを提供し、輸送会社としての競争力を持つことができた。

個人の持つビジネス上の人脈もまた仕事上の能力を高めるとされる。顧客とのネットワークは、サービスの向上や製品開発に役立つだろう。オリンパスが、胃カメラなどの内視鏡市場で高いシェアと優位を保っていたのは、内視鏡を専門とする医師との人脈を積極的に作り、製品作りや製品理解に役立てていたからである。また、社内の他部門に属する関係者との関係は、社内の連携や問題解決に有効だろう。電子デバイス・メーカーのアルプス電気は、意図的に社員の異動を進めて、社内の開発における連携を促進しようとしている。一方、先輩社員と後輩社員の紐帯は、メンタリングの面で役立ち、仕事やキャリアの悩みの解決に意味があるだろう。

経営資源となるネットワーク

ビジネスにおけるネットワークが会社や個人に事業上の能力を与えてくれるならば、それは一つの経営資源として見ることができるだろう。このような見方は、会社や個人の事業活動に利益や競争力を与えてくれるような社会ネットワークを、近年、ビジネスのソーシャル・キャピタル、日本語でいう社会関係資本として捉えることにつながっている。これはまた、新たな組織理論、すなわちソーシャル・キャピタルによる組織理論の成長につながっている。そこでは、ネットワーク理論やネットワーク分析を活用しながら、その特質を理解しようとする新たな視点が成長してきている。

南カリフォルニア大学のポール・アドラー教授らは、社会科学で広範に展開してきた社会関係資本論の視点を組織理論や経営学にも導入する動きを指摘している（Adler and Kwon［2002］）。そして、企業や個人の持つ社会ネットワークが、イノベーション、人事管理、ナレッジ・マネジメント、品質管理、昇進・昇給などで特別な働きを見せる場合には、経営資源になっていると指摘する。社会ネットワークは、ヒト、モノ、金、情報を流通させる回路となっており、それがビジネスを促進する方向に機能する場合には、企業や個人にとっての経営資源であるといえるだろう。企業が組織的な仕組みとして持っている競争能力を「組織能力」と戦略論では呼ぶようになった（藤田［二〇〇三］）。経営資源となるネットワークは、組織能力を高めるということもできる。

しかし、ネットワーク組織は、従来型のヒエラルキー組織と違い、より流動的で捉えづらい面がある。そのために、何を組織能力として持っているかについてもわかりづらい。組織能力の見極めのためにも、ネットワークが経営資源として、どのような働きをしているのかを検討する必要がある。

スマートなビジネス・ネットワークの構築

むろん、すべての人脈や企業間関係が経営資源になるわけではない。ただつながっているだけで、ビジネス活動を促進しないものも多いだろう。それどころか、ビジネス活動の障害になったり、害悪をもたらしたりするものもあるかもしれない。例えば、一部の悪徳な建設業者と腐敗した政府・自治体の関係者、政治家が作り出している「談合のネットワーク」はその典型といえる。談合とは、悪徳な政治家、公務員と一部の不公正な業者たちとが事業入札の裏側で結託と闇取引を行い、事業を独占して順番に受注できるようにすることである。日本の公共工事には、こうした因習的なネットワークが過去に存在したこともあり、それが競争を妨害したり、不当に高い工事代金をせしめたりする仕組みとなった例もいくつか見られる。これは経営資源というよりも、社会悪となっている悪いネットワークである。

また、欧米の研究者が指摘するように日本企業のしがらみ的なネットワークもまた、社会悪ではないけれども、経済や企業の発展を阻害する場合がある。しがらみを通じてやむを得ず固定的で閉鎖的な取引関係を続けると、次第に、経営環境の変化についていったり、イノベーションを行ったりすることが難しくなる場合がある。一九九〇年代に系列企業が直面していたのはこの問題であり、ある日産系列企業の場合には、他の企業よりもコスト競争力を失っている場合があった。

ビジネス上のネットワークが、こうしたものと異なり、一定の便益を個人や企業、社会にもたらす場合には、よき社会関係資本であるといえる。例えば、ある人脈が、顧客や協力企業、社内からのビジネス機会に関する知識や情報をもたらしたり、それを通じて製品のイノベーションを促進したりする場合がそうである。また、ある個人が他者からよい転職情報を得たり、ビジネスのアイディアを得たり、職場を活性化したりする場合もそうである。このように、ビジネス上の利益をもたらしたり、促進したりするようなネットワークを構築することこそが求められている。

ミシガン大学教授ベイカーは、このようなビジネスを促進する「スマート」なタイプのネットワーク構築を心がけるべきだとする（Baker［1994］）。どのようなネットワーク構築が「スマート」であるかは、やはり、どのようなタイプのネットワークがビジネス能力の向上によい効果を与えるかを整理すると理解できる。第10章では、そもそもこのようなネットワークの効果がどのようなものであるかを検討した。それをふまえて本章では、個人や会社に利益、競争優位、効率性などをもたらし組織の資源となる社会ネットワークの働きについて考えてみたい。

●2 経営資源としての社会ネットワーク

組織のソーシャル・キャピタルという見方の登場

企業や自治体、NPOなどの組織において、その内部や周辺に発達した人的ネットワークがその目的や活動を促進する役割を果たすと、その行動や業績によい効果をもたらす。そうした特性を持つネットワークは、組織やビジネスパースンの活動にとって有益な経営資源であると考えられるようになってきた。こうしたネットワークは、組織にとっての「ソーシャル・キャピタル」すなわち「社会関係資本」であるとされ、ヒト、モノ、金、情報を媒介しかつ活かす重要な経営資源として考えられている。

ソーシャル・キャピタル理論の発展

ソーシャル・キャピタル理論（社会関係資本論）は、近年、社会ネットワーク論を一つの基盤に、社会学や政治学、開発経済学そして組織理論などの幅広い社会科学分野において成長してきた新たな社会理論である（稲葉［二〇〇七］、宮川ほか［二〇〇四］）。この理論は、人脈の広がりや深さ、強さ、独特のつながりといった一定の特性を持つ社会ネットワークには、社会活動を行う上でのヒト、モノ、金、情報やそのほかの経営資源の利用を可能にしたり、循環させたり、価値や文化の共有を通じて一定の協力関係を発展させたりする働きがあるとする。ただ、金光が指摘するように、ソーシャル・キャピタル理論は基本論理として、人々が社会関係に投資を行うと、社会ネットワークを構築したり、発展できたりして、そこから一定の利益を得られるという功利的な考え方を基盤に持っている（金光［二〇〇三］二三九頁）。例えば、ある地域において、地域おこしのために、頻繁にイベントを行ったり、セミナーやフリーランチ・パーティを行ったりしていると、地域につながりが作られてきて地域おこしに協力する人が増えるという、直接効果を期待する考え方である。

一九八〇年代前後から社会学者のブルデューやコールマンらが「ソーシャル・キャピタル」（社会関係資本）を用いた新しい社会理論を発達させた。そして、政治学者パットナムは、地域社会の持つソーシャル・キャピタルが民主主義社会に持つ意義を一躍、現代社会にアピールした（Putnam［2000］）。

彼は、近年、遊び友達すらおらずにたった一人でボウリングをする人たちが増えている現象に象徴される米国社会の問題を読み解いた。それは、現代米国の一部の地域社会では解体と荒廃が進んでいることを意味する。その原因として、地域社会への市民参加が衰えていることや家族や地域との結びつきが弱まっていることなどがあるとする。そして、コミュニティを支えるネットワークこそが、実際の民主主義社会を発展させるための重要なネットワーク資源、つまり社会関係資本であると、その意義を強調した。

社会関係資本を研究する社会学者リンによれば、そうしたソーシャル・キャピタルすなわち社会の資本としてのネットワークの価値は、そこに重要な社会資源が埋め込まれており、その資源はネットワークを通じてのみうまく活用できることにある（Lin［2001］p. 19）。それゆえ、現実のネットワークは人間の行為に強く影響する。

社会学者コールマンは、社会関係資本が人間の行為に二つの主要な影響を与えると主張する（**Coleman**［1990］）。まず、社会ネットワークが、人間のいる現実の社会構造を表し、その構造がその人間の行為を促したり、制約したりする。その意味では、経済学における「経路依存性」の議論に従えば、社会の発展や行為の展開の方向を具体的に形作る主要な制約条件が、ソーシャル・キャピタルである。しかしそれは同時に、金や土地、モノなどと同じように、そこにいる人間の行為の目的を実現させるような資源としても働く。つまり、社会ネットワークが行為のあり方を制約するとともに資源となるというのが、ソーシャル・キャピタル理論の独自の視点である。以下では、わかりやすく表現するために、ソーシャル・キャピタルを社会関係資本、そしてその理論を社会関係資本論と呼ぶ。

ビジネス研究への応用

企業やNPOなどの組織の活動に対しても、人的ネットワークのある種のものは、社会関係資本となると考えられるようになってきた。経営学者アドラーらは、ある種の組織に有益なネットワークは、独特な「構造形態や内容からもたらされる経営資源」であるという意味で、組織にとって「社会関係資本」（ソーシャル・キャピタル）であると定義している（Adler and Kwon［2002］）。ネットワークが、ベンチャー・ビジネスを始めるときに資金や資源、顧客の獲得を促進したり、新しい画期的なアイディアを得るチャンネルになったり、よい品質のものを作るための職場組織の団結力を引き出したりする場合には、組織にとっての社会関係資本であるといえる。アドラーらは、組織にとって、ネットワークがイノベーション、内部での品質管理活動、外部の協力関係をうまく機能させる場合には、会社の経営資源であると整理している。そして個人にとっても、自分の持つ社会ネットワークが転職のチャンネル、職場でのメンタリングやカウンセリング、職場でのチームワーク作り、キャリア作りの働きをする場合には資源となる。

ことに近年、企業は激しいイノベーションや革新の競争を行っているので、知識生産やイノベーションを行う企業の組織的メカニズムが大きな関心事となっている。そのため、そうした組織の知識生産やイノベーションを促進する組織のネットワークの特性とは何かということへの関心が強くなっている。知識生産やイノベーション、事業革新を行う企業の組織的メカニズムを「組織学習」といい、それを継続して進められる企業組織は「学習する組織」といわれている。企業が「学習する組織」であることは、イノベーション競争で勝ち残るために重要な条件となる。「学習する組織」における社会関係資本、すなわち人的ネットワークの特性はどのようなものであり、それをどう作り出すのかは現代の企業経営においては大きな理論的・実践的な課題である。

イノベーションを進めるネットワークの特徴

組織学習を促進するネットワークの三つの典型パターンとして、①企業内ネットワーク、②戦略提携のネットワーク、③地域産業クラスターがよく挙げられる（Inkpen and Tsang［2005］）。これらのネットワークが組織学習に効果的になる場合の特徴を見てみよう。

まず、企業の内部ネットワークにおいては、個人や職場集団、部門の間で、人員の入替りが少なく、紐帯が安定している特性を持っている場合、ネットワークを通じた知識の共有が進みやすい。そこにおける目標、ビジョン、文化の共有度が高いことも重要な条件となる。その場合には、組織内での学習が進みやすい。第二に、企業の間での戦略的な提携関係において、双方の担当者たちの間で、組織を越えた強い紐帯と継続する交換関係があると、深い知識を交換する結合関係が見られる。ただ、戦略的提携の場合には、共有される目標が明確であり、文化が相互に近しいことも重要な条件である。こうした場合には、ライバル企業であっても知識の移転が進みやすい。第三に、一定の地域で特定の産業にかかわる地元企業が集積しているのが地域産業クラスターであり、この内部での企業間のネットワークが学習を活性化する場合の特徴である。このネットワークでは、企業同士が近い地域に立地しており、地域内の複数の企業同士が弱い紐帯を通じてつながっている特性を持つ場合に、地域クラスター内部での学習が進みやすい。その際、地域内での協力についての考え方の共有や、インフォーマルに知識を移転するときの規範やルールが共有されていることも条件となる。

とりわけ、戦略的提携や地域産業クラスターにおいては、ネットワークが複数の企業の間で学習を促進する効果を持つことが鍵となる。とはいえ、複数の企業、ことにライバル企業の間において学習が進むことがありうるのだろうか。これは、一定の条件のもとで可能となる。その条件とは、相互に知識や情報、価値、ビジョンを共有し、共通の戦略目標を確認し、協力する意義を見出すことである。典型例は、この章の冒頭で挙げたような「パスモ」や関西地方の「ピタパ」など民間鉄道業者たちのIC乗車券事業連合である。まず、IC乗車券の利便性についての知識、情報とそれが新しいサービスのビジョンを共有することが基礎となる。実際、「パスモ」導入の場合には、関東地方という広い範囲を対象にサービスを供給することで、関東私鉄・バス事業者がJR東日本の「スイカ」に対抗するサービス事業網を構築する目標を共有し、協力できたわけである。

社会学者イングラムは、組織の間での学習が進む条件の一つが、企業間での提携事業を担当するマネジャーの持つネットワークにおける関係性のよさであるとした（Ingram［2002］）。もちろん、企業間での学習では、知識や情報を発信する企業の発信能力や、受け取る側の企業の学習能力の高さは重要な基礎となる。けれども、近年では、そうした能力に加えて、知識や情報が移転するネットワークにおける関係のよさ（質）もまた重要な学習の促進要因になると考えられている。その「質」を表す代表的な概念が、ビジネスにおける「信頼関係」である。

例えば、ホテル産業において、あるホテルが他のホテルからサービスのノウハウを学ぶ場合には、教えてもらうホテル企業に対する信頼感がないとうまくいかないことが多い。実際に、ある関西ホテル企業が、日系のホテル企業から欧州系のホテル企業に、そのフランチャイズ提携先を切り替えた例を筆者はヒアリングしたが、これなどはその好例である。以前に提携していた日系ホテル企業の持つサービス能力と、そのノウハウを移転するやり方に対して不信感を持ったのが、その提携先切替えの理由とのことだった。

イングラムらも、シドニーの高級ホテル産業を研究して、同じ系列ホテルだけではなくむしろライバル・ホテルであっても、ホテルのマネジャー同士の人的ネットワークが発達し、そこでは親近感と信頼感の共有が見られて、これが相互にノウハウや知識の移転を促進する傾向につながっていることを確認している（Ingram and Roberts［2000］）。同一地域のホテルの場合には、むしろ直接のライバルの方が、そのノウハウ、サービス内容、顧客情報について参考にし、相互に知りたがっている。そこで、ネットワークを構築し、付合い方についてのルールや規範を定めてから、相互に学習し、協力して顧客を世界中からシドニーへ呼ぶ努力をしていた。このように、組織にとって学習を促進するネットワークは、協力関係だけではなく、競争関係にある企業の間においてもまた、市場競争を展開する上での経営資源すなわち「社会関係資本」となる。

3 ネットワークがもたらす効果

ネットワークの特徴とビジネス業績との関係

企業に関する社会関係資本論は、学習やイノベーションを促進する特性を持つ組織のネットワークが、ビジネスの上での高い業績につながりやすいと認識している。本書でも、ここまで第10章において、近年の研究の中で明らかになってきた組織ネットワークが組織成果に結びつくさまざまなケースについて述べてきた。ここでは、ネットワークの特性がどのように働いて組織の学習を促進するのかという観点から議論を整理してみたい。

組織に高い業績をもたらすネットワークの特性は、①関係のよさにかかわる質的な次元と、②ネットワークの構造形態の次元という二つがある。ここでは、こうした質的次元と構造的次元それぞれにおいて、代表的な特性がビジネス上の成果につながる基本的な因果関係をまとめて述べてみることにする。前者については、ビジネス上での信頼関係のよさが持つ意味に関して考えてみたい。「信頼関係」は、継続的なビジネス関係の基盤となり、その発展を促進すると議論されてきた。とくに、欧州には、数多くのブランド企業があるために、信頼がビジネスに果たす役割が熱心に検討されている。具体的には、社員の会社に対する信頼、顧客のブランドに対する信頼、取引先の会社に対する信頼などである。そして後者については、「凝集性」と「弱い紐帯の強み」という二つの主要な構造的効果に関して考えてみたい。これは、米国を中心に、具体的なネットワークの構造形態の特徴がイノベーションや学習の促進にどのように影響するかに焦点を当てた研究が、進んでいるからである。

信頼関係がビジネスにもたらす効果

当たり前の話であるが、人や会社は普通、信頼しない相手からモノやサービスを買わないだろう。農薬の入った餃子を作る会社からは、顧客は離れていくだろう。会社間の取引でも同様に、注文通りにきちんとモノやサービスを作らない会社を取引先は信頼しないし、取引をやめるだろう。逆に、信頼度の高い会社は、他のライバル企業よりも顧客の支持が強いので、売上が大きかったり、より高い価格設定でも引合いがあったりする。高級なファッション・ブランドの企業がその典型である。ビジネスにおける信頼関係の持つ重要性を経済学・経営学が重視し始めたのは、信頼関係が経済やビジネスを支えている重要な社会的基盤であるとの認識から生まれた。

ビジネス上の人や会社の相互信頼関係は、いくつか経済的によい成果を生み出す。まず、深い協力関係を持つことで、そうした協力関係を持たない人的ネットワークや企業間ネットワークよりも高い経済成果を上げて、競争に有利となる。

例えば、信頼感を共有している企業間ネットワークは、相互により深く協力し、個別の事情を細かく考慮した製品開発やサービス改善に対して互いに貢献し合うことができる。第二に、信頼関係のある共同開発においては、積極的な情報交換や知識移転が行われ、共同で将来の市場予測を行ったり、技術開発投資を行ったりすることが可能になるので、高い成果に結びつきやすい。第三に、従業員や顧客の会社に対する信頼関係も成果を高いものにする。従業員は、信頼する会社に対しては、積極的に貢献しようとするし、会社の将来まで考えてくれる。顧客も信頼するブランドを持つ会社に対して、ブランド・ロイヤリティを持ち、ずっとその製品を買い続けてくれるので、会社も市場予測がしやすくなる。第四に、外注企業から信頼感を持たれている場合には、発注企業は有利な面を持つ。外注企業は、発注企業に合わせた特別な技術力の開発をしてくれるし、特別な生産設備を持ち、特別な要望に応えようと努力してくれる。

反対に、不信感の伴う企業やビジネスは、経済的にも低い業績を示すことが多い。まず、取引関係での不信感が強いと、常に相手のやることに猜疑心を持ち、相手の行動を事細かく監視しようとする。さらにすぐに取引打切りになる可能性があるので、現金取引や短期決済になり、常に手元に現金を用意しなければならない。次に、不信感の強い共同開発では、互いに自分の技術を見せないようにしたり、そこで得られた技術成果を自分だけのものにしようとしたりするので、足の引っ張り合いになる。第三に、従業員に不信感を持たれている企業は、従業員の長期的な貢献を引き出しづらい。従業員は企業の人事評価を信頼せず、短期的な評価と報酬だけを求めるようになる。第四に、不信感を持たれた会社や個人の製品やサービスは、疑惑を持って見られるので、些細なことでのクレームが多くなる。これは膨大なクレーム処理コストや説明費用を発生させる。場合によっては社会的な非難を浴びたりする。例えば、雪印乳業は、古い牛乳と新しい牛乳を混ぜて売る牛乳の品質偽装事件を起こした後、社会的非難を浴びて急速に顧客が離れていった。そして最後には、伝統の「雪印ブランド」の牛乳は市場からなくなってしまった。

企業間の信頼関係の特徴

企業の持つビジネス上の信頼関係は、どのような特徴を持ち、どのように発達するのだろうか。近年、経済学や経営学において、会社の信頼という問題は大きなテーマになってきた。その背景は、一言でいうと信頼関係をうまく築いた企業は、より低いコストで取引を行うことができ、より高い付加価値をつけられるメリットを享受できることにある。それに対して、低級品のブランドだと思われると、顧客に向けて積極的に安売りをせざるをえなくなる。

企業経済学においては、会社と会社の取引関係において、信頼関係がないと、よりコストのかかる取引になるとされる。信頼関係がない企業同士の取引は、常に一回ごとに決済を求め、相手が裏切らないように取引を監視する仕組みを作り、そしてこの取引関係に長期的に拘束されないように、もっとよい取引相手を探す。この行動は、専門的には「機会主義的行動」といわれる。長期的には、機会主義が強い取引関係は経済性が高まらない。とくに、機械産業のように、長期間に協力することで、品質向上やコスト低減、新製品開発が進むような場合には、こうした信頼のない取引関係は、不経済となることが多い。そのために、ビジネス上でも会社間の信頼関係は、経済的に重要な意味を持っている。

ビジネス上での企業間の信頼関係は、三つのタイプに分かれており、それぞれに異なった発展の仕方をする。それらは、①制度的な信頼関係、②能力的な信頼関係、③意図的な信頼関係という三つのタイプに分かれると考えられている（Nooteboom［2002］，若林［二〇〇六］）。

第一の制度的な信頼は、契約をきちんと守って取引をするという最も低いレベルでの信頼性である。契約した取引内容の履行が、法律や社会制度で保証される形で実際に行われるかについての信頼性である。発展途上国での取引においては、こうした問題が日常的に存在する。契約に記載された期日通りに納入することがないとか、注文したモノをきちんと納入することが難しいという問題である。第二は、会社の持つ能力に対する信頼感である。高い品質管理能力、高い技術開発能力、他社に真似のできないデザイン提案能力等に対する信頼感である。これは、その会社の供給した製品やサービスに対する評価から高まっていくものである。例えば、ブランド製品を持つ企業に高い傾向が見られる。第三は、将来的な共同発展の意思に関する信頼性である。これは、系列や戦略的提携において重視される信頼関係であり、双方の企業が、相手の企業と協調しながら共同で発展しようとする意図についての信頼関係である。この信頼関係は、契約履行や能力面での信頼に加えて、協力関係において相互発展を志向しているかによって評価される。

例えば、自動車メーカーは、新車の開発と生産を行うときに、外注メーカーたちの技術開発を支援し、新車向けに作った独自の生産設備の稼働水準を維持するように配慮し、新車開発を通じて市場の中で将来にわたって共同で競争優位を築こうとする。このような意図に関する信頼は、相互発展に対する貢献、相互援助と目標達成を通じて高まる。

近年、会社に対するビジネス上の信頼感の持つ内実が重視されてきている。それは、取引を円滑にするためだけではなく、ブランド価値を高めたり、企業業績を左右したりするからである。例えば人々は、マクドナルドというブランドと、スターバックスというブランドにはまったく違うタイプの信頼感を抱いている。マクドナルドが、「マックカフェ」というコンセプトでカプチーノや多様なコーヒー・メニューを設定し売り始めたときに、多くの批評家たちは醒めたコメントをした。マクドナルドはあくまでもすぐに食べられるという意味通りの「ファスト」・フードであり、多くの人々はマクドナルドが「おいしいエスプレッソ」つまり美味しいコーヒーを提供してくれることをあまり期待していない。むしろ一分以内にボリュームのあるなじみの味のハンバーガーが出されるというサービスを確実に提供してくれることを期待している。果たしてマックカフェ戦略は、二〇〇八年に売行きの悪さから大幅な見直しを余儀なくされた（『日本経済新聞』二〇〇八年四月一九日付）。顧客は逆に、スターバックスに低料金ですぐに満腹にさせてもらうことをまったく期待していない。

近年はさらに、企業の信頼回復ということも大きなテーマになっている。雪印乳業、赤福、「白い恋人」の石屋製菓は食品偽装事件を起こし、大きな痛手を受けた企業である。こうした不祥事を反省し、必要な改善処置をとり、そしていかに早く顧客の信頼を回復するかは、大きな経営課題になっている。例えば赤福は、一定の改善措置を行って事業再開した後は、より多くの売上を達成した。信頼回復のどのようなやり方が効果的なのかも検討が必要である。

上記の観点から、企業の信頼感に対する質的な面での考察も重要視されているが、それとともに、時間的な信頼変化に対する考察も進みつつある。これに関しては、グランディッド・セオリーや、アクター・ネットワーク理論等の質的研究手法を用いて、企業の持つ信頼感の特質が、ネットワークにおいてどのような内容であり、それがどのように構築され、変化するかについての検討が始まっている。

構造形態のもたらす効果

組織間およびビジネスパースン間の人的ネットワークが持つ構造の形態は、知識や情報の流れ方や、資源の動員のされ方を通じて組織の経済成果に大きな影響を与える。とくに、企業組織の学習の面に影響し、その経済的な業績を左右する。そうした構造形態の代表的な効果として、①凝集的なネットワークの構造効果と、②広くオープンなネットワークを結合するブリッジが数多くあることの効果がある。ここでは、その二つを取り上げてみよう。

① 凝集性のもたらすインクリメンタル・イノベーション　ネットワークが閉じており、その内部が相互に直接に強く結合している場合を、「凝集性」(cohesion) が高いといい、インクリメンタル・イノベーションを促進する独特の効果を持っている。まず凝集性の持つ働きを確認しよう。凝集的なネットワークとは、内部が強い紐帯で結合していたり、またはクリークのように狭い範囲で相互に直接

的な結合関係があったりする場合である。「強い紐帯の強み」という議論を第10章で行ったが、凝集的なネットワークを持つ集団や組織は、限られた範囲のメンバーが相互に密なやりとりを頻繁に行っているので、規則や慣行を覚えたり、似たような価値、規範、知識、考え方、行動パターンを共有しやすくなったりする。そのために内部の同質性が高くなったりする。それだけではなく、相互に集団圧力を使って覚えた規則や規範を守ることを強いたりもするので、団結力も高い。クラックハートは、危機的な状態にある組織が、凝集的なネットワークを持っている場合には、高い団結力を示しやすいので、まとまって現状を改善する集団的な努力に取り組みやすい傾向があることを明らかにしている（Krackhardt［1992］）。

そして、凝集的なネットワークでは、言葉には表現できない、ノウハウや知識などといった暗黙知の移転や共有が進みやすいとされる。チームや企業の内部で同質化と暗黙知の共有が進むと、互いに問題や現場の認識や考え方、行動パターンを深く共有する。そのことが、インクリメンタル・イノベーションという、品質改善や細かい顧客対応などのような改良型、改善型の活動を行う場合の組織的な土台になるという。日本企業は、こうした面で組織的な優位を持つとされていた。筆者は、電機メーカーの外注企業協力会で、凝集的なネットワークがあると発注メーカーへの信頼感が増し、品質改善の学習に前向きになることを明らかにした（若林［二〇〇六］）。また、スモール・ワールド性にも凝集性と似たような効果があるといわれている（Uzzi and Spiro［2005］）。

② ブリッジ効果のもたらすラジカル・イノベーション

他方、広くオープンなネットワークにお

けるブリッジ的な紐帯は、ラジカル・イノベーションを起こしやすいと考えられている。ラジカル・イノベーションとは、これまでになかったような画期的で新規なアイディア、知識、製品、サービスを生み出すことである。ブリッジ的な紐帯は、広いネットワークにおいて分断されている複数のグループの間をつなぐので、こうした紐帯を持つ個人や会社は、他の人や会社が接したことのない、新規な情報もしくは画期的なアイディアに触れやすい。そのためラジカル・イノベーションを起こしやすいとされる。

ブリッジ紐帯の持つイノベーション効果は、すでに述べたグラノベッターの有名な「弱い紐帯の強み」というネットワーク効果の発見に始まる（Granovetter［1974］）。彼は、転職の際には、普段付合いの薄い人たちとの紐帯すなわち弱い紐帯の方が、転職先の情報をよく伝えてくれることを発見した。人々は、一般に強い紐帯よりも、弱い紐帯の方を数多く持っている。そして弱い紐帯の方が、より広い範囲に広がるネットワークを作り出す。弱い紐帯の方が、広範囲に対してまったく新規で異質な情報を伝えやすい。そしてバートが、「弱い紐帯の強み」の効果をさらに「構造的空隙」論において再定式化した（Burt［1992］）。つまり、広いネットワークにおいて、数多くに分裂して相互に連絡の乏しい複数のグループが存在している際には、それらをつなぐブリッジ紐帯が優位を持っていると解釈し直したのである。こうしたブリッジを持つ個人や会社は、分裂しているグループ間をつなぐことで、ほかが持っていないような未知で新規な情報やアイディアを得たり、競争状況の全体像を把握し何が重要な戦略的ポイントとなっているかを理解しやすい。そのために、他の個人や会社が考えないような、まったく新規の製品やサービスを生み出す、ラジカル・イノベーションを起こしやすい。

ブリッジ紐帯は、分裂の程度の高いネットワークでは、高いイノベーション能力を持つとされる。第10章で挙げたようなソーダらによるイタリアのテレビ番組制作チームの研究のように、他のチームと断絶している程度が高く、なおかつブリッジを持っているチームが、独自な面白さを持つ番組を作りやすく、より多くの視聴者の支持を受けやすい。そしてバートは、サプライ・チェーン・マネジャーの研究で、構造的空隙の度合が高い状況では、ブリッジを持つマネジャーがより画期的なアイディアを出しやすいことを例証している。けれども、構造的空隙の度合が高い状況におけるブリッジ紐帯がイノベーションの成果にどれだけ結びついていくのかについては、まだまだ検証が始まったばかりである。

企業の持つソーシャル・キャピタルの検討へ

これまでは、ネットワークの持つ資源価値を考える場合に、個人と組織を交えつつ論じてきた。けれども近年、個人やネットワークではなく、企業にとって、組織として持つネットワークの「全体」から生まれる経営資源は何であるのかということへの関心が生まれつつある。これは、企業の持つ独自なソーシャル・キャピタルつまり「企業型社会関係資本」(corporate social capital) の問題と呼ばれている。いわゆるトヨタ・システムなどのように、個人では実現できないものであり、会社全体で実現している独特のネットワーク構造とその学習効果を研究するものである。ことに会社全体のネットワークが独自に持つ高い学習やイノベーションの効果を持つ場合の分析である。これに関しても今後の研究成果が期待されている。

第12章

ネットワークが生み出す組織能力

●1 ネットワークによる学習の活性化

東京ディズニーリゾートは組織的に感動を作り出している

すぐれたビジネス上のネットワークは、会社や個人の学習活動を促進し、よりよい製品やサービスを生み出す独自の組織能力をもたらしたり、個人の職務能力を発達させたりする。したがって会社の持つ学習能力は、ネットワーク作りから始まるとさえいえるだろう。この点をまず、東京ディズニーリゾートの取組みで見てみよう。

長期不況の余波と少子高齢化を受けて、テーマパーク産業は厳しい状況にあり、入場者数の長期低落に悩むところも多く、いくつものテーマパークが廃業している。その中で、東京ディズニーリゾート（TDR）は、唯一、入場者数の増加を続けて成長しているテーマパークである。リピーター（何度も訪れる入場者）が多いこともその成功要因の一つとして指摘される。それでは、何が東京ディズニーリゾートの持つ持続的な魅力を生み出すのだろうか。むろん、ディズニーの提供する数多くのキャラクターの魅力や新たなイベント企画能力、新たなアトラクションへの投資がその第一だろう。けれども、他のテーマパークと比べたとき、顧客を感動させ続けるサービスのよさは特筆されるべきである。それを生み出す仕組みとしては、優良な接客サービスのマニュアル化だけではなく、そうしたサービスの組織的な普及・改善も大きい。

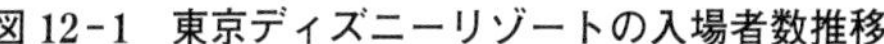
図 12-1　東京ディズニーリゾートの入場者数推移

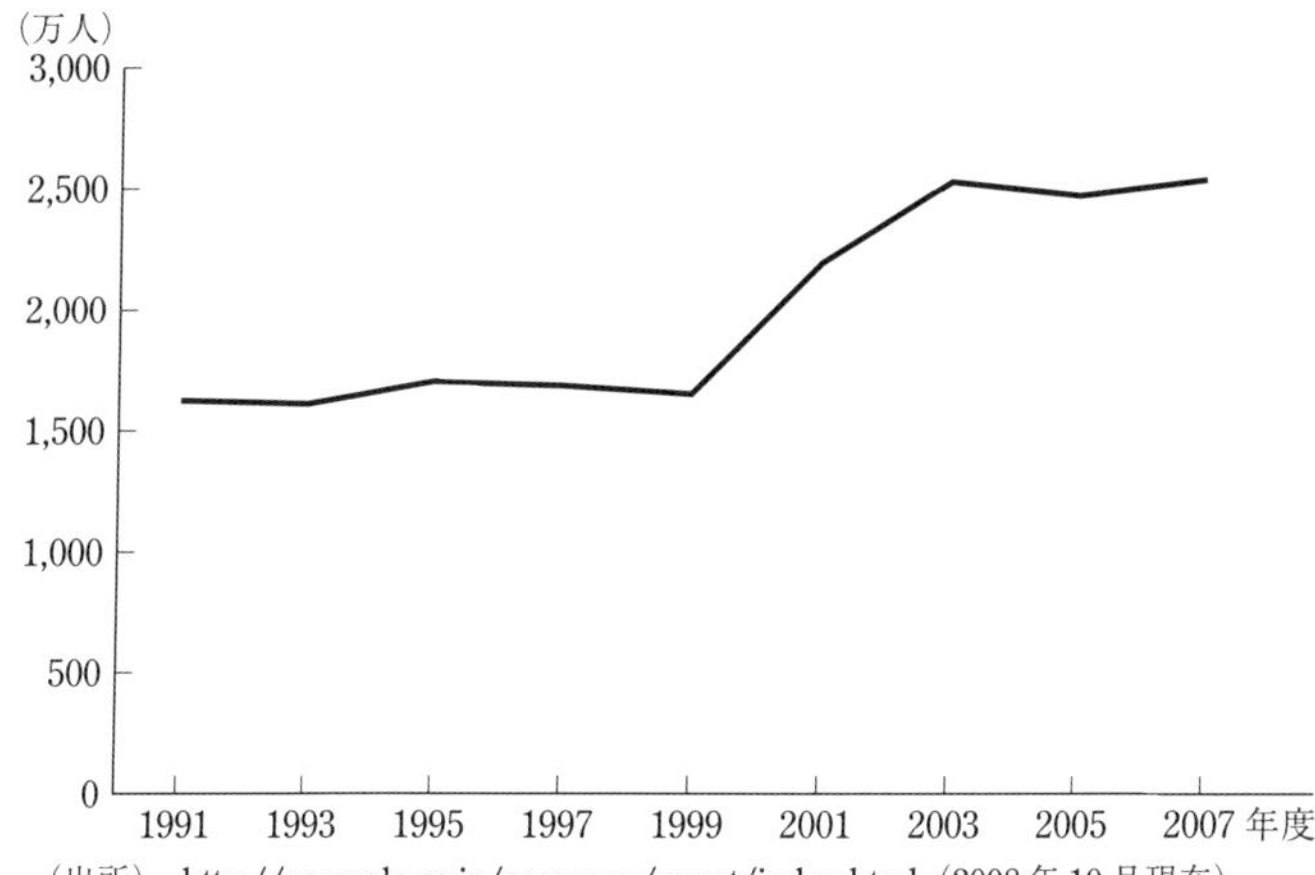

（出所）　http://www.olc.co.jp/company/guest/index.html（2008 年 10 月現在）。

東京ディズニーリゾートで接客を担当する従業員は、キャストといわれるが、彼らは他のテーマパークと同じくアルバイトやパートタイマー、契約社員などで、正社員でない者が多い。それにもかかわらず、こうしたキャストの接客サービスを向上させる仕組みがいくつかある（柿内［二〇〇七］、鄭［二〇〇八］）。まず、新入キャストには、最初の集合オリエンテーションの後に、先輩キャストを指導係としてつけ、サービス指導が徹底して行われる。また、「スピリッツ・オブ・東京ディズニーリゾート」という、キャスト同士が相互にほめ合う制度があり、よいサービスをしたキャストを見た他のキャストが、それをTDR事務局に投書するのである。さらに、これに基づいた表彰も行われている。こうした仕組みは、アルバイト社員すら、サービスを常に改善しようとする組織的取組みに巻き込もうとするものである。

学習する組織のところでも議論したが、現代の企業は、革新競争のただ中にある。昔と同じ製品やサービスを提供しているだけでは生き残れない。ライバルとの競争に生き残っていくためには、新しい製品、サービス、ビジネス・モデルなどの開発が必要である。TDRは、その優良事例の一つである。何がよいサービスであるとされるかは、時代により、顧客により、生活様式により異なってくる。もちろん、昔からのやり方を伝統にする老舗企業で生き残っているところも多いけれども、老舗もさりげなく現代の顧客のニーズへの対応を行っている。京都の定番土産の八ツ橋さえも、毎シーズン新製品を数多く作り、洋食志向の若者に合わせたオレンジ味、チョコレート味などを発表している。いかなる企業も生き残り、発展するためには、内部にある知識やノウハウの組織的な更新を常に行っている。それゆえ組織学習の仕組み作りが大切となってくるのである。

会社での「実践コミュニティ」作り

学習する組織へと企業を変えていくには、組織の内部や外部のネットワークをうまく構築することが出発点になる。ネットワークを通じて、組織の持つ知識やノウハウ、考え方、行動パターンをうまく更新したり、革新したりできるようにするのである。経営コンサルタントであるウェンガーらは、従来の部門や部署にこだわらずにネットワーク作りを行う組織学習活性化の仕組みを「実践コミュニティ」(community of practice) としてモデル化している (Wenger *et al.* [2002])。実践コミュニティとは、共通の専門的なスキル、共通の事業への貢献や熱意によって結びついて生まれた非公式の人々のグループである。これは、組織横断的なプロジェクト・チームの中にできることもあるし、部門間での研究ワーキング・グループとして発足することもある。例えば、製鉄技術を組織的に継承するために、部門を越えて自主的に開かれる研究会といった形態で現れる。つまりこれは、企業の求めている技能、知識、価値、考え方、行動パターンについて日々学習するような従業員たちの非公式ネットワークであり、これが企業が事業活動を展開する上で必要な組織能力を高めることとなる。このようなネットワークをうまく作り出せると、組織としての知識の共有、学習、更新が促進されやすくなり、組織における継続的な学習を活性化できる。TDRのキャスト研修システムは、こうした実践コミュニティをアルバイト社員やパートタイマーの中にも作り出そうとするものである。企業の持つ知識の共有、学習、更新の場となる「実践コミュニティ」作りを促進する社内のネットワークをうまく構築することは、競争力を構築するためには重要な課題であるといえる。

提携を発展させるネットワーク能力

現代の企業経営においては、企業が他の企業と提携して外部の資源を活用しながら事業の開発や発展をすることが主要な手法の一つとなっている。これは自社単独で事業開発をする場合に比べて、外部の資源を使える分、事業の発展のスピードや質も異なってきている。

例えば、代表的な戦略的提携の事例である世界的な航空会社同士の提携ネットワークである「スターアライアンス」を見てみよう。スターアライアンスは、米国大手航空会社ユナイテッド航空を中心

表 12-1　スターアライアンスの主要加盟航空会社（2009 年）

エア・カナダ	中国国際航空	ニュージーランド航空
全日空	アシアナ航空	オーストリア航空
bmi	LOT ポーランド航空	ルフトハンザ ドイツ航空
スカンジナビア航空	上海航空	シンガポール航空
南アフリカ航空	スパンエアー	スイス インターナショナル エアラインズ
TAP ポルトガル航空	タイ国際航空	トルコ航空
ユナイテッド航空	US エアウェイズ	エジプト航空

（出所）http://www.staralliance.com/ja/meta/airlines/index.html（2009 年 6 月 30 日）。

に一九九七年に発足した、世界の主要な国際線を運行する航空会社の事業提携である。二〇〇九年現在は主要航空会社二一社が加盟している（表12-1）。この事業提携の主目的は、主要な航空会社が提携して、世界各地の航空路線を相互接続し、世界中の都市に容易にアクセスできるグローバルな航空輸送サービスのネットワークを構築することである。具体的な事業として、提携航空会社間での航空便のスムーズな乗換えと航空券の発券サービスを共通化したり、空港ラウンジを共同利用できるようにしたり、マイレージの共同サービスを行ったりしている。スターアライアンス発足後、他の航空会社も対抗手段として「グローバル・ワン」や「スカイ・チーム」など別のグローバルな航空会社の提携グループを作った。

それでは、なぜ、ユナイテッド、ルフトハンザ、全日空などといった各国を代表する航空会社でさえ、自社で全世界に路線展開しないで、提携を選択するのだろうか。それは、あまりにも莫大なコストがかかるのと、事業をいたずらに拡張するとリスクも高くなるからである。例えば全日空が、日本企業の中国進出に合わせて中国国内で北京—大連間に就航しても、日本人の需要は少なく、セールスも中国現地の航空会社に劣る。また、中国の主要都市すべてで独自に現地社員を雇用し訓練するよりは、中国の会社と連携した方が当面は安く、リスクも低くなる。その意味では、むしろ海外の航空会社との提携を行った方が、現地の航空会社のネットワークも利用できるし、それ以外のサービスも豊富になる。実際、以上のように外部資源を活用することによってスターアライアンスは発展してきているのである。

しかし、提携関係のもう一つの特徴は、その解消率の高さである。ある研究によれば、発表された合弁提携関係のうちの六割以上が七年間で解消されているという。その理由は、目的を達成したことや、経営環境の変化、パートナーとの目標の変化や食違いのためだけではない。むしろ提携パートナーとの協力がうまくいかないことや業績の悪さから、提携相手に見切りをつけられて別の相手に乗り換えられるということもよくある。このことからわかるように、提携においては、他の企業との提携関係をうまく管理し発展させられる組織的な能力を持っているかどうかが大きな問題となる。

提携をうまく管理し、発展させるには、提携を行う企業が、組織としてパートナーとよいネットワークを構築し、コミュニケーションをうまく行い、共通の戦略の形成とそれに対応した提携活動をマネジメントできる能力を持たなければならない。このように提携関係を上手に管理し発展させる組織的な能力とはどのようなものであるかが、提携のマネジメントを考える上で大きな課題になってきている。これを「関係的組織能力」（relational capability）という。そしてこれは、提携関係を用いて「企業の資源の基盤について、提携パートナーの資源を取り込んで増大させながら、目的に対応して創造し、拡張し、調整することのできる」組織能力と定義される（Dyer and Kale［2007］p. 66）。

ダイヤーらは提携をうまく運営する組織能力は、次の四つの要素からなっているとする。まず、提携相手の能力を補完できる自社の能力を持っていることである。当たり前だが、相手が欲しい能力を持っていないと組んでもらえない。第二に、提携事業を行っていく上で必要な設備や資源を持つことである。第三に、提携を効果的に運営する仕組み（提携のガバナンス）を構築することである。第四に、提携関係を通じて形成される独自のノウハウを吸収できる能力である。提携を行っても何も身につかない企業は、やはり提携しない方がよいだろう。現代企業は提携をしなければならない状況に置かれることがしばしばあるものの、闇雲にするのではなく、パートナーとのネットワークをうまく構築して提携関係をうまくマネジメントするための組織能力が重要になってきていることを、関係的組織能力という新しい視点は示している。

● 2　キャリアを作るネットワーク能力

現代のキャリアとネットワーク

現代のビジネスパースンにとって、自分のキャリアを構想し、計画し、それを開発することが重要になってきている。そして、現代のキャリア作りにも、人的ネットワークは大きな意味を持つ。人的ネットワークは、キャリア作りに次の四つの面で影響するといわれている。

仕事の能力は、研修や資格取得だけではなく、現場での経験や先輩・同僚からの指導により実践的なものが身についてくるものである。いわゆるOJT（on-the-job training）である。まず第一に、このOJTを受ける際に、上司や先輩、同僚、後輩と仕事について考えたり、情報交換をしたりするネットワーク作りが重要な働きをする。最近の若い人々にはあまり見られない傾向であるが、「教えを請う態度」を示して有益な情報や助言などを得やすいように人的ネットワークを築いていくことも、OJTでは重要になるのである。第二に、人的ネットワークはやはり、バートのいうように昇進や昇給にも影響する。管理職に昇進する上では、与えられた仕事をこなすだけではなく、職場集団のメンバーをまとめたり、他の部門との交渉をこなしたりする能力も重要となる。その意味で、職場集団や他部門のキーパースンとのネットワークを築ける能力もキャリア作りには重要である。第三に、メンタリングである。現代のキャリア作りは、昔のように会社が決めてくれるものではなく、自分でもある程度選択をしなければならず、悩みが多いものである。多くの者が自分のキャリアに悩む。そこで、そうした悩みを共有し、考えてくれるメンターといわれる人たちとのネットワークは貴重になってくる。そして最後に、転職や異動に関しても人的ネットワークから入ってくる情報が有用なことがある。グラノベッターの転職研究にもあるように、よい仕事の口や自分の能力の評価情報は、人的ネットワークを通じた方がよりよく伝わってくる。

従来の日本企業に特徴的であったのは、会社側の決定に動かされて、会社や企業グループの内部で異動しながら積み重ねる組織内キャリアであった。会社や企業グループ内で幅広く異動させられていろいろな職務を体験していく中で、仕事の能力とともに、会社のさまざまな部門との人脈も構築されていく。これは、後々仕事の問題を解決したり、他の部門との折衝を行ったりするときには、役立つものであった。しかも会社内部だけではなく、異動とさまざまな仕事の経験を通じて、顧客や取引先との人脈も拡張していく。こうしたヨコの異動による人脈の広がりは問題解決や経営上の決断における能力を高める面を持っていると考えられてきた。

ただし、沼上らの研究で、成熟産業の大企業においてこうした人脈を広げることは、場合によっては、むしろしがらみを増やすことになるマイナス効果もあるとの指摘がなされている（沼上ほか［二〇〇七］）。例えば、大胆な事業転換を決断する際に、いわゆる抵抗勢力からの反対の声が数多く入ってくることで、思い切った決断ができなくなる。したがって、一律に社内人脈を広げることがよいのではなく、その時々の目標に合わせて自らの人脈をいかに活用できるかの方が、現代のビジネスパースンのキャリアにおけるネットワーク作りでは課題といえるだろう。

バウンダリーレス・キャリアの広がり

また現代では、とりわけ若い世代には、ある会社に正社員として採用され一生その会社で過ごすキャリアだけではなく、転職し、さまざまな雇用形態を経ながらキャリアを形成していくことも、もう一つのパターンとして一般化しつつある。一つには、自発的なキャリアアップや会社都合によるリストラが原因となり、転職者が増加してきていることがある。それだけではなく、非正規雇用（パートタイマー、アルバイト、契約社員など）の雇用形態を経験する者が増えたこと、しかも非正規雇用から正社員、また都合によって正社員から非正規雇用の形態に変わる人も増えてきていることが挙げられる。さらには、専門的な能力を活かした仕事に就く人が増えており、弁護士・医師のような旧来の専門職にとどまらず、システム・エンジニアやクリエーターなどの現代的なプロフェッショナルも大企業に正社員として雇用されるのではなく、自営だったりプロジェクト雇用だったりする。

つまり、このような現代の労働市場の変化は、組織内でのキャリアではなく、組織を渡り歩く組織間キャリアを経験する人を増やしている。組織の境界を越えたキャリア、すなわち「バウンダリーレス・キャリア」をたどる人の比重が高まってきているのである。バウンダリーレス・キャリアの開発は、景気と雇用の動向の影響を受けやすいなど、不確実性の高い面がある。ただ、それだけではなく、やはり仕事をめぐる人的ネットワークがそこにおいて重要な働きをする。この点を、次に、映画産業の例に見てみたい。ここでは、映像コンテンツ作りのプロフェッショナルたちが、プロジェクトごとに参集して映画制作を行うことが多い。

映画人のキャリア・ネットワークが教えるもの

映画作りは、基本的に、二～三カ月から長くても一～二年といった短期のプロジェクト組織で展開する場合が多い。すでに述べたように、映画会社が監督やすべての制作スタッフ、俳優、タレントを丸抱えする時代は、一九六〇年代に終わりを告げている。現代の映画プロジェクト組織は、ほぼ全員が、短期契約をしているスタッフや、関連会社の出向者、制作下請企業の派遣スタッフ、そしてスポット契約している俳優やタレントなどからなっている。つまり、典型的なバウンダリーレス・キャリアの社会であり、さまざまな映画作品の制作や出演にかかわって映画業界を渡り歩きながら、キャリアを積み重ねている。

であるからこそ、映画人のキャリア作りにおいては、人的ネットワークが大きな意味を持つ（De-Fillippi and Arthur［1998］）。映画プロジェクトを引っ張る監督やプロデューサー、主要制作スタッフ、制作企業、制作下請企業が持つ人的ネットワークを用いて、制作スタッフや俳優、タレントなどが探され、本人との交渉を経てプロジェクトに加えていく。

ところが、日本と米国ハリウッドの映画産業のあり方を対比すると、少し異なった傾向があることがわかってくる。ハリウッドの映画産業では、幅広い人的ネットワークが、映画人のキャリアにとってプラスの意味を持つ。幅広い作品にかかわることは、本人の映画での制作や演技の幅を広げたり、新たな出演の機会にもつながったりする。

このようなハリウッドに比較すると、日本の映画作りはもう少し部族的である。現代の日本映画業界は、かつての「黒澤（明）組」のように、同じ独特の好みを共有し、閉じて深いつながりを持った「組」が、今でも根強く形成されている（山下［二〇〇五］）。山田らは、一九九八年から二〇〇五年までの現代日本映画における制作者たちのネットワークを研究することで、こうした「組」中心の独特な映画制作傾向を明らかにしている（山田ほか［二〇〇七］）。

ここでは、とくに興味深い三つのグループの傾向を見てみたい。まず、「踊る大捜査線」シリーズ、

表 12-2　現代日本映画の主要な「組」

No.	組	主要作品名
1	松竹・山田洋次	釣りバカ日誌シリーズ，学校Ⅲ，学校Ⅳ，たそがれ清兵衛等
2	ゴジラ	「ゴジラ」シリーズ
3	北野武	HANA-BI，菊次郎の夏，BROTHER など
4	黒澤清	CURE キュア，ニンゲン合格など
5	電通＝バンダイ	はつ恋，ココニイルコト，深呼吸の必要，亡国のイージス
6	東映看板作	長崎ぶらぶら節，GO，千年の恋 ひかる源氏物語，魔界転生など
7	ロボット	リターナー，明日があるさ THE MOVIE，ALWAYS 三丁目の夕日等
8	仮面ライダー	「仮面ライダー」シリーズ
9	東宝＝小学館	あずみ，ロボコン，世界の中心で，愛をさけぶ，下妻物語，NANA 等
10	踊る大捜査線（フジテレビ＝ロボット）	踊る大捜査線 THE MOVIE，踊る大捜査線 THE MOVIE 2，交渉人 真下正義，海猿 ウミザルなど
11	角川映画	着信アリ，戦国自衛隊 1549，着信アリ 2
12	ウルトラマン	「ウルトラマン」シリーズ

（出所）山田ほか［2007］47 頁，図表 1 を筆者修正。

「ALWAYS三丁目の夕日」などのメガヒット作品を送り出しているロボット社を中心とする組は、テレビ番組制作から映画制作に新規参入している者が多いので、意外なほどに映画制作の経験が少なく、映画界での共同制作の人脈は狭い。彼らは、テレビ界で一般に用いられているCGなどの新しい特撮技術や映像技術を映画作りに持ち込んでいるので、映画制作経験がないことがむしろ奏功して斬新な持ち味が出せている。第二に、特撮の世界では、同じ作品シリーズだけにかかわり、他のジャンルの映画作品づくりにはかかわらない傾向があり、映画産業の中でもとりわけ閉じた「組」の世界を形成している。特撮物とは、ウルトラマン、ゴジラ、仮面ライダー等の作品であるが、こうした映画制作にかかわった者たちは、これらの特撮物のシリーズだけで仕事をする傾向にある。第三には、芸術映画の禁欲的な世界である。カンヌグランプリ監督北野武や「職人」監督黒澤清の作品にかかわる制作者たちは、まず興行志向の映画の制作にかかわらない傾向がある。芸術映画を撮るスタッフは、金儲けの世界に足を踏み入れてはならないという、芸術家肌の映画人気質が透けて見える。

キャリアのデザインとコンピテンシー

バウンダリーレス・キャリアの世界でも、会社内でキャリアを築いていくとしても、現代の日本では、自分自身でキャリアをデザインすることの重要性が増している。日本でも数多くのキャリア・セミナーを導入し、三〇代、四〇代から自分のキャリアと会社の発展の両立を考えさせる企業が増えてきた。会社がキャリアのすべてに責任を持ってくれる時代は、もはや遠い過去の話となった。ある電機メーカーでは、三〇代半ばのエンジニアたちを対象にしたキャリア・セミナーを行い、自分の現在の技術力で何年会社に貢献できるか、そして貢献が難しくなった後の自分の能力開発とキャリア計画をどうするかを考えさせている。このときのキャリア計画については、当然のように、今いる会社からの転職も選択肢に含まれたアドバイスがなされる。新卒の就職状況の厳しさは景気に左右されるものだが、三〇代ともなると、大半の企業で、会社に貢献する明確な能力作りとキャリア計画をどれだけ意識しているかを問われる厳しい時代となってきた。

また、今日では、キャリアの選択肢も増えてきている。従来通りのジェネラリストとしてのキャリアだけではなく、スペシャリストとしてのキャリア、途中での大幅なキャリア・チェンジやベンチャリング（独立、起業）といった複数のキャリア選択が考えられるようになっている。その意味では、自分の現在の能力と履歴、将来の能力開発とキャリアの方向性を組み合わせて、キャリアを計画する時代になっていると思われる。

さらに、こうしたバウンダリーレス・キャリアの時代には、自分の志望を、会社の戦略や市場のニーズとマッチさせながらキャリア開発を進められる能力が重要であるという考え方も生まれつつある。これは、「キャリア・コンピテンシー」という考え方である（DeFillippi and Arthur［1998］）。これは、個人が、職務能力や専門能力に関して、企業の競争力の発達に寄与するような一定の方向づけを行いながら、卓越した業績を出すようなキャリアを開発しようとする態度や個人特性のことを指す。

キャリア・コンピテンシーという考え方が生まれてきたことは、雇用が流動化する時代には企業や市場の能力ニーズに応えたキャリア開発が評価されることを意味している。そして、このキャリア・コンピテンシーの主な要素の一つが、キャリアや能力の開発に有用な、上司、同僚、顧客、専門家などとのネットワークを構築できる力であるとされる。つまり、ネットワークを構築して、企業や市場の求める能力ニーズを知り、その能力を開発する上での知識や資源を得るのである。このように雇用流動化時代のキャリア開発には、キャリアにかかわる人的ネットワークは、キャリア開発の能力向上にも重要な働きをする。

●3 スマートなネットワークのマネジメントとは

目的に応じたネットワーク作り

ネットワーク組織においては、組織活動を結合する要素が人的ネットワークなので、それを発展させることが重要だとした。とはいえ、闇雲に広い人脈作りとそのための投資は、組織活動に有用なものではなく、場合によってはしがらみを伴ったりよけいな関係投資をしたりすることにもなる。あくまでも組織活動や個人の活動の目的に適合したネットワーク作りこそが、今求められていると思われる。目的に応じて、スマートなネットワーク作りやその機動的な変革を目指す必要がある。そのことを考えるために、ミュージカル制作のエピソードを見てみよう。

一九六〇年代の画期的なミュージカル作品「ウエスト・サイド・ストーリー」は、仲のよい旧知の制作者たちのチームではなく、当時のスター的なクリエーターたちがはじめて共同制作したドリーム・チームから生まれた（Fischer and Boynton［2005］）。この制作チームは、喧嘩が多く、仲が悪いことでも有名であった。作曲家・指揮者のバーンスタインを中心に、振付師のロビンス、脚本家のローレンツ、作詞家のソンドハイムなどスター・クリエーターが配されたが、ローレンツとバーンスタインの不仲を始めとして、対立の多いチームだった。しかし結果としては、高い能力を互いにぶつけ合い、新しいスタイルの非常に個性的な作品を作り出した。彼らの作ったミュージカル作品は、当時のミュージカルが予定調和的なマンネリに陥っていたのに対して、インパクトが強く独特の緊張感を持っていた。大胆にも青少年の不良グループを中心的に扱って、人種対立や暴力も描いた画期的な作品であった。演劇作品の興行成績も群を抜き、映画化されたものはアカデミー賞を一〇部門で受賞した。

この例のように、画期的な変革をする場合には、能力の高い者を集めて、コンフリクトをうまくコントロールしながら、切磋琢磨から各人の持つ能力のよい点を引き出した方がよい結果につながりやすいと考えられる。先に挙げたように、成熟した大企業においては、人脈を広げても、事業革新を行うときに抵抗されるだけのしがらみとなる場合も出てくる。他方で、インクリメンタル・イノベーションを目指す場合には、個性的であるよりも平均的で調和的なチーム編成の方が適切であると思われる。例えば、日々の品質の持続的な改善に取り組むチームには、強烈な個性のぶつかり合いは必要なく、安定したネットワークと深い信頼関係の構築が有効だろう。要するに、状況に応じた社会関係資本となるような人脈作りを意識した方がよいということになる。

このように目的に応じてネットワークには理想の形があるので、むやみやたらと人脈を広げることはむしろ有害である。そろそろ目的意識を持って、それに効果的な社会関係資本となるネットワーク作りとそのマネジメントを考える必要がある。こうした考え方は、前に触れたベイカーによる、自らのネットワーク組織で求められている構造や質をよく分析した上でスマートなネットワーキングをすべきだとの議論から導き出されてきたものである。

スマートなネットワーク組織のマネジメントへ

本書の冒頭で、現代はネットワーク組織の時代になってきていると述べた。それを受けて、組織理論は今日、ネットワーク理論とその分析手法を導入しながら組織の持つネットワークの日常についてのより豊かな描写と分析ができるように再編されつつある。この背景には、多くの組織がネットワーク組織的な特徴を持つようになってきている実態と、同時に、それを形作る社会ネットワークが、経営資源としてどのような効果を持つのかについてを検証したいという知的なムーブメントがある。私たちは、ネットワーク組織のネットワーク論的な分析を通じて得た知見を活用することによって、目的や状況に応じたネットワーク作りを容易にできるようになり、企業の組織能力の発展につなげることができる。

例えば、チームを作ったときに、迅速に信頼関係を構築し、組織統合をうまく進めるには、まとまりを持ったネットワークを開発した方がよいだろう。あるいは、イノベーションを進めるには、イノベーター的なポジションにいる人が、広くオープンなネットワークとのつながりを持ち、幅広く新規で異質な情報を集めることが有用である。また、企業の社会的な価値を高めるには、正統性の高い企業や団体、機関との連携ネットワークを作った方がよいだろう。不祥事によって企業の信頼が下落したときには、ナイキが行ったように、自分たちを批判するNPOと提携して、自らの問題点を分析し、改革を監視してもらった方が、社会からの信頼回復も早まるだろう。そして、個人のキャリア開発には、企業や市場からのニーズを知るためにも先端的な能力開発についての情報を得られる広いネットワークを持ち、職場での仕事や悩みを語り合える深いネットワークを持った方がよいだろう。

会社やNPOなどの組織にネットワーク理論を応用するのは、ネットワークの持つ効果を理解し、スマートなネットワーク組織のあり方とそのマネジメントを考えるためである。むろん、組織の持つネットワークは、格差、外部権力、差別・対立やその他の社会問題に大きな影響を受けており、こうした点も冷静に考えねばならない。具体的には、日本の企業社会が先進国で最も女性が管理職になりづらいという事実は、企業のネットワークが男性中心主義の偏った価値観で構成されていることを意味している。また、正社員偏重のネットワークも、格差の拡大の原因となっているだろう。けれども、こうした面も含めてネットワークの分析を進めると、ビジネスや活動の目的、環境、そして個人のキャリアに応じたスマートなネットワーキングとはどういうものかが見えてくるはずだ。

ネットワーク組織は、ヒエラルキー型の組織に比べて流動的であり、複数の組織や部門が混然と重なっているので、何がその中心的な組織能力であるのかがわかりづらい。そのため、ネットワーク理論を用いて、既存のネットワークの実態を明らかにし、その構造効果を検証することで、新たなネットワークがどのようなビジネス上の組織能力を持ちうるかを推測・判断することが有用である。すなわち、ネットワーク理論とソーシャル・キャピタル理論（社会関係資本論）に基づく新世代の組織論は、ネットワークがどのような組織能力をもたらしているのかということの実態を解明し、目的達成に効果的なネットワーク作りをどうすればよいのかについて、答えを見出そうとしているといえるのである。

参考文献

Adler, P. S. and S.-W. Kwon［2002］"Social Capital: Prospects for a New Concept," *Academy of Management Review*, Vol. 27, No. 1, pp. 17-40.

Aldrich, H. E.［1999］*Organizations Evolving*, London, UK: Sage.（オルドリッチ、H・E・〔若林直樹ほか訳〕［二〇〇七］『組織進化論――企業のライフサイクルを探る』東洋経済新報社）

Aoki, M.［1988］*Information, Incentives and Bargaining in the Japanese Economy*, New York, NY: Cambridge University Press.（青木昌彦〔永易浩一訳〕［一九九二］『日本経済の制度分析――情報・インセンティブ・交渉ゲーム』筑摩書房）

Arthur, M. B. and D. M. Rousseau eds.［1996］*The Boundaryless Career: A New Employment Principle for a New Organizational Era*, New York, NY: Oxford University Press.

浅沼萬里［一九八四］「自動車産業における部品取引の構造――調整と革新的適応のメカニズム」『季刊 現代経済』第五八号、三九-四八頁。

芦塚格［一九九九］「ベンチャー企業とネットワーク――なぜネットワークは重要なのか」忽那憲治・山田幸三・明石芳彦編著『日本のベンチャー企業――アーリーステージの課題と支援』日本経済評論社、所収。

Baker, W. E.［1992］"The Network Organization in Theory and Practice," in N. Nohria and R. G. Eccles eds., *Networks and Organizations: Structure, Form, and Action*, Boston, MA: Harvard Business School Press, pp. 397-429.

Baker, W. E.［1994］*Networking Smart: How to Build Relationships for Personal and Organizational Success*, New York, NY: McGraw-Hill.

Baker, W.［2000］*Achieving Success through Social Capital: Tapping the Hidden Resources in Your Personal and Business Networks*, San Francisco, CA: Jossey-Bass.（ベイカー、W・〔中島豊訳〕［二〇〇一］『ソーシャル・キャピタル――

人と組織の間にある「見えざる資産」を活用する』ダイヤモンド社）
Baker, W. E. and R. R. Faulkner［2002］"Interorganizational Networks." in J. A. C. Baum ed., *The Blackwell Companion to Organizations*, Oxford, UK: Blackwell, pp.520–540.
Bell, D.［1973］*The Coming of Post-industrial Society: A Venture in Social Forecasting*, New York, NY: Basic Books.（ベル、D.〔内田忠夫ほか訳〕［一九七五］『脱工業社会の到来――社会予測の一つの試み』ダイヤモンド社）
Burns, T. and G. M. Stalker［1966］*The Management of Innovation*, London, UK: Tavistock.
Burt, R. S.［1992］*Structural Holes: The Social Structure of Competition*, Cambridge, MA: Harvard University Press.（バート、R. S.〔安田雪訳〕［二〇〇六］『競争の社会的構造――構造的空隙の理論』新曜社）
Burt, R. S.［2004］"Structural Holes and Good Ideas," *The American Journal of Sociology*, Vol. 110, No. 2, pp. 349–399.
Camuffo, A., P. Romano and A. Vinelli［2001］"Back to the Future: Benetton Transforms Its Global Network," *MIT Sloan Management Review*, Vol. 43, No. 1, pp.46–52.
Cappelli, P.［1999］*The New Deal at Work: Managing the Market-driven Workforce*, Boston, MA: Harvard Business School Press.（キャペリ、P.〔若山由美訳〕［二〇〇一］『雇用の未来』日本経済新聞社）
Child, J.［2005］*Organization: Contemporary Principles and Practice*, Malden, MA: Blackwell.
Child, J. and D. Faulkner［1998］*Strategies of Cooperation: Managing Alliances, Networks, and Joint Ventures*, Oxford: Oxford University Press.
中小企業庁編［一九九六］『中小企業白書 平成八年版』大蔵省印刷局。
Coleman, J. S.［1990］*Foundations of Social Theory*, Cambridge, MA: Belknap Press of Harvard University Press.（コールマン、J. S.〔久慈利武監訳〕［二〇〇四］『社会理論の基礎』上・下、青木書店）
Cross, R. and J. N. Cummings［2004］"Tie and Network Correlates of Individual Performance in Knowledge-intensive Work" *The Academy of Management Journal*, Vol. 47, No. 6, pp. 928–937.
Daft R. L.［1998］*Organization Theory and Design, 6th ed.*, Cincinnati, OH: South-Western College Publishing.
Daft, R. L.［2001］*Essentials of Organization, Theory and Design, 2nd ed.*, Cincinati, OH: South-Western College Publishing.

（ダフト，R．L．〔高木晴夫訳〕［二〇〇二］『組織の経営学――戦略と意思決定を支える』ダイヤモンド社）
Dalton, M. [1957] *Men Who Manage: Fusions of Feeling and Theory in Administration*, New York, NY: John Wiley.
Davidow, W. H. and M. S. Malone [1992] *The Virtual Corporation: Structuring and Revitalizing the Corporation for the 21st Century*, New York, NY: Harper Collins.（ダビドゥ，W．H．＝M．S．マローン〔牧野昇監訳〕［一九九三］『バーチャル・コーポレーション――未来企業への条件 商品を変える，人を変える，組織を変える』徳間書店）
DeFillippi, R. J. and M. B. Arthur [1998] "Paradox in Project-based Enterprise: The Case of Film Making," *California Management Review*, Vol. 40, No. 2, pp. 125–139.
DiMaggio, P. J. and W. W. Powell [1983] "The Iron Cage Revisited: Institutional Isomorphism and Collective Rationality in Organizational Fields," *American Sociological Review*, Vol. 48, No. 2, pp. 147–160.
DiMaggio, P. and S. Zukin [1990] "Introduction," in S. Zukin and P. DiMaggio eds., *Structures of Capital: The Social Organization of the Economy*, New York, NY: Cambridge University Press, pp. 1–36.
Doz, Y. L. and G. Hamel [1998] *Alliance Advantage: The Art of Creating Value through Partnering*, Boston, MA: Havard Business School Press.（ハメル，G．＝Y．L．ドーズ〔和田正春訳〕［二〇〇一］『競争優位のアライアンス戦略――スピードと価値創造のパートナーシップ』ダイヤモンド社）
Dyer, W. J. and P. Kale [2007] "Relational Capabilities: Drivers and Implications," in C. E. Helfat *et al., Dynamic Capabilities: Understanding Strategic Change in Organizations*, Malden, MA: Blackwell, pp.65–79.
Eccles, R. G. [1985] *The Transfer Pricing Problem: A Theory for Practice*, Lexington, MA: Lexington Books.
Evan, W. M. [1966] "The Organizational Set," in J. D. Thompson ed., *Approaches to Organizational Design*, Pittsburgh, PA: University of Pittsburgh Press.
Fischer, B. and A. Boynton [2005] "Virtuoso Teams," *Harvard Business Review*, Vol. 83, Issue July-August, pp. 116–123.
Fligstein, N. [1990] *The Transformation of Corporate Control*, Cambridge, MA: Harvard University Press.
藤本隆宏・西口敏宏・伊藤秀史編［一九九八］『リーディングス　サプライヤー・システム――新しい企業間関係を創る』有斐閣。

藤田誠［二〇〇三］「組織の構造、能力と組織デザイン」大月博司・高橋正泰編『経営組織』学文社、九一－一〇八頁。
二神枝保［二〇〇二］『人材の流動化と個人と組織の新しい関わり方』多賀出版。
Galbraith, J. R. [2002] *Designing Organizations: An Executive Guide to Strategy, Structure, and Process, New and Rev. ed.*, San Francisco, CA: Jossey-Bass.（ガルブレイス、J. R.〔梅津祐良訳〕［二〇〇二］『組織設計のマネジメント――競争優位の組織づくり』生産性出版）
Gattorna, J. ed. [1998] *Strategic Supply Chain Alignment: Best Practice in Supply Chain Management*, Brookfield: Gower.（ガトーナ、J.編〔前田健蔵・田村誠一訳〕［一九九九］『サプライチェーン戦略』東洋経済新報社）
Geertz, C. [1978] "The Bazaar Economy: Information and Search in Peasant Marketing," *American Economic Review*, Vol. 68, No. 2, pp. 28-32.
ゴーン、C.［二〇〇一］『ルネッサンス――再生への挑戦』ダイヤモンド社。
Goldsmith, S. and W. D. Eggers [2004] *Governing by Network: The New Shape of the Public Sector*, Washington, D. C.: Brookings Institution Press.（ゴールドスミス、S. ＝ W. D. エッガース〔城山英明・奥村裕一・高木聡一郎監訳〕［二〇〇六］『ネットワークによるガバナンス――公共セクターの新しいかたち』学陽書房）
Granovetter, M. S. [1974] *Getting a Job: A Study of Contacts and Careers*, Cambridge, MA: Harvard University Press.（グラノヴェター、M.〔渡辺深訳〕［一九九八］『転職――ネットワークとキャリアの研究』ミネルヴァ書房、原著第二版〔一九九五年刊〕の訳）
Granovetter, M. S. [1985] "Economic Action and Social Structure: The Problem of Embeddedness," *The American Journal of Sociology*, Vol. 91, No. 3, pp. 481-510.（グラノヴェター、M.〔渡辺深訳〕［一九九八］『転職――ネットワークとキャリアの研究』ミネルヴァ書房、所収）
Granovetter, M. [1992] "Problems of Explanation in Economic Sociology," in N. Nohria and R. G. Eccles eds., *Networks and Organizations: Structure, Form, and Action*, Boston, MA: Harvard Business School Press, pp. 25-56.
Gulati, R. [1998] "Alliances and Networks," *Strategic Management Journal*, Vol. 19, No. 4, pp. 293-317.
Gulati, R. and M. Gaugiulo [1999] "Where Do Interorganizational Networks Come From?" *The American Journal of Sociology*,

Vol. 104, No. 5, pp. 1439–1493.
Hannan, M. T. and J. Freeman［1989］*Organizational Ecology*, Cambridge, MA: Harvard University Press.
林伸二［一九九三］『日本企業のM&A戦略』同文舘。
依田高典［二〇〇一］『ネットワーク・エコノミクス』日本評論社。
今田高俊［一九八六］『自己組織性――社会理論の復活』創文社。
今田高俊［二〇〇五］『自己組織性と社会』東京大学出版会。
今井賢一［一九九〇］『情報ネットワーク社会の展開』筑摩書房。
今井賢一・伊丹敬之・小池和男［一九八二］『内部組織の経済学』東洋経済出版社。
今井賢一・金子郁容［一九八八］『ネットワーク組織論』岩波書店。
稲葉陽二［二〇〇七］『ソーシャル・キャピタル――「信頼の絆」で解く現代経済・社会の諸課題』生産性出版。
Ingram, P.［2002］"Interorganizational Learning," in J. A. C. Baum ed., *The Blackwell Companion to Organizations*, Oxford, UK: Blackwell, pp. 642–663.
Ingram, P. and P. W. Roberts［2000］"Friendships among Competitors in the Sydney Hotel Industry," *American Journal of Sociology*, Vol. 106, No. 2, pp. 387–423.
Inkpen, A. C. and E. W. Tsang［2005］"Social Capital, Networks and Knowledge Transfer," *Academy of Management Review*, Vol. 30, No. 1, pp. 146–165.
伊藤秀史＝J. マクミラン［一九九八］「サプライヤー・システム――インセンティブのトレードオフと補完性」藤本隆宏・西口敏宏・伊藤秀史編『リーディングス　サプライヤー・システム――新しい企業間関係を創る』有斐閣、七一–九〇頁。
伊藤健市［二〇〇二］「人材ビジネスの新展開――PEOsを中心に」伊藤健市・田中和雄・中川誠士編著『アメリカ企業のヒューマン・リソース・マネジメント』税務経理協会、一八五–一九九頁。
伊藤邦雄［一九九九］『グループ連結経営――新世紀の行動原理』日本経済新聞社。
Jaffee, D.［2001］*Organization Theory: Tension and Change*, Boston, MA: McGraw Hill.

鄭勝隆［二〇〇八］「サービス・マネジメントと学習」京都大学大学院経済学研究科修士論文。

Jütte, W. [2007] "Co-operation, Networks and Learning Regions: Network Analysis as a Method for Investigating Structures of Interaction," in M. Osborne, K. Sankey and B. Wilson eds., *Social Capital, Lifelong Learning and the Management of Place: An International Perspective*, Abingdon; New York: Routledge, pp. 95-110.

柿内尚文［二〇〇七］「長い間、感動を演出し続ける東京ディズニーリゾートの秘密」アスコム編『成功する会社のすごいサービス――なぜこのサービスに魅了される?』アスコム、二八-三一頁。

金光淳［二〇〇三］『社会ネットワーク分析の基礎――社会的関係資本論にむけて』勁草書房。

Kanter, R. M. and P. S. Myers [1991] "Interorganizational Bonds and Intraorganizational Behavior: How Alliances and Partnerships Change the Organizations Forming Them," in A. Etzioni and P. R. Lawrence, *Socio-economics: Toward a New Synthesis*, Armonk, NY: M. E. Sharpe, pp. 329-344.

Kilduff, M. and W. Tsai [2003] *Social Networks and Organizations*, London, UK; Thousand Oaks, CA: SAGE.

Kim, T.-Y., O. Hongseok and A. Swaminatan [2006] "Framing Interorganizational Network Change: A Network Inertia Perspective," *Academy of Management Review*, Vol. 31, No. 3, pp. 704-720.

清成忠男［一九九三］『中小企業ルネッサンス――市場経済の刷新と企業家活動』有斐閣。

Knoke, D. [2001] *Changing Organizations: Business Networks in the New Political Economy*, Boulder, CO: Westview Press.

國領二郎［一九九五］『オープン・ネットワーク経営――企業戦略の新潮流』日本経済新聞社。

Krackhardt, D. [1992] "The Strength of Strong Ties: The Importance of Philos in Organizations," in N. Nohria and R. G. Eccles eds., *Networks and Organizations: Structure, Form, and Action*, Boston, MA: Harvard Business School Press, pp. 216-239.

Krackhardt, D. and J. R. Hanson [1993] "Informal Networks," *Harvard Business Review*, Vol. 71, No. 4, pp. 104-111.

久保真人［二〇〇四］『バーンアウトの心理学――燃え尽き症候群とは』サイエンス社。

Lavie, D. [2006] "The Competitive Advantage of Interconnected Firms: An Extension of the Resource-based View," *Academy of Management Review*, Vol. 31, No. 3, pp. 638-658.

Law, J. and J. Hassard eds. [1999] *Actor Network Theory and After*, Oxford, UK: Blackwell.

Lin, N. [2001] *Social Capital: A Theory of Social Structure and Action*, Cambridge, UK: Cambridge University Press.（リン、N.〔筒井淳也ほか訳〕［二〇〇八］『ソーシャル・キャピタル――社会構造と行為の理論』ミネルヴァ書房）

Lincoln, J. R. and M. L. Gerlach [2004] *Japan's Network Economy: Structure, Persistence, and Change*, Cambridge, UK: Cambridge University Press.

Lipnack, J. and J. Stamps [1982] *Networking, the First Report and Directory*, Garden City, NY: Doubleday.（リップナック、J.＝J.スタンプス〔社会開発統計研究所訳〕［一九八四］『ネットワーキング――ヨコ型情報社会への潮流』プレジデント社）

Macneil, I. R. [1980] *The New Social Contract: An Inquiry into Modern Contractual Relations*, New Haven, CT: Yale University Press.

Malone, T. W. [2004] *The Future of Work: How the New Order of Business Will Shape Your Organization, Your Management Style, and Your Life*, Boston, MA: Harvard Business School Press.（マローン、T.W.〔高橋則明訳〕［二〇〇四］『フューチャー・オブ・ワーク』ランダムハウス講談社）

Marsden, D. [1999] *A Theory of Employment Systems: Micro-foundations of Societal Diversity*, Oxford, UK: Oxford University Press.（マースデン、D.〔宮本光晴・久保克行訳〕［二〇〇七］『雇用システムの理論――社会的多様性の比較制度分析』NTT出版）

松行彬子［二〇〇〇］『国際戦略的提携――組織間関係と企業変革を中心として』中央経済社。

McPherson, J. M., P. A. Popielarz and S. Drobnic [1992] "Social Networks and Organizational Dynamics," *American Sociological Review*, Vol. 57, No. 2, pp. 153–170.

Miles, R. E. and C. C. Snow [1986] "Organizations: New Concepts for New Forms," *California Management Review*, Vol. 28, No. 3, pp. 62–73.

Miles, R. E. and C. C. Snow [1995] "The New Network Firm: A Spherical Structure Built on a Human Investment Philosophy," *Organizational Dynamics*, Vol. 23, No. 4, pp. 5–17.

Milgrom, P. and J. Roberts［1992］*Economics, Organization and Management*, Englewood Cliffs, NJ: Prentice-Hall.（ミルグロム、P.＝J.ロバーツ〔奥野正寛ほか訳〕［一九九七］『組織の経済学』NTT出版）
Mintz, B. and M. Schwartz［1985］*The Power Structure of American Business*, Chicago, IL: University of Chicago Press.（ミンツ、B.＝M.シュワーツ〔浜川一憲・高田太久吉・松井和夫訳〕［一九九四］『企業間ネットワークと取締役兼任制——金融ヘゲモニーの構造』文眞堂）
宮川公男・大守隆編［二〇〇四］『ソーシャル・キャピタル——現代経済社会のガバナンスの基礎』東洋経済新報社。
宮腰英一・若林直樹・梶間みどり［二〇〇四］「英国における官民協働による学校経営変革支援政策の特質」日本教育行政学会編『日本教育行政学会年報 第三〇号　教育行政の社会的基盤』七〇-八二頁。
宮澤健一［一九八八］『制度と情報の経済学』有斐閣。
Mizruchi, M. S.［1982］*The American Corporate Network, 1904-1974*, Beverly Hills, CA: Sage.
水越伸・NHKスペシャル「変革の世紀」プロジェクト編［二〇〇二］『市民・組織・英知』日本放送出版協会。
Morrison, E. W.［2002］"Newcomers, Relationships: The Role of Social Network Ties during Socialization," *Academy of Management Journal*, Vol. 45, No. 6, pp. 1149-1160.
Nahapiet, J. and S. Ghoshal［1998］"Social Capital, Intellectual Capital and the Organizational Advantage," *Academy of Management Review*, Vol. 23, No. 2, pp. 242-266.
日本人材派遣協会編［二〇〇四］『人材派遣白書二〇〇四年版　人材派遣新たな舞台』東洋経済新報社。
西口敏宏［二〇〇七］『遠距離交際と近所づきあい——成功する組織ネットワーク戦略』NTT出版。
Noe, R. A., J. R. Hollenbeck, B. Gerhart and P. M. Wright［1997］*Human Resource Management: Gaining a Competitive Advantage, 2nd ed.*, Chicago, IL: Irwin.
野村総合研究所編著［二〇〇一］『経営用語の基礎知識』ダイヤモンド社。
Nooteboom, B.［2002］*Trust: Forms, Foundations, Functions, Failures and Figures*, Cheltenham, UK: E. Elgar.
沼上幹・軽部大・加藤俊彦・田中一弘・島本実［二〇〇七］『組織の「重さ」——日本的企業組織の再点検』日本経済新聞出版社。

小川秀樹［一九九八］『イタリアの中小企業——独創と多様性のネットワーク』日本貿易振興会。
大平号声・栗山規矩［一九九五］『情報経済論入門』福村出版。
大木裕子［二〇〇四］『オーケストラのマネジメント——芸術組織における共創環境』文眞堂。
大滝精一［一九九八］「いかに国際化するか——ＡＢＢ」東北大学経営学グループ『ケースに学ぶ経営学』有斐閣、一四二-一五七頁。
O'Reilly, C. A., III and J. Pfeffer [2000] *Hidden Value: How Great Companies Achieve Extraordinary Results with Ordinary People*, Boston, MA: Havard Business School Press.
Osterman, P. ed. [1996] *Broken Ladders: Managerial Careers in the New Economy*, New York, NY: Oxford University Press.
Osterman, P., T. A. Kochan and R. M. Locke and M. J. Piore [2001] *Working in America: A Blueprint for the New Labor Market*, Cambridge, MA: MIT Press.（オスターマン、P.ほか〔伊藤健市・中川誠士・堀龍二訳〕［二〇〇四］『ワーキング・イン・アメリカ——新しい労働市場と次世代型組合』ミネルヴァ書房）
Owen-Smith, J. and W. W. Powell [2004] "Knowledge Networks as Channels and Conduits: The Effects of Spillovers in the Boston Biotechnology Community," *Organization Science*, Vol. 15, No. 1, pp. 5-21.
朴容寛［二〇〇三］『ネットワーク組織論』ミネルヴァ書房。
Pfeffer, J. and G. R. Salancik [1978] *The External Control of Organizations: A Resource Dependence Perspective*, New York, NY: Harper & Row.
Pink, D. H. [2001] *Free Agent Nation: How America's New Independent Workers Are Transforming the Way We Live*, New York, NY: Warner Books.（ピンク、D.〔池村千秋訳〕［二〇〇二］『フリーエージェント社会の到来——「雇われない生き方」は何を変えるか』ダイヤモンド社）
Piore, M. J. and C. F. Sabel [1984] *The Second Industrial Divide: Possibilities for Prosperity*, New York, NY: Basic Books.（ピオリ、M.J.＝C.F.セーブル〔山之内靖・永易浩一・石田あつみ訳〕［一九九三］『第二の産業分水嶺』筑摩書房）
Podolny, J. M. and K. L. Page [1998] "Network Forms of Organization," *Annual Review of Sociology*, Vol. 24, pp. 57-76.
Polanyi, K., C. M. Arensberg and H. W. Pearson eds. [1957] *Trade and Market in the Early Empires: Economies in History*

and Theory, Glencoe, IL: Free Press & Falcon's Wing Press.（ポランニー、K・〔玉野井芳郎・平野健一郎編訳〕［一九七五］『経済の文明史——ポランニー経済学のエッセンス』日本経済新聞社）

Powell, W. W. [1990] "Neither Market nor Hierarchy: Network Forms of Organization," *Research in Organizational Behavior*, Vol. 12, pp. 295-336.

Powell, W. W. [1995] "Institutional Theory," in N. Nicholson ed., *The Blackwell Encyclopedic Dictionary of Organizational Behavior*, Cambridge, MA: Blackwell, pp. 239-242.

Putnam, R. D. [2000] *Bowling Alone: The Collapse and Revival of American Community*, New York, NY: Simon & Schuster.（パットナム、R・D・〔柴内康文訳〕［二〇〇六］『孤独なボウリング——米国コミュニティの崩壊と再生』柏書房）

Rauch, J. E. and A. Casella eds. [2001] *Networks and Markets*, New York: Russell Sage Foundation.

Rifkin, J. [2000] *The Age of Access: The New Culture of Hypercapitalism, Where All of Life is a Paid-for Experience*, New York, NY : Jeremy P. Tarcher/ Putnam.（リフキン、J・〔渡辺康雄訳〕［二〇〇一］『エイジ・オブ・アクセス』集英社）

Rousseau, D. M. [1995] *Psychological Contracts in Organizations: Understanding Written and Unwritten Agreements*, Thousand Oaks, CA: Sage.

Rousseau, D. M. [2004] "Psychological Contracts in the Workplace: Understanding the Ties That Motivate," *Academy of Management Executive*, Vol. 18, No. 1, pp. 120-127.

Rousseau, D. M. and S. A. Tijoriwala [1998] "Assessing Psychological Contracts: Issues, Alternatives and Measures,"*Journal of Organizational Behavior*, Vol. 19, Special Issue, pp.679-695.

Sako, M. [1992] *Prices, Quality and Trust: Inter-firm Relations in Britain and Japan*, Cambridge, UK: Cambridge University Press.

Salancik, G. R. [1995] "WANTED: A Good Network Theory of Organization," *Administrative Science Quarterly*, Vol. 40, No. 2, pp. 345-349.

佐藤郁哉・山田真茂留［二〇〇四］『制度と文化——組織を動かす見えない力』日本経済新聞社。

Savas, E. S. [2000] *Privatization and Public-private Partnerships*, New York, NY; London, UK: Chatham House.

Saxenian, A. L. [1994] *Regional Advantage: Culture and Competition in Silicon Valley and Route 128*, Cambridge, MA: Harvard

University Press.（サクセニアン、A.〔大前研一訳〕［一九九五］『現代の二都物語——なぜシリコンバレーは復活し、ボストン・ルート一二八は沈んだか』講談社）

Schor, J. B. [1992] *The Overworked American: The Unexpected Decline of Leisure*, New York, NY: Basic Books.（ショアー、J.〔森岡孝二ほか訳〕［一九九三］『働きすぎのアメリカ人——予期せぬ余暇の減少』窓社）

Scott, J. [1986] *Capitalist Property and Financial Power: A Comparative Study of Britain, the United States, and Japan*, Brighton, UK: Wheatsheaf Books.

Scott, W. R. [1995] *Institutions and Organizations*, Thousand Oaks, CA: Sage.（スコット、W. R.〔河野昭三・板橋慶明訳〕［一九九八］『制度と組織』税務経理協会）

Seifter, H. and P. Economy [2001] *Leadership Ensemble: Lessons in Collaborative Management from the World's Only Conductorless Orchestra*, New York, NY: Times Books.（セイフター、H. ＝ P. エコノミー〔鈴木主税訳〕［二〇〇二］『オルフェウス・プロセス——指揮者のいないオーケストラに学ぶマルチ・リーダーシップ・マネジメント』角川書店）

清家彰敏［一九九五］『日本型組織間関係のマネジメント』白桃書房。

下谷政弘［一九九三］『日本の系列と企業グループ——その歴史と理論』有斐閣。

塩見治人［一九八五］「生産ロジスティックスの構造——トヨタ自動車のケース」坂本和一編著『技術革新と企業構造』ミネルヴァ書房、七七-一一三頁。

Soda, G., A. Usai and A. Zaheer [2004] "Network Memory: The Influence of Past and Current Networks on Performance," *Academy of Management Journal*, Vol. 47, No. 6, pp. 893-906.

総務省編［二〇〇一］『情報通信白書 平成一三年版』ぎょうせい。

Stinchcombe, A. L. [1985] "Contracts as Hierarchical Documents," in A. L. Stinchcombe and C. A. Heimer, *Organization Theory and Project Management: Administrating Uncertainty in Norwegian Offshore Oil*, Oslo, NO: Norwegian University Press, pp. 121-171.

Stokman, F. N., R. Ziegler and J. Scott eds. [1985] *Networks of Corporate Power: A Comparative Analysis of Ten Countries*, Cambridge, UK: Polity Press.（ストークマン、F. N. ＝ R. ツィーグラー ＝ J. スコット編著〔上田義朗訳〕［一九九

三〕『企業権力のネットワーク――一〇カ国における役員兼任の比較分析』文眞堂）

菅谷実・高橋浩夫・岡本秀之編著［一九九九］『情報通信の国際提携戦略』中央経済社。

橘木俊詔［二〇〇六］『格差社会――何が問題なのか』岩波書店。

高瀬武典［一九九一］「組織学習と組織生態学」『組織科学』第二五巻第一号，五八-六六頁。

高瀬武典［一九九四］「組織のエコロジカル・アプローチと変革過程」『組織科学』第二七巻第四号，四-一一頁。

Teece, D. J. and G. Pisano [1998] "The Dynamic Capabilities of the Firms: An Introduction," in G. Dosi, D. J. Teece and J. Chytry eds., *Technology, Organization, and Competitiveness: Perspectives on Industrial and Corporate Change*, Oxford, UK : Oxford University Press, pp. 193-214.

寺本義也［一九八九］「ネットワーク組織論の新たな課題――企業グループの再構築とパワーの役割」『組織科学』第二三巻第一号，四-一四頁。

寺本義也［一九九〇］『ネットワーク・パワー――解釈と構造』NTT出版。

Toffler, A. [1980] *The Third Wave*, New York, NY: Morrow.（トフラー，A.〔徳岡孝夫監訳〕［一九八二］『第三の波』中央公論社）

Touraine, A. [1978] *La Voix et le Regard*, Paris, FR: Seuil.（トゥレーヌ，A.〔梶田孝道訳〕［一九八三］『声とまなざし――社会運動の社会学』新泉社）

Turban, E., J. Lee, D. King and H. M. Chung [2000] *Electronic Commerce: A Managerial Perspective*, Upper Saddle River, NJ: Prentice Hall.（ターバン，E.〔阿保英司ほか訳〕［二〇〇〇］『e-コマース――電子商取引のすべて』ピアソン・エデュケーション）

Uzzi, B. [1996] "The Sources and Consequences of Embeddedness for the Economic Performance of Organizations: The Network Effect," *American Sociological Review*, Vol. 61, No. 4, pp. 674-698.

Uzzi, B. [1997] "Social Structure and Competition in Interfirm Networks: The Paradox of Embeddedness," *Administrative Science Quarterly*, Vol. 42, No. 1, pp. 35-67.

Uzzi, B. and J. Spiro [2005] "Collaboration and Creativity: The Small World Problem," *American Journal of Sociology*, Vol.

111, No. 2, pp. 447-504.
若林直樹［一九九八］「市場に対応するネットワーク型組織――花王」東北大学経営学グループ『ケースに学ぶ経営学』有斐閣、二二五-二三九頁。
若林直樹［二〇〇三］「英国の教育行政改革と学校の組織変革」経済社会学会編『経済社会学会年報』第二五号、一七三-一八〇頁。
若林直樹［二〇〇五ａ］「横浜の都市ホテル産業に於ける地域的な提携と組織間ネットワーク――地域宿泊商品開発での事例分析」『経済と貿易』第一八九号、一一三-一三二頁。
若林直樹編［二〇〇五ｂ］『エンプロヤビリティ志向の人的資源管理政策と組織コミットメントの流動化の調査研究』平成一五年度-平成一六年度文部科学省科学研究費補助金研究成果報告書。
若林直樹［二〇〇六］『日本企業のネットワークと信頼――企業間関係の新しい経済社会学的分析』有斐閣。
Walker, G., B. Kogut and W. Shan [1997] "Social Capital, Structural Holes and the Formation of an Industry Network," *Organization Science*, Vol. 8, No. 2, pp. 109-125.
Warren, R. L. [1967] "The Interorganizational Field as a Focus of Investigation," *Administrative Science Quarterly*, Vol. 12, pp. 396-419.
Wasserman, S. and K. Faust [1994] *Social Network Analysis: Methods and Applications*, Cambridge, UK: Cambridge University Press.
渡辺深［二〇〇一］「ジョブ・マッチング――情報とネットワーク」『日本労働研究雑誌』第四九五号、一九-二七頁。
渡辺深［二〇〇六］「新しい経済社会学」富永健一編『理論社会学の可能性――客観主義から主観主義まで』新曜社、一七六-一九三頁。
Watkins, K. E. and V. J. Marsick [1993] *Sculpting the Learning Organization: Lessons in the Art and Science of Systemic Change*, San Francisco, CA: Jossey-Bass.（ワトキンス、K・E・＝V・J・マーシック〔神田良・岩崎尚人訳〕［一九九五］『「学習する組織」をつくる』日本能率協会マネジメントセンター）
Watts, D. J. [1999] *Small Worlds: The Dyanamics of Networks between Order and Randomness*, Princeton, NJ: Princeton

University Press.
Wellman, B. [1988] "Introduction: Studying Social Networks," in B. Wellman and S. D. Berkrowitz eds., *Social Structures: A Network Approach*, Cambridge, UK: Cambridge University Press, pp. 1-13.
Wellman, B. and K. A. Frank [2001] "Network Capital in a Multilevel World: Getting Support from Personal Communities," in N. Lin, K. Cook and R. S. Burt eds., *Social Capital: Theory and Research*, New York: Aldine De Gruyter, pp. 233-273.
Wenger, E., R. McDermott and W. M. Snyder [2002] *Cultivating Communities of Practice: A Guide to Managing Knowledge*, Boston, MA: Harvard Business School Press.（ウェンガー、E．＝R．マクダーモット＝W．M．スナイダー〔櫻井祐子訳〕［二〇〇二］『コミュニティ・オブ・プラクティス――ナレッジ社会の新たな知識形態の実践』翔泳社）
White, H. C. [2002] *Markets from Networks: Socioeconomic Models of Production*, Princeton, NJ: Princeton University Press.
Williamson, O. E. [1975] *Market and Hierarchies, Analysis and Antitrust Implications: A Study in the Economics of Internal Organization*, New York, NY: Free Press.（ウィリアムソン、O．E．〔浅沼萬里・岩崎晃訳〕［一九八〇］『市場と企業組織』日本評論社）
山田仁一郎・山下勝・若林直樹・神吉直人［二〇〇七］「高業績映画プロジェクトのソーシャル・キャピタル――優れた日本映画の「組」はどのような社会ネットワークから生まれるのか？」『組織科学』第四〇巻第三号、四一-五四頁。
山倉健嗣［一九九三］『組織間関係――企業間ネットワークの変革に向けて』有斐閣。
山下勝［二〇〇五］「日本の映画産業の「ダークサイド」――企画志向の座組戦略と信頼志向のチーム戦略の間で」『一橋ビジネスレビュー』第五三巻第三号、二二-三五頁。
安田雪［一九九六］『日米市場のネットワーク分析――構造社会学からの挑戦』木鐸社。
安田雪［二〇〇一］『実践ネットワーク分析――関係を解く理論と技法』新曜社。
横田絵理［一九九八］『フラット化組織の管理と心理――変化の時代のマネジメント・コントロール』慶應義塾大学出版会。
横山知玄［二〇〇一］『現代組織と環境の組織化――組織行動の変容過程と「制度理論」のアプローチ』文眞堂。
Zucker, L. G. [1987] "Institutional Theories of Organization," *Annual Review of Sociology*, Vol. 13, pp. 443-464.

● **著者紹介**

若林 直樹（わかばやし なおき）

京都大学経営管理大学院教授，博士（経済学）

1963 年　東京生まれ
1987 年　東京大学文学部卒業
1991 年　東京大学大学院社会学研究科博士課程中退
1991 年　東京大学新聞研究所助手
1994 年　東北大学経済学部助教授
2001 年　京都大学大学院経済学研究科助教授
2008 年　京都大学大学院経済学研究科教授
2009 年　京都大学経営管理大学院教授，現在に至る

【主要著作】
『日本企業のネットワークと信頼』（有斐閣，2006 年）
『組織調査ガイドブック』（共編，有斐閣，2001 年）
『企業変革の人材マネジメント』（共編，ナカニシヤ出版，2008 年）
『組織進化論』（共訳，東洋経済新報社，2007 年）

ネットワーク組織（そしき）——社会（しゃかい）ネットワーク論（ろん）からの新（あら）たな組織像（そしきぞう）
Network Organizations:
New Vision from Social Network Perspective

2009 年 10 月 20 日　初版第 1 刷発行
2021 年 10 月 10 日　初版第 4 刷発行

著　者　若　林　直　樹
発行者　江　草　貞　治
発行所　株式会社　有　斐　閣

東京都千代田区神田神保町2 - 17
電話（03）3264 - 1315〔編集〕
（03）3265 - 6811〔営業〕
郵便番号 101 - 0051
http://www.yuhikaku.co.jp/

組版・BIKOH／印刷・萩原印刷株式会社／製本・牧製本印刷株式会社

ISBN978-4-641-16342-3

索　引

事項索引

アルファベット

あ　行

か　行

さ　行

な　行

■は 行

ま　行

や　行

ら　行

企業・団体名索引

た　行

な　行

は　行

ま　行

人名索引

た 行

な 行

は 行

ま 行

や 行

ら 行

わ　行